JN312186

IFRS時代の最適開示制度

古賀 智敏 [編著]

日本の国際的競争力と持続的成長に資する情報開示制度とは

千倉書房

まえがき

　本書は，国際財務報告基準（IFRS）導入に対応して，企業情報開示制度が財務情報開示制度に加えて，非財務情報開示や内部統制報告，監査の各制度によって相互補完的に構築されており，しかも，それぞれの制度が各国の国情に合わせて導入されている点に注目して，わが国企業の国際的競争力と持続的成長に資する情報開示システムの最適デザインを究明し，提示しようとするものである。

　本書は，独立行政法人経済産業研究所において，2010年2月から同年12月まで行われた研究プロジェクト「企業情報開示システムの最適設計」の研究成果に基づくものである。

　ファイナンス市場のグローバル化に伴い，市場の共通言語としてのIFRSが大きく注目されるところとなった。わが国でも，近い将来，IFRSの本格的導入に向けて体制作りが急がれるところである。これは，一方では，「会計基準の国際的比較可能性」を高めることによって，国際的ファイナンス市場での資金調達を促進する反面，他方では，IFRSの導入は，各国独自の法制度や産業構造に抵触することがあるという問題をもつ。それゆえ，IFRSの求めるファイナンス市場型の会計モデルに留意しつつ，いかにして日本企業の行動特性や産業構造を踏まえた，実効性ある開示制度のグランド・デザインを描くかが重要になる。このような問題意識のもとで発足したのが，本研究プロジェクトであった。

　17名の第一線の研究者による1年にも及ぶ精力的な共同研究の成果を加筆・修正し，体系づけようとした。その過程において，IFRS導入に対する「最適」開示のあり方への認識や理解をめぐって，各担当者で見解が異なる点も決して少なくなかった。その場合，研究委員会で熱心な議論を繰り返し，なお解決し得なかった相違点や論点は，原則として各担当者の分析や見解を尊重するようにした。このような見解の多様性は，本研究課題がいかに斬新でチャレンジン

グな発展可能性の高いものであるか，その一端を示すものともいえよう。

ともあれ，本研究は，複数の学術的専門分野にまたがる総合研究であって，世界的にみても，制度の相互補完的関係の視点から学術的な研究を行った例はほとんど皆無ではないだろうか。来るべきIFRS時代を迎えるにあたって，企業情報開示のグランド・デザインが期待される中，このような政策ニーズに対して，アカデミアの側面から何らかの示唆を与えることができるとすれば，われわれの大きな喜びとするところである。

今回，このような形で研究プロジェクトをなし得たのは，経済産業研究所・及川耕造理事長（肩書きは当時；以下，同様），同・星野光秀研究デイレクターほか研究所スタッフの方々，経済産業省企業行動課企画官・平塚敦之氏，同課長補佐・藤村啓介氏，同俣野敏道氏のご支援の賜ものである。また，同研究所監事である青山学院大学教授・八田進二先生には，貴重なアドバイスを頂いた。記して厚く謝意を表するものである。

本書の編集作業にあたって，神戸大学大学院経営学研究科博士後期課程（日本学術振興会特別研究員）・島田佳憲君には，原稿の取りまとめから用語・様式の統一に至るまで繁雑な作業に誠意ある協力を頂いた。併せて感謝したい。

最後に，本書の出版にあたって，多大なご支援とご協力を頂いた千倉書房取締役・川口理恵氏に心からお礼申し上げたい。

2011年8月

本プロジェクト代表

古 賀 智 敏

目　次

まえがき

序　総括的展望……………………………………古賀　智敏…1
　　第1節　本研究の目的　1
　　第2節　分析の視座　2
　　第3節　具体的構想　4

第Ⅰ部　IFRS導入と最適開示システム設計のあり方

第1章　日本型開示システムの持続的発展可能性と
　　　　理論的フレームワーク………………………古賀　智敏…9
　　第1節　IFRS導入による日本企業への影響と企業開示制度の課題　9
　　第2節　日本型経営の持続的発展可能性　12
　　第3節　IFRS公正価値会計と投資決定有用性　15
　　第4節　2つの会計モデルの共存可能性：
　　　　　　市場指向型モデルと関係指向型モデル　16
　　第5節　IFRS導入と企業開示システムの相互関係　20
　　第6節　コーポレート・ガバナンスと日本型最適開示制度の課題　26

第2章　IFRSの導入と利益計算構造………………梅原　秀継…31
　　第1節　はじめに　31
　　第2節　包括利益導入の背景と課題　31
　　第3節　利益概念と資本の構成　33
　　第4節　純利益と組替調整　40
　　第5節　むすび　45

第3章　予測財務情報の質的特性と経営者の意識状況
　　　　　　　　　　　　　　　　　　　　　　　……………浦崎　直浩…49
　　第1節　投資意思決定と会計情報の質的特性　49
　　第2節　予測財務情報の開示の意義　52
　　第3節　アンケート調査の目的と概要　55
　　第4節　予測財務情報の開示に対する経営者の意識　56
　　第5節　予測財務情報の開示の阻害要因　60
　　第6節　予測財務情報の開示に関する今後の課題　65

第4章　国際会計基準への収斂と会計情報の質
　　　　――連結財務諸表数値に焦点を当てて――　………向　伊知郎…71
　　第1節　はじめに　71
　　第2節　会計基準と会計情報の質に関する先行研究　72
　　第3節　リサーチ・デザイン　73
　　第4節　サンプルと記述統計　79
　　第5節　分析結果　79
　　第6節　結論　84

第5章　利益属性の国際比較と企業システムとの関係性
　　　　　　　　　　　　　　　　　　　　　　　……………加賀谷　哲之…89
　　第1節　利益属性研究をめぐる新潮流　89
　　第2節　IFRS導入のインパクトと利益属性　90
　　第3節　利益属性と制度の補完性　94
　　第4節　日本の企業システムと利益属性　96
　　第5節　むすびにかえて　102

第Ⅱ部　日本企業の持続的成長可能性と非財務情報開示のあり方

第6章　社会・環境情報開示の展開
　　　　──欧米の動向と日本への示唆── ……………國部　克彦…113
- 第1節　はじめに　113
- 第2節　SECによる社会・環境情報の開示要求　115
- 第3節　GRIによる社会・環境情報開示の要求　117
- 第4節　EUによる社会・環境情報開示の要求　120
- 第5節　「統合レポーティング」という新しい動向　123
- 第6節　日本への示唆：むすびにかえて　126

第7章　CSR・環境情報開示の意義と開示実態…久持　英司…131
- 第1節　はじめに　131
- 第2節　非財務情報としてのCSR・環境情報の意義　131
- 第3節　CSR・環境情報を開示する意義　135
- 第4節　財務報告における非財務情報としてのCSR・環境情報　138
- 第5節　財務報告外の開示情報における
　　　　非財務情報としてのCSR・環境情報　143
- 第6節　統合的レポーティングに向けて　145
- 第7節　おわりに　148

第8章　企業の競争優位性と知的資産情報開示のあり方
　　　　………………………………………………古賀　智敏…153
　　　　　　　　　　　　　　　　　　　　　　　　姚　　　俊
　　　　　　　　　　　　　　　　　　　　　　　　島田　佳憲
- 第1節　研究の課題　153
- 第2節　企業の持続的成長と非財務情報開示の構図　154
- 第3節　企業の持続的成長とナレッジの創造・開示の必要性　158

第4節　日本の知的資産情報開示の制度的特徴：
　　　　　北欧型モデルとの比較　159
　　第5節　新たな展開：
　　　　　「独立的報告書モデル」対「統合化報告書モデル」　161
　　第6節　知的資産経営報告書の実態分析　162
　　第7節　知的資産情報開示の展望　170

　第9章　リスク情報開示の意義とあり方…………小西　範幸…175
　　第1節　はじめに　175
　　第2節　財務報告の現代的課題　176
　　第3節　企業リスクと開示　182
　　第4節　リスク情報の開示制度　185
　　第5節　リスク情報開示に向けて　189

　第10章　非財務情報開示における XBRL 導入の現状と課題
　　　　　── GRI と WICI の取り組みを題材として──……坂上　学…195
　　第1節　はじめに　195
　　第2節　非財務情報開示と XBRL への期待　196
　　第3節　非財務情報の XBRL 化のアプローチ　200
　　第4節　サステナビリティ情報と GRI の XBRL タクソノミ　204
　　第5節　無形資産情報と WICI の XBRL タクソノミ　205
　　第6節　統合レポーティングへの対応のアプローチ　208
　　第7節　非財務情報開示のあり方の総括　210
　　第8節　まとめ　212

第Ⅲ部　内部統制・監査の論点と課題
　第11章　内部統制報告制度の有効性と課題…………橋本　尚…219
　　第1節　はじめに　219

第2節　わが国内部統制報告制度の実態　221
　　第3節　わが国内部統制報告制度の見直しの主な内容　222
　　第4節　むすび：わが国内部統制報告制度の有効性の確保へ向けて　232

第12章　原則主義と監査人の判断形成……………古賀　智敏…239
　　　　　　　　　　　　　　　　　　　　　　　　池田　公司
　　　　　　　　　　　　　　　　　　　　　　　　嶋津　邦洋
　　第1節　原則主義とソフト情報の監査の課題　239
　　第2節　ソフト情報の監査と合理的な保証水準　242
　　第3節　経営者の判断・見積りの諸形態と監査方法　244
　　第4節　監査人の判断形成と心理学的バイアス　254
　　第5節　ソフト情報監査のゆくえ　260

第13章　予測情報監査の開示と保証形態…………浦崎　直浩…265
　　第1節　産業構造の変化と会計測定　265
　　第2節　IFRS導入に伴う公正価値測定の拡充と情報内容の変質　268
　　第3節　IFRS時代の保証業務のあり方　273
　　第4節　見積り情報及び予測財務情報の保証業務　277
　　第5節　予測財務情報の信頼性の保証に関する類型的特徴　289
　　第6節　小括　292

第Ⅳ部　四半期情報開示制度の評価と改善の方向

第14章　四半期財務情報の有用性………………中野　貴之…299
　　第1節　研究目的　299
　　第2節　四半期財務情報の意義と検証課題　300
　　第3節　リサーチ・デザイン　305
　　第4節　検証結果　307
　　第5節　本研究の発見事項とインプリケーション　317

第15章　わが国四半期情報開示の現状に関する検討
　　　　　………………………………………………松本　祥尚…323
　　　　　　　　　　　　　　　　　　　　　　　　町田　祥弘
　　第1節　はじめに　323
　　第2節　アンケート調査結果の検討　325
　　第3節　おわりに　335

第16章　四半期情報開示の実態と利益管理……加賀谷　哲之…339
　　第1節　四半期情報開示をめぐる3つの潮流　339
　　第2節　四半期財務報告制度の国際比較　341
　　第3節　四半期利益管理をめぐる先行研究　345
　　第4節　四半期利益リバーサルの国際比較　348
　　第5節　四半期利益管理の検証　349
　　第6節　四半期情報開示の効果と課題　352

索引　359
執筆者紹介　361

序　総括的展望

古　賀　智　敏（同志社大学）

第1節　本研究の目的

　本研究は，わが国の企業が直面している国際会計基準／国際財務報告基準（IFRS）の強制適用の動向に即応して，情報開示制度が財務諸表による財務情報開示に加えて，財務情報に係る手続きの透明性を担保する内部統制報告制度，開示情報の信憑性を担保する監査制度，財務情報を補完する非財務情報等，種々の制度によって相互補完的に構築されており，しかも，それぞれの制度を各国が国情に合わせて導入している点に注目し，かかる個々の開示制度の相互の関わりを制度的・実証的に解明し，もって，わが国企業の国際的競争力と持続的成長に資する情報開示制度の設計を探求しようとするものである。

　プロダクト型経済からファイナンス型経済への市場経済の構造変化に伴い，いまやファイナンス市場の共通言語としてのIFRSが大きく注目されるところとなった。IFRSの導入は，「会計基準の国際的比較可能性」を高めることによって，グローバル・ファイナンス市場での資金調達と企業活動のグローバル化を促進することが期待される。他方，各国の情報開示制度は，自国の法制度や産業構造とも密接に関連づけられているので，IFRSの導入にあたっては，自国の産業構造や企業実態に留意しつつ，企業の国際的競争力と国民経済の活性化を促進するように，その導入のあり方が検討されなければならない。

　IFRSの導入に対して，財務報告（四半期情報開示制度を含む）と非財務情報開示，内部統制報告制度および監査制度が相互に補完的関係をもつ点に注目して，開示システム全体を構成する各制度（財務・非財務開示制度，内部制度・監

査制度）が相互に関連性をもって開示制度全体として適切な費用対効果が実現できているか否かを検証し，その改善に向けての方向性を探ることが，ここで採る立場である。たとえば，IFRSの原則主義や公正価値会計の拡充化によって企業の裁量の範囲が拡大し，情報リスクが増大するとしても，内部統制の充実によって監査等の開示情報の信頼性を，企業の実態に即してコスト効率的に対応することが可能になるかもしれない。また，このようなリスクと多様な実態は，非財務情報の開示による企業の説明責任を充実させることによって対応できるであろう。かかる問題意識の下で，財務，非財務，内部統制，監査を有機的に関連づけた動的な「最適」開示のあり方を求めようとするものである。

　このような研究課題を実現するためには，わが国内外における開示制度とその実態について子細に分析する必要がある。かかる研究方法を通じ，最適開示について規範モデルを構築するのではなく，日本企業の実態に即した現実モデルを導出することができ，実務実態の多様性の中から新たな理論的方向性を見いだすことができると考える。

第2節　分析の視座

　制度とは，何らかの均衡状態ないし安定化された価値体系が成立した状態をいう（武田［1982］）。IFRSの導入と開示システムとの関連性を問う視点についても，制度としての開示システムを単なる技術的体系として把握するのではなくて，IFRSという新たな価値体系の導入に対し，環境変化に適応してシステムの統合化を図った均衡状態と見て，その相互的かつ漸進的な動的移行の下で「最適」開示の均衡点を把握しようとするものである。

　ここでは，(1)IFRS価値体系，(2)開示システム，(3)マネジメントの3つの要素の均衡関係の中で，開示システムの変革の担い手としてのマネジメントが，IFRSという新たな制度的価値体系（パラダイム）と開示システムの変化との関わり合いの下で，「最適」均衡点に向けて漸進的に移行しようとする場の関係を描こうとするものである。

この場合，とくに次の3点に留意されたい。
　第1点は，本研究における開示システム設計が，情報作成者としてのマネジメントの観点に焦点が置かれている点である。従来の会計学の研究では，情報利用者サイドに立って株価と情報との関わり具合に着目するバリュー・レリバンス（価値関連性）の研究が支配的であったのに対して，本研究では，利用者に対しても効果的な開示が行われているかどうかといった，開示制度全体としての適切な費用対効果に即した開示のあり方に注目するものである。情報利用者の視点から情報の意思決定支援機能を強調する「機能的アプローチ」（アウトプット指向アプローチ）は，多様な情報ニーズに対応することが困難であるなど，精緻な会計理論を導入するのに大きなハードルをもつ。むしろ情報作成者の視点に立って，開示すべき対象の本質的属性や取引の仕組み（内部原理）を反映し，対象の認識から測定・開示のあり方を会計処理のフローに即して究明する「メカニカル・アプローチ」（インプット指向アプローチ）が新たな会計制度や理論構築においてとくに肝要であると考える（武田［2009］）。
　第2に，制度としての開示システムは，その背後にある産業構造なり企業システムなりの特性を反映するものでなければならないという点である。日本型開示システムは，対外的には会計基準のグローバル化の要請に応えるとともに，対内的には，長期持続的関係性を重視した日本企業の特性を踏まえた実効性あるものとして設計されなければならない。ファイナンス言語としてのIFRSの業績指標性の視点の重要性は言うまでもないが，それと併せて日本企業の持続的プロダクトの視点も看過されてはならない。いかにしてこの2つの視点を組み込み，IFRS開示システムとプロダクト指向の開示システムとを併用した体系的かつ統合的な開示システムのグランド・デザインを描くかが，本研究の究極的な課題をなす。
　第3に，最適開示システムは，それを構成する財務，非財務，内部統制および監査の各制度の相互補完関係の中で把握し，有効的かつ効率的に構築されるべき点である。IFRS導入に伴う原則主義による裁量範囲の拡大や見積り処理の拡大に対して，リスク情報の拡充化や内部統制における統制環境の整備を図

るなど，財務と非財務，また，財務・非財務と内部統制との相互補完関係にとくに注目して最適開示のあり方を理論・制度・実証の各側面から総合的に究明しようとする点に，本研究の他に類のない特徴があると考える。

第3節 具体的構想

本研究の結果，最適開示システムの制度設計に向けての具体的構想として，次の4点を提示しておきたい。

第1に，予測・見積り計算の拡大と非財務情報開示の対応について，IFRSの主観的見積りの拡大に対して，記述情報（ナレイティブ）としてのリスク情報の拡充化による対応が提示される。これらのリスク情報は，企業の長期的価値に影響を及ぼす可能性のあるリスク・マネジメントや重要なリスク／不確実性に関連した情報であり，決算数値からは直接的に読み取ることが難しい課題を説明的に記述し，財務諸表に対して補足的，追加的，あるいは補完的機能をもつ。このように，IFRS導入によるリスク情報を既存の財務諸表において開示することには限界があり，非財務情報の拡充化によって財務と非財務情報とが一体化して開示することが肝要となる。

第2に，公正価値評価のボラティリティと非財務情報開示の役割については，公正価値評価の適時的ボラティリティの増大に対処し，企業の持続的発展可能性という長期的観点から，CSRや知的資産，リスク情報等の非財務情報の重要性が指摘される。これらの非財務情報は，従来の財務的パースペクティブによる過去的・ファイナンス指向的業績評価の限界を非財務情報開示の側面から補完し，企業の「差別化」の論理や「共生」の論理に立って，そのブランド価値やレピテーションを高め，もって企業の持続的発展を促進しようとするものである。ここでも，公正価値評価による財務情報の課題に対して，長期持続性の尺度を提供し，もって財務情報開示と非財務情報開示の統合化の方向が示唆されるものである。

第3に，非財務情報開示と内部統制との相互関係については，両者ともにリ

スク・マネジメントを媒介項として密接な関係をもつ。リスク・マネジメントと内部統制との関係は，前者が経営者のマネジメントの視点に立つのに対して，後者は本来的に監査人のリスク評価の視点に立つという視点の違いはあるものの，ともにリスクの評価・統制・監視・伝達を対象とする点では共通性をもつ。また，リスクの認識・分析とリスク・マネジメントの活動実態を伝達するアウトプット情報が，リスク情報を含む非財務情報である。つまり，内部統制が広く企業のリスク・マネジメントの実態面に注目しようとするのに対して，非財務情報は，情報開示の側面からリスクを把握し，それを統制するためのリスク・マネジメントの実態について経営者の説明責任を遂行しようとするものであり，内部統制と非財務情報（リスク情報）とはコインの表裏関係をなす。

第4に，非財務情報開示の監査・保証のあり方については，保証アプローチとして記述的・定性的非財務情報は，財務情報よりもよりプロセス指向的になるであろう。ハードな取引データによる貨幣評価額による財務情報がアウトプットとしての情報そのものに焦点を置き，その信頼性を評価する「エグジッド・アプローチ」に立つのに対して，主観性の高い非財務情報はその作成の基礎をなすプロセスに焦点を置いた「プロセス・アプローチ」が重要になる。この場合，知的資産情報の報告指標（KPI）のように，企業の戦略と情報利用者の特定，キャッシュ・フローの生成要因および選択指標の一連のフローの中で，非財務データと財務データとの整合性などが重要になる。また，非財務情報の作成に伴う内部情報システムやリスク・マネジメント・システムの整備・運用状況といった内部統制の状況は，アウトプットとしての非財務情報の信頼性をプロセス段階で支えるものとして重要な役割をもつであろう。

以上，財務情報（四半期開示も含む）と非財務情報，内部統制と監査という企業システムを構成する4つのサブシステムがギアのように相互に連動し，補完し合いつつ，全体として体系的・総合的な企業開示システムの究明が重要になるのである。このような企業開示システムの全体的構図を描いたのが，図表序-1である。

序　総括的展望

図表序-1　財務，非財務，内部統制および監査の相互補完関係

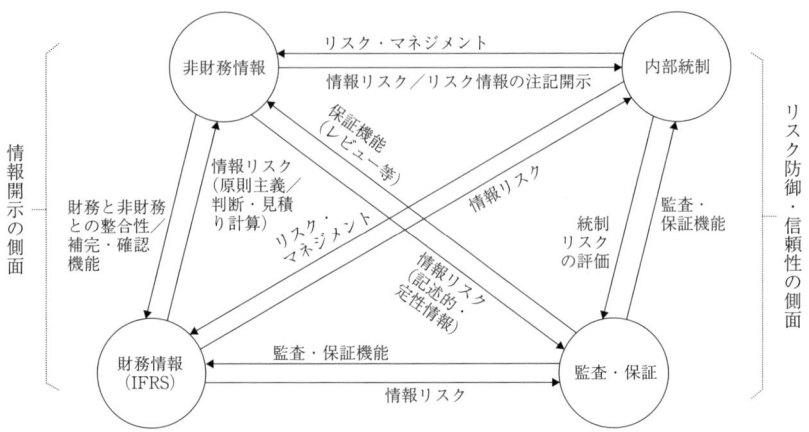

〈参考文献〉

武田隆二　1982『制度会計論』，中央経済社。

武田隆二　2009「企業会計基準の改訂への提言」『税経通信』第64巻第1号，17-28。

第Ⅰ部

IFRS導入と最適開示システム設計のあり方

第1章　日本型開示システムの持続的発展可能性と理論的フレームワーク

古 賀 智 敏（同志社大学）

　プロダクト型経済からファイナンス型経済への市場経済の構造変化に伴い，いまやファイナンス市場の共通言語としての国際財務報告基準（IFRS）が大きく注目されるところとなった。わが国でも，近い将来でのIFRSの強制適用への正式決定に向けて，会計プロフェッションや企業関係者による体制作りが着々と進められているところである。それとともに，政策策定レベルにおいて上場企業や非上場企業，中小企業をも含めた会計と監査・内部統制の総合的かつ体系的な開示制度のグランド・デザインが求められており，企業会計審議会その他で検討が進められてきた。

　このようなIFRS時代の台頭の下で，わが国における最適開示システムはいかにあるべきかを日本企業の産業構造や文化的特徴をも考慮しつつ，財務，非財務，内部統制および監査の4つのサブシステムの相互関連性の下で究明しようとするのが本章の主たる課題である。

第1節　IFRS導入による日本企業への影響と企業開示制度の課題

　2009年6月に企業会計審議会・企画調整部会が「わが国における国際会計基準の取り扱いについて（中間報告）」を公表して以降，わが国でもIFRSの適用（アドプション）に向けて大きく舵が切られた。IFRSの源流をなすのは，イギリス・アメリカのアングロ・サクソン型会計であり，その導入はわが国企業情報開示のあり方に対しても大きな影響をもつと考えられる。

① 一方で，「外」の問題として，(a)分配可能利益や確定決算主義などわが国固有の会社法・税法との整合性の問題と，(b)ステークホルダーとの安定的・長期的関係の維持の問題がある。この後者の問題は，さらに(b-1)原価・対応計算や保守主義会計など製造業の本業による業績・成果重視の問題と，(b-2)CSRや知的資産・リスク情報開示など企業の持続的成長・ブランド価値創造に係る問題がある。

② 他方で，「内」の問題として，会計の計算技術的側面に関してとくに次の4つの側面から問題が提起されている。第1に，(a)原則主義による経営者の裁量的判断に伴う情報リスクの削減（例：減価償却，のれん，収益認識，リース会計等）であり，第2に，(b)予測・見積りを伴う情報リスクの削減（例：減価償却・減損，非上場有価証券の評価，退職給付引当金等）の問題，第3に，四半期報告制度の問題，また第4に，内部統制・監査をめぐる問題である。

ここで「外」の問題とは企業を取り巻く会計環境の問題であり，「内」の問題とは企業の計算や開示とその信頼性確保の問題である。前者は，IFRSの導入に伴い会計システムの役割体系の基本構造に変動をもたらす根幹的システム変動をなすのに対して，後者は，従来の役割体系の下で計算規定の改定を求める計算構造的システム変動をなす（会計の役割期待については，武田［1982］参照）。問題点の整理を行うために掲げたのが，図表1-1である。

対外的側面に関して，従来，わが国では，収益費用の対応による純利益計算が支配的であったのに対して，資産負債の概念的基礎に焦点を置くIFRSでは包括的利益計算が採られている。わが国では，企業本来の事業活動による業績・成果の観点から当期純利益を支持する声が依然として根強く，株価に対する価値関連性も高いことが実証されているところである（若林［2009］）。とくに債権者保護・分配可能利益計算を目的とする会社法，税支払額の負担能力（担税力）を重視する税法では，広く「原価—実現」原則が選好されることから，個別財務諸表では伝統的な純利益計算が強く支持される（大和総研［2010］）。このような従来の会計モデルは，次節で述べるように，ステークホルダーとの安定的な関係維持を求める日本企業の行動とも合致するものであり，IFRSの導入に

第1章 日本型開示システムの持続的発展可能性と理論的フレームワーク

図表1-1 企業情報開示システムの論点と課題

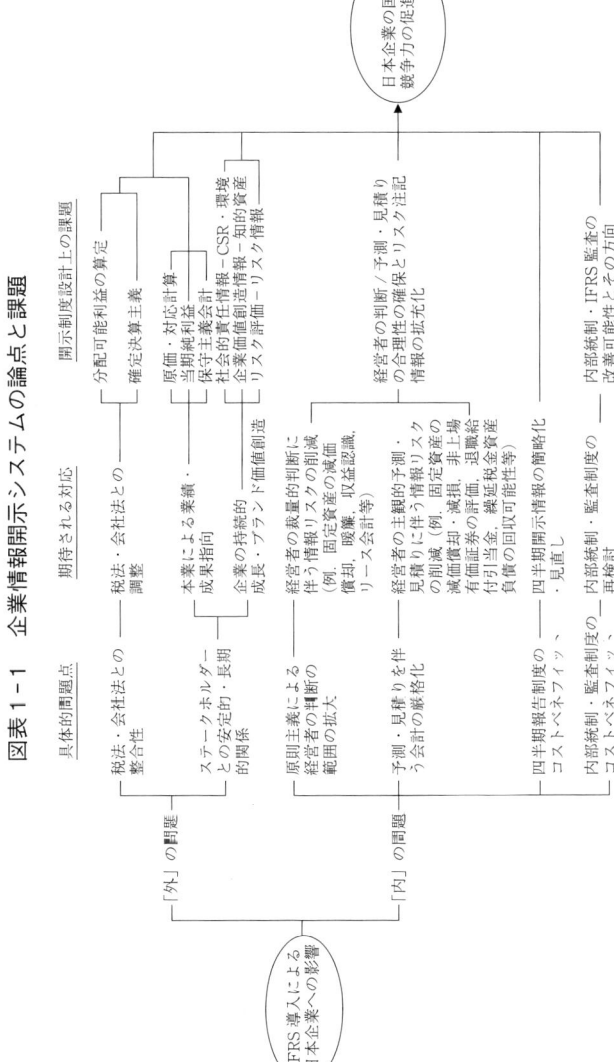

いかに対応するかが新たに問われなければならない。

　また，対内的側面に関しては，IFRSの導入に伴い，固定資産の減損における将来キャッシュ・フローの見積り，開発費の資産計上の要否，のれんの減損処理，金利スワップや為替予約等の特例処理の廃止と公正価値測定の導入等，会計処理にあたって見積りや作成者の判断に依存する比重が増大することが予想される。この場合，見積りや判断に伴う情報リスクにいかに対応するかは，リスク情報の拡大とともに，監査保証のあり方にも大きく影響するであろう。

　以下，IFRS時代の企業情報開示のあり方に関して，まず，その対外的側面を論じ，それを踏まえて次に対内的側面について論究することにしよう。

第2節　日本型経営の持続的発展可能性

　制度としての開示システムは，その背後にある企業システムの特性なり文化的属性なりを反映するものでなければならない。日本型開示システムは，対外的には会計基準のグローバル化の要請に応えるとともに，対内的には，日本企業の特性を踏まえた実効性あるものとして設計されなければならない。

　一般に「日本型経営」モデルは，金融的側面における株式持合い安定的株式保有とメインバンク制,経済的側面において長期的設備投資と継続的取引関係，また，人的側面における長期的雇用システムと内部昇進経営者制度によって特徴づけられる。これらは相互に補完し合いつつ，全体として安定した持続的成長を目指すものであり，そこに共通の経営思想は「安定的」な関係維持を重視する考え方である。

① 　金融的側面に関して，金融機関を核とした「水平的系列関係」と下請関係による「垂直的系列関係」によって企業グループを形成し，グループ内の多数の企業が比較的少数の株式をお互いに保有し合うことによって「安定株主」となる（Jackson & Miyajima [2008]; シェアード [2000]）。このような安定的株式保有は短期的株式市場の影響を受けないという長期的・安定的関係を形成する。また，メインバンクはグループ企業に対する金融サービスと経営に対

するモニタリングを通じて，関係企業との間で持続的・継続的関係を築いてきた（Jackson & Miyajima [2008]）。

② 経済的側面に関して，自動車業界などのアセンブリーメーカー（アセンブラー）と外注加工企業との下請関係においては，下請企業はアセンブラーとの関係がとぎれてしまうと，これまで蓄積された企業特異的価値が大幅に失われることから，長期的なコミットメントが図られる（三輪 [1995]；加護野・小林 [1995]）。また，両者の下請関係においては，アセンブラーが短期的な視点に立った意思決定を行わないという下請企業の信頼感を維持することが必要であり，下請関係は長期的な視点に立って形成され，今後も維持されることが前提となっている（三輪 [1995]）。

③ 人的側面に関して，日本企業の長期安定的な雇用システムをもたらすものとして，従業員が中途での退職を困難にする「従業員の退出障壁」がある（加護野・小林 [1995]）。これは1つには，雇用の前半期には従業員の受け取る対価が労働の貢献度（限界生産性）よりも低いという意味で従業員は未払賃金という「見えざる出資」をなすとともに，もう1つには，従業員がその企業にとどまることによってはじめて活かせる技術やノウハウ，人的ネットワークといった「企業特異的資源の形成」をなす。このような企業に対する従業員の資源拠出は，その企業に長期に勤める限りにおいて意味ある資源であり，日本企業の長期的雇用をさせる「コミットメントの論理」を提供する（加護野・小林 [1995]；シェアード [2000]）。

以上の日本型経営システムの相互補完的な3つの側面を描いたのが，図表1-2である。この基底をなすのは適時的市場の効率性に対する持続的関係重視の考え方であり，端的に，「市場主義―対―関係主義」として特徴づけることができる（Jackson & Miyajima [2008]）。

しかし，バブル経済の崩壊以後，株式の相互持合い・メインバンク制や長期雇用システムは大きな変化を遂げてきた。たとえば，株式の相互持合い比率はバブル期以降，金額ベース（株数ベース）で1991年度27.7％（同23.6％）から2006年度8.7％（同5.9％）へと激減し（日経リサーチ [2008]），また，企業のリ

第Ⅰ部　IFRS導入と最適開示システム設計のあり方

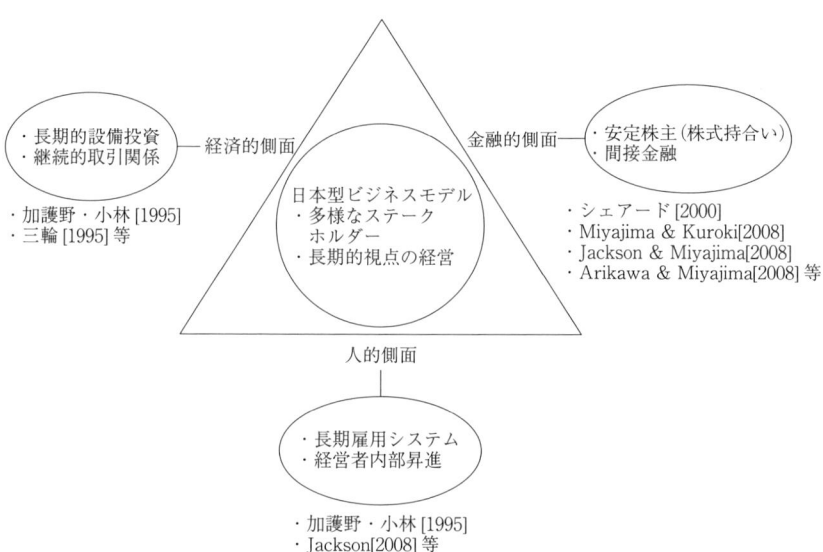

図表1-2　日本型経営システムの特徴

ストラによる終身雇用制度の影響が指摘される。それに対して，近年の調査分析では，次のような知見が注目される。

・企業と銀行の相互持合いによる日本企業の株式所有構造が徐々に市場システムへと移行することは確かであろう。しかし，国内機関投資者の台頭に伴い，企業による相互持合いと機関投資者との組み合わせによって，相互持合いの仕組みのいくつかの特徴は留保される（Miyajima & Kuroki [2008]）。また，企業間の相互持合いも，企業による株式保有そのものが何らかの経済的合理性をもつことから，大幅に解消されることはないであろう。

・メインバンク制についても，財務状況の優れた成長性の高い企業は外国人投資者の株式所有の割合が高く，市場の圧力をより強く受けるので，メインバンクの重要性はますます失われることになる。しかし，成長性の乏しい企業や，成長力をもった企業であっても資本市場へのアクセスが困難な企業等では，1990年代を通じてメインバンクはファイナンスや事業再建において大き

な役割を果たしてきた（Arikawa & Miyajima [2008]）。
・さらに，雇用の安定性に関しても，従業員2,000名以上の上場企業を対象とした5ヶ国の国際比較（日本，フランス，ドイツ，イギリス，アメリカ）の分析の結果，1991年度，2001年度，2002－05年度を通じて，日本企業の雇用の安定度が5ヶ国中で最も高く，日本企業は終身雇用制を原則として守り続けていることを示唆している（Jackson [2008]）。

　以上，限定された分析結果ではあるが，要は，長期的視点を重視した日本企業の姿勢は本質的に失われることなく，保持され継承されているという点に留意されたい。

第3節　IFRS公正価値会計と投資決定有用性

　現代会計は原価と時価とのハイブリッド型をなす。しかし，ごく大まかに特徴づけるとすれば，原価・実現アプローチを基軸とする伝統的会計は，「製造企業―有形生産財」に焦点を置くプロダクト型市場経済を前提とした会計システムに適合するのに対して，時価（公正価値）の比重が拡大しつつあるIFRSは，「金融・ベンチャー企業―金融財」に基礎づけられたファイナンス型市場経済を背景として登場した会計システムである。前者は，財貨のボラティリティと処分可能性（流動性）が相対的に低い市場での持続的・継続的物的効率性を追求するのに対して，後者は，高いボラティリティと換金可能性をもった市場においてマキシマムなキャッシュ・フローの獲得を目指した適時的・即時的投資効率性を追求しようとする。それゆえ，伝統的会計がより持続的業績指標性を指向するのに対して，IFRSは適時的業績指標としての利益計算の特徴をもつと言える。

　実際，IFRSの拡充化の展開は，ファイナンス資本主義の発展の歴史でもあった（Clark et.al [2007]；古賀 [2007]；古賀 [2008]）。1970年代初頭に国際舞台に登場するようになった投資マネジメント会社は，証券市場における経営者価値（利益）から株主価値（配当・株価）への価値転換を図る媒介者として成長し，

やがて新たな投資機会を求めて証券市場のグローバル化をもたらした。それは当初，アングロ・アメリカ市場への圧倒的な投資の集中が図られ，更なる投資効率の追求を求めて欧州大陸や新興諸国における市場へと地理的シフトを行った。これは，一方では，EC市場の統合化による経済成長を目指す欧州大陸諸国に伝播するとともに，他方では，日本・中国・インドなど市場経済の整備・発展を推進するアジア諸国にも大きな影響を与えることになった。このようなファイナンスのグローバル化は，必然的にファイナンス言語としてのIFRSの拡充化をもたらした。

　機械・設備などキャッシュ・フローへの即時的転換を意図しないプロダクト財については，本質的に取得原価による測定を基軸とし，公正価値測定はごく限定された範囲で適用されるにすぎない（古賀 [2008]）。他方，マキシマム株主価値の獲得をめぐってグローバルな投資が行われるファイナンス市場では，投資指標となる公正価値が最も適合した測定属性をなす。したがって，IFRSにおける公正価値会計の展開もまた，国内市場指向からグローバル市場経済への発展を背景とするものであり，ファイナンス市場のボラティリティに即した適時的業績指標性をもつことになる。

　このようなIFRSの業績指標性が共通のファイナンス言語として不可欠であることは言うまでもない。しかし，先に見たように，IFRSのみでは持続的プロダクトの視点を重視する日本企業の行動特性や文化的環境には十分には適合しない。ここにファイナンス指向の開示システムとともに，プロダクト指向の開示システムを併用した最適開示の制度設計のグランド・デザインが求められることになる。

第4節　2つの会計モデルの共存可能性：
　　　　　市場指向型モデルと関係指向型モデル

　会計システム設計の視点として，一般に次の2つがよく知られているところである（Whittington [2008]）。

① 「投資者保護―意思決定有用性」の視点
② 「現在株主・債権者保護―ステュワードシップ」の視点

　前者は，証券市場において企業の財務的実態を明らかにし，投資判断に必要な情報提供を行うことによって投資意思決定を促進することを課題とするものであり，端的に，「市場指向型」モデルとして特徴づけることができる。他方，後者は，経営者と株主との間の委託・受託の関係に立って，経営者が株主からの受託資本を忠実に運用する受託責任の履行結果を，計算書類を通じて株主に報告するのが経営者のステュワードシップの会計であり，端的に，「関係指向型」モデルと称することができる。前者は，アメリカ証取法会計に代表される証券取引法・金融商品取引法系列の会計の枠組みであり，後者は伝統的にはドイツ商法の債権者保護やイギリス会社法のコーポレートガバナンス・メカニズムとしてのステュワードシップに焦点を置く商法・会社法系列の会計の枠組みをなす。市場指向型モデルと関係指向型モデルそれぞれについて，焦点を置く主たる情報利用者や課題，法的準拠枠や情報の質的特性，および計算構造の各側面について比較対比して示したのが，図表1－3である。

　この2つのモデルについて，IFRSの概念的基礎をなすのは前者の市場指向型モデルであるのに対して，伝統的に商法・会社法会計の中で継承されてきたのは，後者の関係指向型モデルである。この2つの会計は，国際会計基準審議会（IASB）概念フレームワークでは，ステュワードシップ目的は，広く企業への投資の継続や経営者の再任・交替など経済的意思決定目的に包摂され（IASB改訂概念フレームワーク草案［2008］，para. OB12），また，わが国でも金融商品取引法と会社法との会計規定の実質的一元化が図られてきた（松尾［2009］）。しかし，取得原価を基軸とした持続的関係指向型の会計と公正価値のウェイトが高まりつつある適時的市場指向型の会計とは，学理的にはそれぞれが拠って立つスタンスは当然に異なるものであり，明確に識別することが必要である。

① 　情報利用者・企業間をめぐって，市場型モデルでは広く現在および将来の投資者という幅広い情報利用者を想定し，「企業主体パースペクティブ（entity

図表1-3　2つの会計モデル

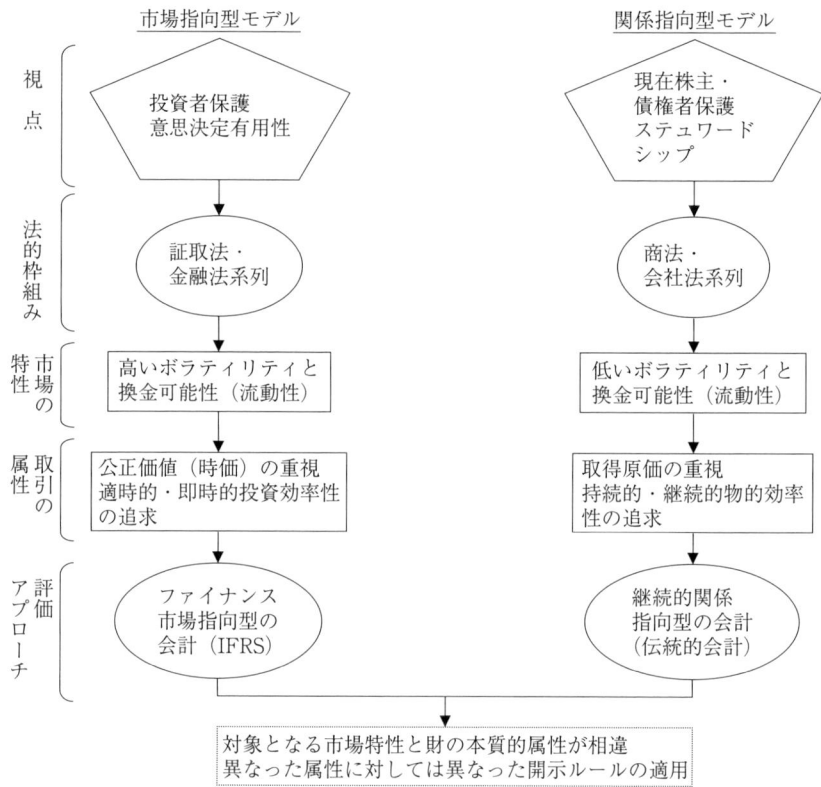

perspective)」に関連づけられるのに対して，関係型モデルでは，より明確に現在普通株主に焦点を置く「所有主パースペクティブ（proprietary perspective)」に基礎づけられている（Gore & Zimmerman [2007]）。このような報告主体をめぐる議論は，連結財務諸表の報告主体に関する親会社説（所有主パースペクティブ）か経済的単一体説（企業主体パースペクティブ）かの問題や，「負債と資本の区分」の問題等とも密接に関係する。

② 利益計算構造に関して，「資産負債アプローチ—公正価値（時価）測定」

に立つ市場型モデルは,企業の目的は富を増加させることであり,企業の富こそが投資者・債権者のキャッシュ・インフローを提供し得る範囲を規定するという「富の極大化」モデルに立つ（詳細は,古賀［2000］参照）。したがって,財務諸表は企業の富とその変動をそのまま報告すべきであり,利益は純資産の変動額として算定され,ランダムに生じた利得・損失などすべての純資産の変動要素は,その発生に即して当該期間の利益として適時に反映される。そこで得られた利益計算は変動性ある利益となる。

それに対して,「収益費用アプローチ—取得原価測定」による関係型モデルは,企業の目的は,平均的企業が政府による規制や競争者の競争参加による利益の削減を伴うことなく,しかも,企業の継続的存続を可能ならしめるという「満足利益」（報告利益が株主資本コストと等しくなるレベルの利益）モデルに立つ（詳細は,古賀［2000］参照）。この場合,平均的企業の目的は資本コストに等しい利益を計上することであるので,費用と収益との適切な対応による期間利益の適正化が図られる。そこで得られる利益は,ある種の繰延処理による利益の平準化が行われ,企業の経常的・長期的・持続的な成果指標としての利益である。

このように,「市場型モデル—資産負債アプローチ」を選好するか,「関係型モデル—収益費用アプローチ」を選好するかは,結局は,「変動性ある利益」と「正常性ある利益」のいずれを選好するかの問題になり,ひいては,どのような企業の目的観を採択するかに帰着することになる（古賀［2000］）。

③ 情報の質をめぐって,「中立性」対「保守主義」の議論がある。不確実性に対処するための会計上の取扱いとして慎重性または保守主義の要請が伝統的に採られてきた。しかし,市場型モデルでは,保守主義的バイアスも情報からの解放（不偏性）を要件とする「中立性」の特性と相矛盾するので,保守主義の特性と情報の有用性に不可欠な特性から除外している。しかしながら,保守主義会計は利得・損失に対する人間の非対称的取扱い（グッド・ニュースは確実になるまで報告されず,バッド・ニュースは可能性があれば報告されるという取扱い）にも合致するものであり,長年にわたって培われてきた会計

第Ⅰ部　IFRS導入と最適開示システム設計のあり方

人の知恵として根強い支持をもつ（Gore & Zimmerman [2007]）。

以上，ここでは一方の会計モデルが他方の会計モデルよりも優れていることを指摘したいのではない。要は，いずれの会計モデルともにそれぞれの適用可能性をもつので，最適開示の制度設計においては何らかの形で両者を組み込んだグランド・デザインが必要であることを示唆するものである。このような制度設計の認識基点に立ちつつ，次に，IFRS会計モデルの導入に対応した最適な企業開示システムのあり方を考えてみたい。

第5節　IFRS導入と企業開示システムの相互関係

(1) 予測・見積計算の拡大と非財務情報開示の対応

IFRS導入に伴う開示システムへの影響の1つは，経営者の主観的予測・見積りによる測定上の誤謬やバイアスの拡充化の問題である。たとえば，市場性のない金融商品や非上場有価証券の評価，退職給付引当金の見積り，繰延税金資産・負債の回収可能性の評価等，将来予測や見積り計算の範囲が拡大することが予想される。この場合，予測や見積りの合理性は，その作成の基礎となっている諸仮定の合理性と仮定に基づく情報作成の適切性，および表示の適正性が評価されなければならない（本書第13章・第14章参照）。端的に言えば，予測・見積りを行う経営者の判断の合理性・妥当性がますます重要になる。

このようなIFRSの主観的見積りの拡大に対して，記述情報（ナレイティブ）としてのリスク情報の拡充化による対応が提示されている（本書第9章参照）。これらのリスク情報は，企業の長期的価値に影響を及ぼす可能性のあるリスク・マネジメントや重要なリスク／不確実性に関連した情報であり，決算数値からは直接的に読み取ることが難しい課題を説明的に記述し，財務諸表に対して補足的，追加的，あるいは補完的機能をもつ。このように，IFRS導入によるリスク情報を既存の財務諸表において開示することには限界があり，非財務情報の拡充化によって財務と非財務情報とが一体化して開示することが肝要となる。

知的資産情報など非財務情報は，無形価値ないし知的資産を企業の富や価値

の中核的クリエーターとみて，組織の将来的稼得能力や企業の中長期のキャッシュ・フローを示す将来指向的情報である。知的資産情報は，このような企業の価値創出プロセスを定性的に表示し，利益数値等の定量的情報と一体となって企業の将来的稼得能力を反映しようとするものであり，非財務情報の質を高めることは，定量的な予測・見積計算の質をも側面から支援することができるであろう。古賀・榊原・姚［2008］では，ファンド・マネジャーを対象としたインタビュー調査において，会計利益やキャッシュ・フローの質の裏付けとして経営者の質やブランド力などの無形価値が利用されることが指摘されており，広く財務情報と非財務情報との連携関係を示すものとして注目される。

（2）公正価値評価のボラティリティと非財務情報開示の役割

　金融資産・負債の公正価値評価は，評価日での金融市場の経済的実態を取得原価よりも適時に，かつ適切に財務情報に反映する点に大きな特徴がある。しかし，その反面，公正価値の変動に伴う損益は，しばしば一時的な市況変動によるボラティリティ（変動性）が大きく再現性が乏しいとの批判がある（古賀［2009］）。とくに金融商品のバブル価格を反映した公正価値の評価益は，実体のない仮装的な利益であり，短期的投資者をミスリードする恐れすらある。しかも市場のない金融商品の評価の困難性と相俟って，一時的な市況変化を映す公正価値会計への批判は，制度設計の当初から根強くあった（JWG［2000］）。

　IFRSにおける公正価値会計の展開は，本来的にファイナンス財の評価差額の追求と投資効率の最適測定を内包するものであった（古賀［2008］）。キャッシュ・フローへの即時的転換を意図しないプロダクト財については，本質的に取得原価による測定を基軸とし，公正価値測定はごく限定された領域で適用されてきたにすぎない。それに対して，本来的に「キャッシュ・フローの束」をなすファイナンス財は，最適株主価値の獲得をめぐって国境を越えてグローバルに市場を駆けめぐり，投資指標となる公正価値が理論的にも最も適合性ある測定属性をなす。このように見るならば，ファイナンス財の公正価値評価による財務情報のボラティリティは当然の帰結と言える。

このような公正価値評価の適時的ボラティリティの増大に対処し，企業の持続的発展可能性という長期的観点から企業を把握しようとするのが，CSRや知的資産，リスク情報等の非財務情報である。これらの非財務情報は，従来の財務的パースペクティブによる過去的・ファイナンス指向的業績評価の限界を非財務情報開示の側面から補完し，企業の「差別化」の論理や「共生」の論理に立って，そのブランド価値やレピュテーションを高め，企業の持続的発展を促進しようとするものである。ここでも，公正価値評価による財務情報の課題に対して，長期持続性の尺度を提供し，もって財務情報開示と非財務情報開示の統合化の方向が示唆されるものである。

（3）非財務情報開示と内部統制

内部統制と非財務情報とは，リスク・マネジメントを媒介項として密接な関係をもつ。まず，リスク・マネジメントと内部統制との関係は，前者が経営者の視点に立つのに対して，後者は本来的に監査人の視点に立つという視点の違いはあるものの，ともにリスクの評価・統制・監視・伝達を対象とする点では共通性をもつ（鳥羽［2007］）。

また，リスクの認識・分析とリスク・マネジメントの活動実態を伝達するアウトプット情報が，リスク情報を含む非財務情報である。つまり，内部統制が広く企業のリスク・マネジメントの実態面に注目しようとするのに対して，非財務情報は，情報開示の側面からリスクを把握し，それを統制するためのリスク・マネジメントの実態について経営者の説明責任を遂行しようとするものであり，内部統制と非財務情報（リスク情報）とはコインの表裏関係をなす。

（4）非財務情報開示の監査・保証のあり方

監査人の監査ないし保証対象としての非財務情報は財務情報とは異なった特性をもつので，監査人の保証アプローチ，保証レベルおよび保証のためのドキュメンテーションも相違すると考えられる。決算数値等の財務情報が過去指向的・財務的パースペクティブに立つ貨幣表示による定量的情報をなすのに対して，

CSRや知的資産情報，リスク情報の多くは一般に貨幣的評価が困難であり，記述表示による定性的情報によるか，貨幣評価額以外の測定指標（KPI）に依拠せざるを得ない（古賀［2010］）。財務情報は過去の取引により大きく依存し，客観性をもったハードな取引データが入手できるのに対して，社会／環境保全活動や企業の知的資産等を対象とする非財務情報は企業の戦略とも密接に関連づけられ，その多くは貨幣評価が困難であり，主観的評価に依存したソフトな主観性の高い情報とならざるを得ない。その結果，非財務情報に対する第三者の保証のあり方も財務情報とは必然的に異なったものとなる。

　第1に，保証アプローチとして記述的・定性的非財務情報は，財務情報よりもよりプロセス指向的になるであろう。ハードな取引データによる貨幣評価額による財務情報がアウトプットとしての情報そのものに焦点を置き，その信頼性を評価する「エグジッド・アプローチ」に立つのに対して，主観性の高い非財務情報はその作成の基礎をなすプロセスに焦点を置いた「プロセス・アプローチ」が重要になる。この場合，知的資産情報の報告指標（KPI）のように，企業の戦略と情報利用者の特定，キャッシュ・フローの生成要因および選択指標の一連のフローの中で，非財務データと財務データとの整合性などが重要になる。また，非財務情報の作成に伴う内部情報システムやリスク・マネジメント・システムの整備・運用状況といった内部統制の状況は，アウトプットとしての非財務情報の信頼性をプロセス段階で支えるものとして重要な役割をもつであろう（非財務情報の1つである予測情報に対する経営者の意識については，本書第3章参照）。

　第2に，保証レベルに関して，非財務情報の保証レベルは，対象としての非財務情報の位置づけやレリバンス（ニーズ），業務契約の形態，情報の特性（監査可能性の制約等）に大きく依存すると考えられる。一般に保証レベルとして大きくコンピレーション，レビュー，および監査の3つが考えられる（本書第13章・第14章参照）。実査・立会・確認の実証性テストのフィルターを通じて得られた監査が「高い保証」を提供するのに対して，質問・分析的手続に基礎づけられたレビューは「中位の保証」を提供するにすぎない。主観的・定性的情

報としても非財務情報の場合，情報作成の基礎となるデータ等の監査可能性の制約が高いことから，監査レベルの保証を付与するには大きな限界があり，また，その必要性も現段階では明確ではない。

最後に，第3に，情報作成のためのドキュメンテーションの重要性に関して，財務情報，非財務情報ともに情報作成に向けての経営者の姿勢や組織の態度がアウトプットとしての情報の信頼性に大いに影響することは言うまでもない。とくにソフトな主観的データに依存せざるを得ない非財務情報については，非財務情報を経営者のビジョンや戦略とも密接に結びつけた不可分の一部として認識し，そこに経営者の姿勢を明確に反映させることによって情報の信頼性の保証も一層促進されることが期待される。

(5) 内部統制と監査の相互関係

内部統制と監査との相互関係を示すものとして，監査リスク・モデルがある。これは，監査人が所定の保証レベルを達成するために有効かつ効率的な監査手続きの計画・調整のための有用な概念フレームワークを提供するものである（古賀［1990］）。典型的リスク・モデルでは，固有リスク，統制リスク，分析的手続きリスクおよび実証性テスト・リスクの積として，監査完了後に重要な不正・誤謬が防止・摘発されずに財務諸表に含まれるリスク，つまり全体的リスクが算定される。したがって，監査リスク・モデルは，モデルの構成要素が他の要素と同程度に全体的保証に役立つという意味で同質的に，かつ，各要素によって得られた保証は，他のリスク要素の削減によっても可能であるという意味で相互代替的に全体としての監査保証に資することを示唆している。

図表1-4Aのマトリックスは，監査リスク・モデルの基本的考え方に即して，固有リスクと統制リスクの評定を用いて，実証性テスト（実査・立会・確認等の監査手続き）の範囲を決定しようとするものである。ここで固有リスクとは，勘定残高もしくは取引価額の固有の特性によって重要な不正等が含まれるリスクをいうのに対して，統制リスクとは，内部統制が十分に機能せず，勘定残高等に重要な不正・誤謬が含まれるリスクをいう。この両者が同質的，か

第1章　日本型開示システムの持続的発展可能性と理論的フレームワーク

図表1-4A　固有リスク・統制リスクの評定と実証性テストの範囲

		監査人の統制リスクの評定		
		高い	中程度	低い
監査人の	高い	H	H	Ⓜ
固有リスクの評定	中程度	H	Ⓜ	Ⓛ
	低い	M	L	L

原出典：CICA Auditing Guideline, *Applying Materiality and Audit Risk Concepts in Conducting an Audit*, 1990：武田隆二編著［2000］,『中小会社監査の計算公開と監査』257頁より引用

図表1-4B　固有リスク・統制リスクの評定と実証性テストの範囲の相互関係

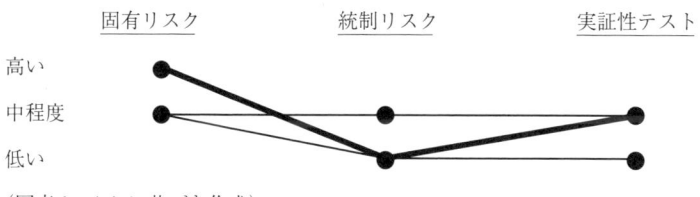

（図表1-4Aに基づき作成）

つ，代替的に機能し合って，一定の保証レベルを達成するための実証性テストの範囲を決定しようとするものである。たとえば，固有リスクが「中程度」，統制リスクが「高い」と評定されるとすれば，実証性テストのレベルは「高い」ことになる。しかしながら，統制リスクの評定を「中程度」に低下させるとすれば，監査作業のレベルは，「中程度」に低下する。このような分析が，財務諸表の重要な勘定残高と取引区分に適用される。

　IFRSの原則主義会計の導入や予測・見積り計算の拡大に伴い，監査対象の固有リスクは一般に増大することになる（上記の固有リスクの評定が「高い」または「中程度」を示す）。この場合，内部統制環境の整備等を図ることによって統制リスクを「低い」（固有リスクが「高い」と評定される場合），または，「中程度」以下（固有リスクが「中程度」または「低い」と評定される場合）に押さえることによって，実証性テストの範囲を「中程度」以下に削減することが可能になる（図表1-4B）。

このように，内部統制の強化を情報の信頼性を高めるためのアクセルと，開示情報の信憑性を担保するための監査（実証性テスト）のレベルを合理的に削減するブレーキとを組み合わせることによって，理論的には過重な監査コストを付加することなく所定の保証水準を確保することが可能になる。したがって，IFRS 導入に伴う原則主義や見積り・予測計算の拡大は，統制リスクの削減とそのための経営者によるガバナンス・システムなどの維持・改善によって監査レベルの増大に一定のブレーキをかけることができることになるであろう。

このように，財務情報（四半期開示も含む）と非財務情報，内部統制と監査という企業システムを構成する4つのサブシステムが機械のギアのように相互に連動し，補完し合いつつ，全体として体系的・総合的な企業開示システムの究明が重要になるのである。

第6節　コーポレート・ガバナンスと日本型最適開示制度の課題

本章では，IFRS という新たな価値体系（パラダイム）の導入に対応して，「市場指向型モデル」と「関係指向型モデル」の2つの会計モデルの共存可能性を踏まえて，新たな開示システムの制度設計をいかに図るかについて，財務，非財務，内部統制および監査の各制度の相互補完関係に注目しつつ，動的かつ弾力的にそのあり方を究明しようとするものであった。

本研究の結果，財務情報開示の一部をなす四半期情報開示について，投資者等に対して一定の役立ちが認められるものの，作成者側の負担感や短期的変動に伴う情報利用者のミスリードに対する問題性も強く，コスト負担感を削減する開示のあり方が強く求められ，非財務情報の開示を促進することによって企業の説明責任を果たすことも考えられる。また，原則主義や公正価値会計の拡大に伴う情報リスクの増大に対しても，リスク情報の注記開示の充実・強化を図ることによって，企業に多大なコスト負担を付与することなく対応する視点が考えられる。加えて，IFRS 導入によって内部統制のあり方もますますプロ

セス指向となるなど，その具体的内容も大きく変容することが予測され，財務と非財務情報の密接な連携と，戦略や経営者の意義を重視した監査制度のあり方など，IFRS時代に向けて開示のあり方も弾力的かつ柔軟に対応すべきであろう。

IFRSの導入によって，一方では，情報リスクの拡大に伴う経営者の説明責任が一層重要になるとともに，他方では，経営者の原則主義や予測・見積りに対する判断の合理性の監視・評価に内部統制・監査の焦点が移行することが望まれるであろう。それは，端的に言えば，IFRS時代に向けての最適なコーポレート・ガバナンスのあり方を問う問題である。

企業のコーポレート・ガバナンスの観点から，IFRS時代の企業開示システムをデザインしようとするのが，図表1-5である。ここでは，「経営者の判断（意思決定）」の行為結果として「原則主義・公正価値会計（予測・見積り計算）」が実施され，それに対する会計・監査のガバナンス対応として，一方では，経営者の判断について従前よりも厳格な「説明責任（リスク情報の開示）」が求められるとともに，他方では，経営者に係る全般的統制環境の評価と経営者の判断の正当化のための監査に内部統制・監査の焦点が置かれることが描かれている（図表1-5を参照）。

このように，IFRS時代におけるガバナンス構造は，判断の主体性とその正当づけを外部に発信する説明責任に加えて，内部統制・監査という監視・保証機能の側面から「手続き論的オペレーション指向」から，経営者の判断や統制環境というガバナンス構造の根幹部分に焦点を置く「プロセス指向」に重点移行することになるであろう。それを具体的な政策策定の場で，どのように実効性ある形で構築するかが，今後に課せられた課題である。

IFRS会計モデルと日本企業の行動特性を反映した会計モデルとの共栄共存の「最適解」をどこに求めるかは各国によって異なる。制度的には，企業の活動の「場」（グローバル市場で資金調達を行う企業か，そうでない企業か）や情報ニーズ（投資意思決定のための連結情報か配当可能利益算定のための単体情報か），業種（製造業か，非製造業か）に即した階層的・区分別開示システムの構築は，合

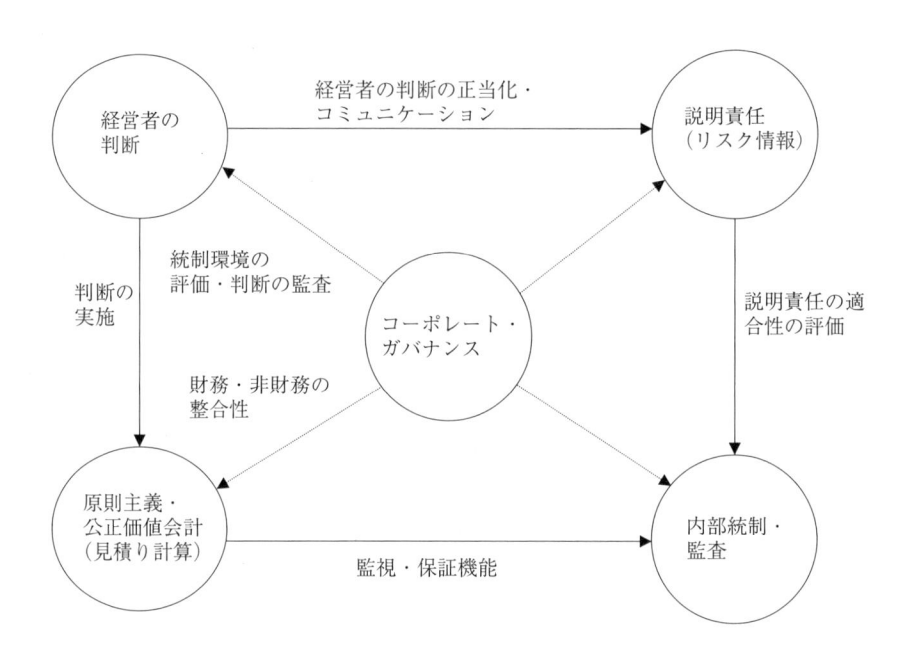

第Ⅰ部　IFRS導入と最適開示システム設計のあり方

図表1-5　コーポレート・ガバナンスと企業開示システムの構図

理的かつ現実的対応である。いまやグローバル言語としてのIFRSに代表される市場指向型モデルの重要性は言うまでもない。それとともに，財務報告のもう1つの視点として，企業の持続的成長を目指す関係指向型の開示の視点も看過されてはならない。

〈参考文献〉
加護野忠男・小林孝雄1995「資源拠出と退出障壁」今井賢一・小宮隆太郎編，73-92。
古賀智敏 1990『情報監査論』同文舘出版。
古賀智敏 2000『価値創造の会計学』税務経理協会。
古賀智敏 2007「会計基準のグローバル化の認識基点－会計基準グローバル化に向けての同

化と分化」『産業経理』第67巻第2号，13-21。
古賀智敏 2008「国際会計基準と公正価値会計」『会計』第174巻第5号，1-13。
古賀智敏・榊原茂樹・姚俊 2008「知的資産情報と投資意思決定の有用性」『国民経済雑誌』第197巻第5号，1-13。
古賀智敏 2009「金融危機と公正価値会計のゆくえ：新たな財務報告の構築に向けて」『企業会計』第61巻第3号，4-10。
古賀智敏 2010「IFRS時代の最適開示制度のあり方」『会計・監査ジャーナル』第22巻第10号，110-116。
武田隆二 1982『制度会計論』，中央経済社。
武田隆二編著 2000『中小会社監査の計算公開と監査』清文社。
大和総研 2010『平成21年度総合調査研究「会計基準改訂の影響及び予測見積を伴う会計の監査に関する調査研究」報告書』平成22年3月31日。
鳥羽至英 2007『内部統制の理論と制度―執行・監督・監査の視点から』国元書房。
日経リサーチ 2008「内閣府委託調査：新たな成長に向けた日本型市場システム・企業ガバナンスの在り方に関する調査研究」。
日本会計研究学会特別委員会報告（委員長：武田隆二）1990『企業パラダイム変革と情報システムの変化に関する研究』平成2年9月。
ポール・シェアード 2000「株式持合いとコーポレート・ガバナンス」青木昌彦・ロナルド・ドーア編『システムとしての日本企業』，389-435。
松尾直彦 2009「金融商品取引法の役割と課題」『商事法務』第1865号，22-35。
三輪芳明 1995「下請関係：自動車産業」，今井賢一・小宮隆太郎編『日本の企業』，163-186。
若林公美 2009『包括利益の実証研究』中央経済社。

Arikawa, Y. and Miyajima, H., "Relationship Banking in the Post-Bubble Japan," in *Corporate Governance in Japan*, edited by Aoki, M., Jackson, G., and Miyajima, H., Oxford University Press, 2008, 51-78.

Clark, G., Hebb T., and Wjcik, D., *Globalisation of Accounting Standards*, edited by Godfrey, J. and Chalmers, K., 2007, 15-33.

Gore, P. and Zimmerman, D., "Building the Foundations of Financial Reporting: The Conceptual Framework," *The CPA Journal*, 2007.

Jackson, G., "Employment Adjustment and Distributional Conflict in Japanese Firms," in *Corporate Governance in Japan*, Oxford University Press, 2008, 282-309.

Jackson, G. and Miyajima, H., "Introduction: The Diversity and Change of Corporate

Governance in Japan," in *Corporate Governance in Japan*, 2008, 1-47.

Joint Working Group of Standards-Setters, (JWG) *Financial Instruments and Similar Items*, 2000.

Whittington, G., "Fair Value and the IASB/FASB Conceptual Framework Project: An Alternative View," *ABACUS*, 44(2), 2008, 139-168.

Miyajima, H. and Kuroki, F., "The Unwinding of Cross-Shareholding in Japan: Causes, Effects, and Implications," in *Corporate Governance in Japan*, 2008, 79-124.

第2章　IFRSの導入と利益計算構造

梅　原　秀　継（中央大学）

第1節　はじめに

　周知のように，国際財務報告基準（IFRS）の導入は，企業業績ないし利益計算のあり方にも重大な変化をもたらしている。たとえば，IAS1では，公正価値会計（時価会計）の拡大に呼応して[1]，純利益（net income, profit）の区分を維持しながらも，包括利益（comprehensive income）を損益計算書の最終数値とした。わが国でも，同様の規定を有する企業会計基準第25号が公表された。しかし，依然として従来の会計構造との相克があるのも事実である。特に，これまで損益計算書の最終数値とされてきた純利益との関係をどのように捉えるのかが，国際的にも重要な課題となっている。そこで，本章では，利益計算構造の変化という観点から，IFRSの導入が日本の企業会計に及ぼす影響を考察する。

第2節　包括利益導入の背景と課題

　そもそも包括利益という概念は[2]，1980年にFASBから公表されたSFAC3において，フレームワークのレベルで初めて規定された。その後，1997年に公表されたSFAS130では，売却可能有価証券の未実現評価差額や外貨換算修正など純利益を経由せずに資本直入とされる項目をその他の包括利益（other comprehensive income）に収容することを規定し，個別基準のレベルでも包括利益が導入されることになった。つまり，包括利益は，資産評価では公正価値

測定が要求されるものの，伝統的に損益計算書の最終数値とされてきた純利益の計算では，その評価差額が含められないという問題点を解決するための手段と解することができる。

一方で，IASBにおけるフレームワーク（IASC［1989］）には，包括利益の定義が明示されていなかった。しかし，財務諸表の表示に関するIASBとFASBとの共同プロジェクトが開始された後，2007年には，SFAS130とのコンバージェンスを前提として，個別基準であるIAS1が改訂され，包括利益がIFRSにも導入されることになった。このIAS1の改訂によって，包括利益の開示を要求することについては，国際的な同意が得られたといえよう。しかし，以下の点については，現在でも議論が継続している[3]。

第一に，純利益の区分を維持すべきかどうかという点である。純利益は，長年の間，損益計算書の最終数値とされており，EPS（1株当たり純利益）やROE（株主資本利益率）など主要な財務指標の基礎となってきた。しかし，包括利益が導入された後は，純利益がこれまでと同様の役割を果たすのかどうか，もし果たさないのであれば純利益の区分を廃止するのかどうかが問題となっている。純利益の区分を維持すべきという見解では，その他の包括利益に含まれる項目は，公正価値の変動など経営者が統制できないものが多く，利益計算に不必要な変動性（volatility）をもたらすので，包括利益が純利益に代替することは難しいとする。一方で，純利益の区分を廃止してもよいとする見解では，純利益の定義は曖昧であり，一貫した概念とはいえないとする。純利益の区分を主張するにしても，その概念を明確に示すことが求められている。

第二に，純利益の区分を残したとして，組替調整（reclassification adjustments）を行うかどうかが問題となる。この組替調整はリサイクリング（recycling）とも呼ばれる。後に詳しく議論するように，公正価値会計を導入しても，この組替調整を行うことによって，伝統的な原価・実現主義に基づく純利益計算を行うことが可能である。この特徴に着目して，米国基準や日本基準では組替調整を重視した規定を設けている。しかし，IFRSでは組替調整を要求しない規定も多い。つまり，組替調整の可否をめぐっては国際的な同意が

得られているとはいえない状況にある。とりわけ本章で取り上げる IFRS 9 における組替調整の取扱いは，多くの議論を呼んでいる。

　以上のように，包括利益の導入によってすべての問題が解決されたわけではなく，業績指標をめぐって重要な課題が残されている。日本基準も同様に包括利益を導入しているが，伝統的な純利益を支持する見解も根強い。実際に企業会計基準第25号（par. 22）でも，従来の純利益計算の重要性は変わらないことを明記している。理論的にみても，包括利益の位置づけをどのように捉えるかという論点は，資産負債中心観（asset and liability view）や資本概念など概念フレームワークにおける主要課題とも深く関連しており，日本基準全体にもかなりの影響を及ぼすはずである。次節以降では，こうした点を意識しながら，公正価値による資産評価を題材として，包括利益の会計的特質を考察することにしたい。

第3節　利益概念と資本の構成

　まずは，近年の企業会計において基本的な前提とされる，(a)資産負債中心観[4]，(b)資本等式，(c)資本と利益の連携（クリーン・サープラス関係，clean surplus）に着目して，IFRS における利益計算構造の特質を明らかにしよう。有価証券の処理を題材としたい。

　2009年公表の IFRS9 によると[5]，有価証券の処理は，経営者の保有目的（management's intent）ではなく，事業モデル（business model）に応じて規定されている。特に，持分金融商品（equity instrument）については公正価値測定と純利益への算入が原則とされている。ただし，企業側の選択によって，その他の包括利益への算入も認められている（OCI オプション）。［設例1］における取得時と決算時の仕訳は以下のとおりである。いたずらに議論を複雑にしないため，税効果については考慮しないこととする。

[設例1]

(1) A社の20X0年4月1日における期首残高（単位：円）

残高			
現　　　　金	66,000	借　入　金	345,000
営　業　設　備	714,000	資　本　金	360,000
		利　益　剰　余　金	75,000
	780,000		780,000

(2) 20X1年3月期における純資産の変動要因（単位：円）
 ・営業収益　87,000　　営業費用　48,000　　財務費用　15,000
 ・資本金の増加　増資　75,000
 ・利益剰余金の減少　支払配当金　9,000
 ・有価証券の評価差額　3,000（取得原価　69,000　期末日の公正価値　72,000）

(3) A社の20X1年3月31日における期末残高（単位：円）

残高			
現　　　　金	135,000	借　入　金	345,000
有　価　証　券	72,000	資　本　金	435,000
営　業　設　備	666,000	利　益　剰　余　金	90,000
		その他の持分要素	3,000
	873,000		873,000

　　（借）有　価　証　券　69,000　　　（貸）現　　　　　金　69,000
　　（借）有　価　証　券　　3,000　　　（貸）評　価　差　額　3,000*
　　　＊72,000 − 69,000 = 3,000

　取得時の仕訳では，借方における資産増加と貸方における資産減少の組合せとなることに異論はなく，資本や利益の計算に影響することはない。一方，決

算時の仕訳では，借方の資産増加に対して，貸方の評価差額をどの構成要素で処理するかが問題となる。

第1に，(a)の資産負債中心観を前提とした場合，資産は企業（entity）が支配する経済的資源（economic resource），負債は企業が負担する義務（obligation）と定義される。

　　　資産＝企業が支配する経済的資源　　　　　　　　　　…(a.1)
　　　負債＝企業が負担する義務　　　　　　　　　　　　　…(a.2)

(a.1)および(a.2)を前提とすると，繰延費用や繰延収益といった計算擬制項目を資産あるいは負債として計上することはできない。具体的には，為替換算調整勘定や繰延ヘッジ損益などが排除され，負債の部は買掛金や借入金などに限定される。有価証券の決算仕訳から生じる評価差額も，第三者に対する返済義務とはいえないので，負債の部に計上することはできない。

第2に，(b)の資本等式では，資産から負債を控除した後の純資産が資本に等しいとする。

　　　資産－負債＝資本　　　　　　　　　　　　　　　　…(b.1)

この資本等式の根拠は，所有主説（proprietary theory）にあるとされ，純資産に等しい資本すなわち持分（equity）は企業の所有者（owner，株式会社であれば株主）に帰属する残余請求権（residual interest）と解されてきた[6]。ここで残余請求権とは，債権者の後に残余財産の分配を請求できる権利をいう。IASC［1989, par.49］における持分も，同様に定義されている。

　　　資産－負債＝持分（残余請求権）　　　　　　　　　　…(b.2)

こうした所有主説に基づく資本等式と整合させるには，負債ではない項目をすべて持分とみなす必要がある。資本金や利益剰余金とともに，評価差額も，その他の持分要素（other components of equity）として持分に含められる[7]（図表2-1）。

第3に，(c)の資本と利益の連携は(c.1)のように記述できる。ここで資本取引とは，企業とその所有者との取引をいい，たとえば，増減資，配当および自己株式の売買などが該当する。

期間利益＝資本の増加－資本取引

　　　　＝（期末資本残高－期首資本残高）－資本取引　　…(c.1)

　(c.1)は，利益計算を行う際に不可避とされてきた約束事すなわち制約式とみなされてきた。期首と期末の貸借対照表における資本残高を比較し，所有者との取引を加減することによって得られる金額が，損益計算書における利益数値と一致することを要請する。IAS1（par.7）でも，包括利益を以下のように定義したうえで，損益計算書の末尾に表示することを規定した。

　「包括利益合計（total comprehensive income）とは，所有者の立場としての所有者との取引による変動を除いた，取引またはその他の事象から生じる一期間の持分の変動をいう。」

　なお，IFRSでは，資本取引の同義語として「持分取引」(equity transaction)が用いられている。つまり，包括利益は，持分取引を除く当期の持分増加額と定義できる。

包括利益＝持分の増加－持分取引

　　　　＝（期末の持分残高－期首の持分残高）－持分取引　　…(c.2)

　払込資本の増加75,000円と支払配当金9,000円を持分取引とすると，(c.2)により20X1年3月期におけるA社の包括利益は27,000円と計算できる。

包括利益＝（期末の持分残高－期首の持分残高）－（増資－配当）

　　　　＝（528,000－435,000）－（75,000－9,000）

　　　　＝27,000

　一方，損益計算書では，営業収益から営業費用と財務費用を控除して純利益を計算した後，その他の包括利益を加減して包括利益を計算する。IFRS9で認められたOCIオプションにより，［設例1］における有価証券の評価差額をその他の包括利益に計上するならば，IAS1（par.82）に従った損益計算書には包括利益27,000円が表示されることになり，貸借対照表における持分の変動と一致する（図表2-1）。こうして，IFRSでは，包括利益の導入によって，(a)資産負債中心観，(b)資本等式，(c)資本と利益の連携といった企業会計の基本的前提を同時にみたすことができる。

図表2-1　IFRSによる財務諸表

B/S

資産の部			負債の部		
現	金	135,000	借 入 金		345,000
有 価 証 券		72,000			
営 業 設 備		666,000	持分の部		
			資 本 金		435,000
			利 益 剰 余 金		90,000
			その他の持分要素		3,000

P/L

営業収益	87,000	
営業費用	48,000	
財務費用	<u>15,000</u>	
純利益	24,000	→利益剰余金
その他の包括利益	<u>3,000</u>	→その他の持分要素
包括利益	<u>27,000</u>	→持分の変動

　これに対して，現行の日本基準では，有価証券の処理は保有目的別に規定されている。売買目的有価証券の評価差額が純利益に含められる一方，持合株式などが該当するその他有価証券は即時に市場で売却するには事業上の制約があるため，純利益の構成要素とは捉えられていない[8]。そこで，最初に公正価値会計が導入された「金融商品基準」（企業会計審議会［1999］）では，その他有価証券の評価差額を貸借対照表における資本の部に直入することにした。当時は，「企業会計原則」にみられるように，(b.1)で示される資本等式を前提としていたため，評価差額を資本の部に収容せざるを得なかったからである。しかし，この「資本直入項目」は期間損益計算を経由しないので，先に述べた(c.1)すなわち資本と利益の連携をみたすことができなかった。

figure 2-2　日本基準による財務諸表（純資産の部導入後）

B/S

資産の部		負債の部	
現　　　　金	135,000	借　入　金	345,000
有 価 証 券	72,000	純資産の部	
営 業 設 備	666,000	Ⅰ　株主資本	
		資　本　金	435,000
		利 益 剰 余 金	90,000
		Ⅱ　評価・換算差額等	
		その他有価証券評価差額金	3,000

P／L

営業収益	87,000
営業費用	48,000
財務費用	<u>15,000</u>
純利益	<u>24,000</u>　→利益剰余金

　一方，2005年公表の企業会計基準第5号（par.33）では，「企業会計原則」における「資本の部」に代わって，純資産とは一致しない「株主資本」を設けて純利益との連携を想定する（図表2-2）。つまり，(c.1)は(c.3)のように解釈されている。

　　　　純利益＝株主資本の増加－株主資本取引　　　　　　　　…(c.3)

　この株主資本は，評価差額を除いた資本金と利益剰余金から構成される。確かに株主資本の増加は損益計算書における純利益と一致する。

　　　　期間利益＝（期末の株主資本残高－期首の株主資本残高）
　　　　　　　　－（増資－配当）
　　　　　　　＝（525,000－435,000）－（75,000－9,000）
　　　　　　　＝24,000

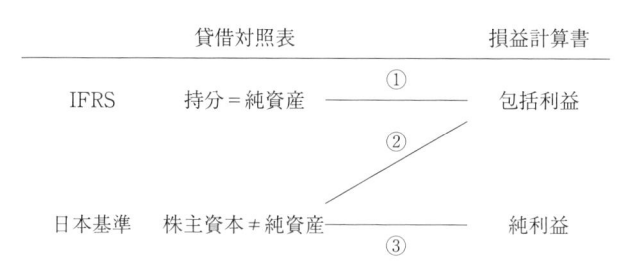

図表2-3　IFRSと日本基準の比較

	貸借対照表		損益計算書
IFRS	持分＝純資産	① ②	包括利益
日本基準	株主資本≠純資産	③	純利益

　それでは，2005年の段階での日本基準（図表2-2）を，IFRS（図表2-1）と比較してみよう。まず評価差額の負債計上を禁止するので，いずれも(a)の資産負債中心観に反することはない。しかし，株主資本が純資産と一致しないので，(b)をみたさない点でIFRSとは異なる。資本等式をみたさない以上，この株主資本は残余請求権を想定しているとは考えられない。そもそも，資本金（払込資本）と利益剰余金（留保利益）のみで構成される株主資本が，いかなる請求権を示すといえるのかを明らかにする必要がある[9]。また(c)については，IFRSにおける持分と包括利益（図表2-3，①）ではなく，日本基準では株主資本と純利益（図表2-3，③）といったように独自の資本概念を用いて連携を図っている。

　さらに，2010年には企業会計基準第25号が公表され，わが国でも包括利益が導入されることになった（図表2-4）。企業会計基準第25号（par.4）でも，IFRSの持分取引と同様の「当該企業の純資産に対する持分所有者との直接的な取引」という記述がある。しかし，評価・換算差額等をその他の包括利益累計額に読み替えることにしたものの，株主資本や純資産の部に関する規定はそのままである。つまり，日本基準には，依然としてIFRSにおける持分に相当する資本概念が，貸借対照表上には存在しないことになる（図表2-3，②）。そこで，包括利益本来の定義である(c.2)に照らしてみると，その前提となる持分取引に合わせて，「純資産の部」の代わりに，「持分の部」あるいは「資本の部」に変更することも考えられる。その場合には，評価・換算差額等（その他

第Ⅰ部　IFRS導入と最適開示システム設計のあり方

図表2-4　日本基準による財務諸表（包括利益導入後）

B/S

資産の部			負債の部	
現　　　　金	135,000		借　入　金	345,000
有　価　証　券	72,000			
営　業　設　備	666,000		純資産の部	
			Ⅰ　株主資本	
			資　本　金	435,000
			利益剰余金	90,000
			Ⅱ　その他の包括利益累計額	
			その他有価証券評価差額金	3,000

P／L

営業収益	87,000	
営業費用	48,000	
財務費用	15,000	
純利益	24,000	→株主資本の変動
その他の包括利益	3,000	→その他の包括利益累計額
包括利益	27,000	→？

の包括利益累計額）の他に，現行の日本基準では株主資本に含まれない新株予約権や少数株主持分（非支配持分）の扱いが課題となりうる。

第4節　純利益と組替調整

　有価証券を売却した場合には，評価差額の組替調整をするかどうかで2つの処理が考えられる（図表2-5）。以下では，有価証券の売却があった20X2年3月期における純利益勘定，利益剰余金勘定，その他の持分要素勘定にかかわる仕訳を確認する。なお，従来から用いられてきた損益勘定ではなく，純利益勘

第2章 IFRSの導入と利益計算構造

図表2-5 評価差額の処理

```
      ┌ 純利益に計上…①
      │                        ┌ 組替調整を行う…②
      └ その他の包括利益に計上 ┤
                               └ 組替調整を行わない…③
```

定を用いるのは，その他の包括利益勘定と区別するためである[10]。

[設例2]

(1) A社の20X1年4月1日における期首残高（単位：円）

残高

現　　　　金	135,000	借　入　金	345,000
有　価　証　券	72,000	資　本　金	435,000
営　業　設　備	666,000	利　益　剰　余　金	90,000
		その他の持分要素	3,000
	873,000		873,000

(2) 20X2年3月期における純資産の変動要因（単位：円）
・営業収益　87,000　　営業費用　48,000　　財務費用　15,000
・有価証券の売却差額　5,000
・払込資本の増加　増資　75,000
・利益剰余金の減少　支払配当金　9,000

(3) A社の20X2年3月31日における期末残高（単位：円）

残高

現　　　　金	350,000	借　入　金	345,000
営　業　設　備	618,000	資　本　金	510,000
		利　益　剰　余　金	113,000
	968,000		968,000

まずIFRS9では，先述したとおり，評価差額をその他の包括利益に算入す

ることを認めているが,売却時の組替調整は禁止となっている(図表2-5,③)。
[設例2]では,組替調整の特徴を明らかにするため,有価証券72,000円を売却時点での公正価値77,000円で売却したとしている。売却時の仕訳は以下のとおりである。なお,売却差額5,000円はその他の包括利益に含められた後,その他の持分要素に振り替えられる。

　　　(借)現　　　　　金　77,000　　(貸)有　価　証　券　72,000
　　　　　　　　　　　　　　　　　　　　　　その他の包括利益　5,000
　　　(借)その他の包括利益　5,000　　(貸)その他の持分要素　5,000

そして,過年度にその他の持分要素に計上されていた3,000円もまた,組替調整が禁止されているので(IFRS9, par. B5.12),純利益勘定を経由することなく利益剰余金勘定に振り替える必要がある。結局,当期に計上した5,000円と合わせた8,000円が,その他の持分要素から振り替えられる。

　　　(借)その他の持分要素　8,000　　(貸)利　益　剰　余　金　8,000

また,営業収益勘定,営業費用勘定,財務費用勘定を純利益勘定に,さらに,これにより計算された純利益24,000円を,貸借対照表における利益剰余金勘定に振り替える。

　　　(借)営　業　収　益　87,000　　(貸)純　　利　　益　87,000
　　　(借)純　　利　　益　63,000　　(貸)営　業　費　用　48,000
　　　　　　　　　　　　　　　　　　　　　　財　務　費　用　15,000
　　　(借)純　　利　　益　24,000　　(貸)利　益　剰　余　金　24,000

これに対して,米国基準(SFAS130)や日本基準(企業会計基準第25号)では,その他の包括利益の組替調整を要求している(図表2-5,③)。まず売却日の仕訳では,純利益に含まれる売却益5,000円を計上する。

　　　(借)現　　　　　金　77,000　　(貸)有　価　証　券　72,000
　　　　　　　　　　　　　　　　　　　　　　有価証券売却益　5,000

さらに,評価差額分に相当する3,000円を20X2年3月期の売却益として計上する。ただし,この3,000円は20X1年3月期にも包括利益に計上されているので,損益計算書における二重計上(double counting)を回避しなければならない。

図表2-6 損益計算書の比較

	組替調整なし	組替調整あり
営 業 収 益	87,000	87,000
営 業 費 用	48,000	48,000
財 務 費 用	15,000	15,000
有価証券売却益	0	8,000
純 利 益	24,000	32,000
その他の包括利益	5,000	△3,000
包 括 利 益	29,000	29,000

そこで，その他の包括利益から控除される組替調整勘定を借方に設定する。

(借) 組 替 調 整　3,000　　(貸) 有価証券売却益　3,000

組替調整勘定→その他の包括利益勘定→その他の持分要素勘定の振替手続は，以下のようになる。

(借) その他の包括利益　3,000　　(貸) 組 替 調 整　3,000
(借) その他の持分要素　3,000　　(貸) その他の包括利益　3,000

また，収益・費用勘定→純利益勘定→利益剰余金勘定の一連の振替手続を以下のように行う。

(借) 営 業 収 益　87,000　　(貸) 純 利 益　95,000
　　 有価証券売却益　8,000
(借) 純 利 益　63,000　　(貸) 営 業 費 用　48,000
　　　　　　　　　　　　　　　　 財 務 費 用　15,000
(借) 純 利 益　32,000　　(貸) 利 益 剰 余 金　32,000

以上の処理を前提として，組替調整を行う場合と行わない場合の損益計算書を比較しよう。まず，損益計算書の最終数値である包括利益については同額の29,000円を計上する（図表2-6）。むろん，この金額は，貸借対照表における持分の変動と一致する。

第Ⅰ部　IFRS導入と最適開示システム設計のあり方

$$\text{包括利益} = （\text{期末の持分残高} - \text{期首の持分残高}） - （\text{増資} - \text{配当}）$$
$$= (623,000 - 528,000) - (75,000 - 9,000)$$
$$= 29,000$$

　しかし，純利益については有価証券売却益に相当する8,000円だけ異なる。IFRSに従って組替調整を行わない場合，純利益には，売却価額77,000円と取得原価69,000円との差額である有価証券売却益8,000円を反映できない。一方で組替調整を行う場合には，有価証券売却益を純利益に反映できる。つまり，組替調整を行わないと，公正価値会計が導入される前の伝統的な原価・実現主義に基づく純利益を算定できないことになる。

　次に，利益剰余金の変動を比較してみると，組替調整を行う場合には（図表2-8），株主取引（支払配当）を除く利益剰余金の変動が必ず純利益を経由する。一方で，組替調整を行わない場合には（図表2-7），その他の持分要素からの振替額8,000円があるので，株主取引を除く利益剰余金の変動のうち純利益を一度も経由しない項目が存在することになる。つまり，IFRS9と同等の規定が日本基準に導入されて，その他の持分要素（その他の包括利益累計額）から利益剰余金への直接振替が行われた場合，(c.3)で示された純利益と株主資本の連携を維持することはできない。とすれば，純利益との連携を根拠とした株主資本の区分の存在意義が問われることになるはずである。

図表2-7　勘定科目の変動（組替調整なし）

利益剰余金

当期配当額	9,000	期首残高	90,000
期末残高	113,000	純利益	24,000
		その他の持分要素	8,000
	122,000		122,000

第2章 IFRSの導入と利益計算構造

その他の持分要素

利 益 剰 余 金	8,000	期 首 残 高　3,000
期 末 残 高	0	その他の包括利益　5,000
	8,000	8,000

図表2-8　勘定科目の変動（組替調整あり）

利益剰余金

当 期 配 当 額	9,000	期 首 残 高　90,000
期 末 残 高	113,000	純 利 益　32,000
	122,000	122,000

その他の持分要素

その他の包括利益	3,000	期 首 残 高　3,000
期 末 残 高	0	
	3,000	3,000

第5節　む　す　び

　IFRSでは，IASBとFASBの共同プロジェクトを経て，包括利益の概念が明確に規定された。これにより，(a)資産負債中心観，(b)資本等式，(c)資本と利益の連携といった企業会計の基本的前提を同時にみたすことが可能となった。日本基準でも，同様に包括利益の導入を図ることになったが，資本概念や純利益との関係から，以下の点が依然として問題となっている。

　まずIFRSでは，「持分取引を除く持分の変動」という包括利益本来の定義と整合的な持分の部が，貸借対照表の区分として設けられている。一方，日本基準による貸借対照表では，株主資本の区分しか明示されていない。包括利益を導入するのであれば，「企業会計原則」でも前提とされていた資本等式を復

第Ⅰ部　IFRS導入と最適開示システム設計のあり方

活させて，純資産と一致する資本概念を確立することも考えられる。その場合には，所有主説による資本概念を明確にする必要がある。

　また，組替調整が禁止されているIFRS9が導入された場合には，純利益と利益剰余金（株主資本）の連携を維持することは困難となる。とすれば，株主資本の区分の存在意義が問われよう。さらに最近の議論では，純利益の区分をなくすべきとする主張もある。これらは，個別基準のレベルにとどまらず，概念フレームワーク（企業会計基準委員会［2006］）に対しても重大な変革を迫るものである。つまり，日本基準全体の会計構造も含めた議論が必要となっている。

注
（１）　公開草案第43号「公正価値測定及びその開示に関する会計基準（案）」では，「時価」を「公正価値」と読み替えるとしている。
（２）　米国をはじめとして各国制度における包括利益導入の背景については，佐藤編［2003］が詳しい。
（３）　包括利益をめぐる議論については，たとえば，倉田［1999］，岡部［2006］および山田［2006］を参照。
（４）　他にも収益費用中心観（revenue and expense view）がある。後述するように，両者の違いは，資産・負債に計算擬制項目を含めるか否かにある。
（５）　IFRSの動向とその影響については，田中［2010］および渡辺［2011］を参照。なお，わが国でも論点整理として企業会計基準委員会［2009b］が公表されている。
（６）　IFRSと同様に持分を定義するFASBの概念フレームワーク［SFAC6,par.60］でも，所有主説との関連を指摘されることが多い。たとえばSchroeder et al.［2009, 363-364］を参照。また，残余請求権を基礎とした分析については，たとえば梅原［2006］および米山［2008, 219-254］などを参照。
（７）　「その他の持分要素」という用語は，IAS1（pars.IG1-6）で例示されたものである。日本基準や米国基準でいう「その他の包括利益累計額」（accumulated other comprehensive income）に該当する。
（８）　石川［2000, 59-68］は，この時価評価差額と損益計算の関係について理論的な分析を行っている
（９）　IFRSが想定する残余請求権の他には，たとえば，配当請求権（定期的に営利活動の

成果分配を請求できる権利）などがある。しかし、未払配当金が負債として処理されることを考えると、現行規定の株主資本が配当請求権を示すとはいえない。株主資本の区分の必要性は、むしろ純利益との連携から説明される場合が多い。たとえば、企業会計基準委員会［2006, ch.3, pars.18-22］などを参照。
(10) 純利益勘定とその他の包括利益勘定は、貸借対照表における利益剰余金勘定とその他の持分要素勘定（その他の包括利益累計額勘定）に対応している。仮に、貸借対照表において利益剰余金勘定とその他の持分要素勘定を区別せずに包括利益累計額勘定を設けるのであれば、それに合わせて包括利益勘定が設定されることになる。

〈参考文献〉
石川純治 2000『時価会計の基本問題―金融・証券経済の会計―』中央経済社。
石山宏 2010「『包括利益計算書の表示に関する会計基準』にかかる論点―基礎概念との整合性の視点より―」『産業経理』第71巻第1号, 76-88。
梅原秀継 2006「会計主体と株主持分――一般理論および連結基礎概念の適用をめぐって―」『会計』第169巻第4号, 13-28。
岡部孝好 2006「包括利益からの離脱と収益費用項目の裁量的分類」『会計』第169巻第6号, 1-16。
企業会計基準委員会 2005『企業会計基準第5号 貸借対照表の純資産の部の表示に関する会計基準』企業会計基準委員会。
企業会計基準委員会 2006『討議資料 財務会計の概念フレームワーク 第3章 財務諸表の構成要素』企業会計基準委員会。
企業会計基準委員会 2008『改正企業会計基準第10号 金融商品に関する会計基準』企業会計基準委員会。
企業会計基準委員会 2009a『改正企業会計基準第5号 貸借対照表の純資産の部の表示に関する会計基準』企業会計基準委員会。
企業会計基準委員会 2009b『金融商品会計の見直しに関する論点の整理』企業会計基準委員会。
企業会計基準委員会 2010a『企業会計基準第25号 包括利益の表示に関する会計基準』企業会計基準委員会。
企業会計基準委員会 2010b『企業会計基準公開草案第43号 公正価値測定及びその開示に関する会計基準（案）』企業会計基準委員会。
企業会計基準委員会・財務会計基準機構監訳 2010『国際財務報告基準（IFRS）2010』中央経済社。

第Ⅰ部　IFRS導入と最適開示システム設計のあり方

企業会計審議会　1949『企業会計原則』大蔵省。
企業会計審議会　1974『企業会計原則』大蔵省。
企業会計審議会　1999『金融商品に係る会計基準の設定に関する意見書』大蔵省。
倉田幸路　1999「包括利益をめぐる諸問題―実現と再分類調整の問題を中心として―」『産業経理』第59巻第1号，47-56。
佐藤信彦編　2003『業績報告と包括利益』白桃書房。
田中建二　2010「金融商品会計の国際的動向」『税経通信』第65巻第5号，49-56。
山田康裕　2006「業績報告の新展開と純利益の意味」『会計』第170巻第6号，89-102。
米山正樹　2008『会計基準の整合性分析―実証研究との接点を求めて―』中央経済社。
渡辺雅雄　2011「第10章　金融商品」，小津稚加子・梅原秀継編『IFRS導入のコスト分析』中央経済社，181-203。
FASB, *SFAC3, Elements of Financial Statements of Business Enterprises*. FASB 1980.
FASB, *SFAC6, Elements of Financial Statements*, FASB 1985. 平松一夫・広瀬義州訳　2002『FASB財務会計の諸概念　増補版』中央経済社。
FASB, *SFAS130, Reporting Comprehensive Income*, FASB, 1997.
IASB, *IAS1, Presentation of Financial Statements*, IASB, 2007.
IASB, *IAS27 ,Consolidated and Separate Financial Statements*, IASB, 2008.
IASB, *IFRS9,Financial Instruments*, IASB, 2009.
IASC, *Framework for the Preparation and Presentation of Financial Statements*, IASC, 1989.
Schroeder, R. G., M. W. Clark, and J. M. Cathey, *Accounting Theory and Analysis : Text and Cases 9th edition*, John Wiley & Sons, 2009. 加古宜士・大塚宗春監訳　2004『財務会計論の理論と応用』中央経済社。

第3章　予測財務情報の質的特性と経営者の意識状況

浦　崎　直　浩（近畿大学）

第1節　投資意思決定と会計情報の質的特性

(1) 財務報告の目的と投資意思決定

　企業の外部財務報告に関する研究は，所有と経営の分離がすすんだ上場企業を前提に，外部の情報利用者とりわけ投資者の経済的意思決定に有用な情報を提供するという目的を措定し，この目的を実現するために提題される仮説を論証ないし実証する形で展開されてきた。米国財務会計基準審議会（FASB）は，投資者の経済的意思決定を次のように説明している。

　一般に，投資行動または与信行動の成否は，そのコストとリターンの差の程度に依存している。投資または与信が成功したといえるのは，投資元本の回収のみならず，投資リスクに見合った利益（投資額を上回る収入）を獲得した場合である。さらに，投資，与信，およびこれに類似する意思決定は，現在のキャッシュをとるか，あるいは，将来のキャッシュをとるかという選択を含んでいる。つまり，有価証券の現在の売買価格による収入と将来の配当金収入および売却収入のいずれを選択するかという意思決定である。したがって，投資者，債権者，およびその他の利用者は，将来のキャッシュ受領額に関する合理的期待の形成に役立つ情報，そして，将来収入の金額または時期が期待とは異なってしまうリスクを評価することに役立つ情報，さらに，投資先または貸付先の企業への将来キャッシュフローを予測するのに役立つ情報を必要している（FASB [1978], para.38）。

　企業は，投資者および債権者と同様に，より多くのキャッシュを獲得するた

めに，非キャッシュ資源にキャッシュを投資する。企業の事業活動の成否は，回収したキャッシュが投資したキャッシュを長期的にみて超過している程度に依存している。事業活動が成功している企業は，投資元本の回収のみならず投資額を上回る満足のいく利益を獲得している。有価証券の市場価格の水準は特定の企業とは関わりのない経済条件，金利，市場心理等の種々の要因によって影響を受けるのであるが，企業が期待通りに好ましいキャッシュ・フローを生み出すかどうかに関する市場の評価は，当該企業の株式の相対的な市場価格に影響を及ぼす。したがって，好ましいキャッシュ・フローを生み出す企業の能力は配当金や利息を支払う能力と株式の市場価格の両方に影響を及ぼすので，投資者・債権者への期待キャッシュ・フローは，投資先または貸付先の企業への期待キャッシュフローに関連しているのである（FASB［1978］, para.39）。

　上述の点を踏まえ，投資者および債権者は，将来のキャッシュ受領額に関する合理的期待の形成に役立つ情報，将来収入の金額または時期が期待とは異なってしまうリスクを評価することに役立つ情報，投資先または貸付先の企業への将来キャッシュフローを予測するのに役立つ情報を分析することによって，事前の期待の確認または改訂を行う。具体的にいえば，利益情報を利用することで，経営者のパフォーマンスの評価，長期的な収益力の見積り，将来利益の予測，投資リスクの評価等が行われる。

（2）会計情報の質的特性の意味とその改訂状況

　FASBは，投資者の経済的意思決定に関する上述の判断のパターンを考慮し，会計情報の意思決定有用性を規定する質的特性を階層構造として提示している（FASB［1980］, figure1）。そこでは，意思決定に固有の基本的特性として，目的適合性と信頼性が提示され，同時に基本特性を支える下位の特性が示されている。会計情報の質的特性は，財務報告の目的を達成するための会計的選択を方向づける判断規準であり，その結果として会計情報が兼ね備える特性であると理解されている（FASB［1980］, para.1,5）。すなわち，投資者の経済的意思決の情報ニーズに合致した会計情報を作成し提供するためには，会計的認識・

測定・表示のプロセスにおいていかなる判断規準が求められるのかを明らかにしたものが会計情報の質的特性であるとみなすことができる。なお，有用な会計情報を作成するための代替的会計方法の選択が行われるレベルは，少なくとも次の2つがあると指摘されている。1つは，会計基準の設定機関が行う会計的選択である。もう1つは，個別企業が行う会計的選択のケースである（FASB［1980］, para.1,6）。

ところで，FASBの概念フレームワークが公表されてから30年以上が経過し，金融の自由化・グローバル化の進展やナレッジエコノミーの出現により，時価会計や公正価値測定の対象領域が拡大する中で，目的適合性と信頼性を中核とする質的特性の妥当性について疑義が生じ，国際会計基準審議会（IASB）とFASBが，概念フレームワークの見直しを進めていることは，周知のところである。2010年9月にFASBが公表した財務会計概念ステートメント（SFAC）第8号（FASB［2010］）によれば，図表3-1のように有用な財務情報の質的特性の改訂が行われた。

図表3-1の中で，最も重要な変更点は信頼性が忠実な表現に置き換わった点である。会計情報の意思決定有用性は，目的適合性と信頼性によって規定されるという考え方が各国の概念フレームワークにみられる共通の考え方であった。しかし，図表3-1の通り意思決定有用性を規定する質的特性から信頼性

図表3-1　改訂された会計情報の質的特性の一覧

基本的質的特性	目的適合性	忠実な表現
基本特性の要件	予測価値 フィードバック価値 重要性	完全性 中立性 不偏性
有用性の程度を高める特性	比較可能性 検証可能性 適時性 理解可能性	
制約条件	コスト・ベネフィット分析	

が除かれている（FASB［2010］, para.QC5）。

　これをどのように理解したらよいのであろうか。筆者の解釈は次の通りである。もともと，信頼性は，コストベースの受託責任会計の枠組みで生まれた概念であり，受託責任解除の目的で作成される会計情報の特性であって，利害調整を目的とするときに最もハードな情報を提供するコストベースの計算体系と密着して展開されてきたものと思惟される。つまり，情報の信頼性なる概念は，情報の正確性（虚偽表示の有無）がその基底にあるものとして解釈されてきたということ（FASB［2010］, para.BC3.19）である。

　これまで，会計実務においては，真正な測定値は何かに関する判断を積極的に行うことができないという実務的困難性から，慣習に基づいて一般に認められる範囲の情報を真実な情報と解釈するという方法論がとられている。例えば，価格騰貴時に先入先出法，平均法，後入先出法で利益額が異なるが，それぞれ継続適用を前提にいずれの方法を採用しても，それを認めるという方法をとっている。

　ところが，1990年代以降，金融商品会計や無形資産会計の拡充により，コストベースの計算体系の重要性が相対的に後退した。時価評価の対象が拡張するにつれて，検証可能性を根拠とする信頼性の概念構成には限界が生じ，会計情報の透明性を高め，時価評価の本質とする経済的実質優先の思考を推し進めるためには，信頼性は忠実な表現という概念に取って代わらざるをえなかったのではないか（FASB［2006］,para.s.7-s.11）。その証左として，IASB・FASB共同プロジェクトでは，当初，財務報告の目的から受託責任を除くことが勧告されていたのである（FASB［2006］, para.s.2-s.4）。また，IFRSは，公正価値測定が求められる会計基準が多数存在することおよび割引現在価値計算ないし見積判断の比重が増えていることもその理由であると類推できる。

第2節　予測財務情報の開示の意義

　会計情報が，投資者，債権者，およびその他の利用者の投資，与信，および

第3章　予測財務情報の質的特性と経営者の意識状況

これに類似する意思決定にとって目的適合性を有するのは，これらの利用者が過去，現在または将来の事象の結果を予測すること，あるいは，事前の期待を確認するかまたは修正することに役立ち，結果として意思決定に何らかの差異をもたらすときである（FASB［1980］, para.470;FASB［2010］, para.QC7-10）。かかる目的適合性の内容は，予測価値，フィードバック価値からなっている（FASB［1980］, para.51-57;FASB［2010］, para.QC7-10）。

　財務諸表において提供される情報は，通常それ自体が予測そのものではないが，投資者，債権者およびその他の利用者が将来の利益やキャッシュ・フローを予測するのに役立つ情報は，予測価値を有する。このように，目的適合性の要件である予測価値という質的特性は，予測情報の開示を要求するものではないが，将来指向的な情報の開示に対するニーズがあることも事実である（AICPA［1994］, p.5）。

　実際，予測財務情報を開示する実務は，イギリスにおいては1960年代以降，アメリカにおいても遅くとも1970年代までには，資本投資活動の発展とともに一般ビジネス慣行の中に徐々にかつインフォーマルな形で根づいてきたものといわれる（古賀［1984］, 73-74）。具体的には，企業買収や新株発行に際してこの種の情報が利害関係者に提供されてきており，また目論見書や議決権行使のための参考書類においても同様な情報の開示が実務的慣行として行われてきているのである（CICA［1986］）。

　1990年代に，予測財務情報の開示が再び問題とされるようになった背景として，次のような指摘がなされている。1970年代には，利益予測情報の開示が財務会計における重要課題として盛んに研究されてきたのであるが，その後空白の時期があり，円高容認・ドル高是正を目的とした1985年のプラザ合意以降，アメリカへの投資が増加し証券市場が活況を呈するに伴い，投資者保護の観点から再び予測財務情報の開示の必要性が問題とされるようになり，アメリカおよびカナダにおいて予測財務情報に関する制度化がなされたのではないかということである（学会ルポ，日本会計研究学会第52回大会，スタディグループ報告要旨「予測財務情報に関する研究」『企業会計』第45巻第12号（1993年12月）122）。

ところで，本章で議論の対象としている予測財務情報とは，利益予測等の損益情報を基幹とした情報であって，将来生起するかもしれない事象や予定される確実な企業活動に関連する仮定に基づいた財務情報を総称するものである。上述のように経営者は企業の資金調達や合併買収といった経営戦略を実現するために特定の外部利害関係者に予測財務情報を限定的に開示しそれを有効に利用しているということが知られている（AARF［1995］, para.7）。

　1990年代には，アメリカ，カナダ，イギリス，そしてオーストラリアにおいて，予測財務情報の作成・表示を標準化し，そして監査サービスを提供するために会計基準および監査基準ならびに関連指針が整備されてきたが（AICPA［1993］, CICA［1989a］, CICA［1989b］, AARF［1995］, ICAEW［1990］)，それらの基準は株主宛年次報告書などにおいて予測財務情報を定期的に記載するよう義務づけるものではなかった。

　そのため，上述のように，企業が特定の経営目的を実現するために限られた外部の利用者に対してのみ予測財務情報を提供している状況においては，市場参加者間で公平な投資機会が保証されているとはいえない状況が海外の資本市場において存在していた。開示が強制されない主な理由として，情報の正確性の欠如，情報利用者の理解能力，そして，開示に伴う法的責任といった点が一般に指摘されているが，それらの問題点は後述するように消極的アプローチながら上記の会計基準・監査基準やSECの安全港ルールによってある程度の解決が図られている。

　それにもかかわらず，日本会計研究学会のスタディグループの調査報告[1]にもみられるように，なぜ企業の経営者は予測財務情報の一般目的の開示に対して否定的な姿勢をとるのであろうか。本章の目的は，オーストラリアで実施されたアンケート調査のデータを利用して，予測財務情報の開示に対する経営者の意識を分析し，どのような要因が予測財務情報の開示を妨げているのか明らかにすることにある。

　なお，わが国では証券取引所の要請により事実上すべての企業が決算短信において次期の業績予想を公表しており[2]，そのため本章はわが国の現行制度に

対する含意の提示を意図するものではなく，予測財務報告の将来的な拡充を考えるための検討材料を示そうとするものである。

第3節　アンケート調査の目的と概要

　1993年にオーストラリアにおいて実施したアンケート調査は，日本会計研究学会のスタディグループの調査研究の一環として筆者が担当したものである。オーストラリアの公開会社に対する調査項目の大部分は，1992年にアメリカおよびカナダにおいて実施された調査項目とほぼ同一のもので，予測財務情報の作成，開示，および監査に関する実態を明らかにすることを目的としたものであった。調査項目はアーンスト＆アーンスト（Ernst & Ernst [1972]）によって実施されたアンケートを参考に作成されたものである。調査項目の詳細については古賀編著［1995］(169-186)を参照されたい。調査内容は，会社のプロフィール以外に次の3パートに分かれていた。
① 予測財務情報の作成
② 予測財務情報の公表
③ 予測財務情報の監査

上の①では，内部管理目的のために作成された予測財務情報の内容，予測財務情報が対象とする期間，情報改訂の頻度，予測財務情報の基礎となっている仮定，および予測財務情報の正確性に関して質問項目が設定されている。上の②では，予測財務情報の年次報告書への記載の有無，開示された情報の内容，予測財務情報の開示に対する経営者の意識，開示に反対する場合の理由，開示が強制された場合に選好される情報のタイプ等を質問した。上の③では，予測財務情報の監査の必要性や監査による信頼性の付与の可能性について調査した。本章の検討課題に照らして最も重要な質問は，予測財務情報の開示に対して経営者がどのように考えているかということである。開示に対する意識を明らかにするため，予測財務情報の年次報告書への記載を経営者が選好するかどうか尋ねている。

オーストラリアにおいて調査対象とされた会社は300社の公開会社である。質問用紙は1993年11月に調査対象会社300社のInvestor Relations Officer宛に郵送された。移転先不明やアンケート類に回答しないという会社の方針を理由として19社分のアンケート用紙が返送されてきた。これを除く93社分が有効回答で，回収率は31％であった。図表3－2は回答会社を標準産業分類に準拠して整理したものである。例外として，「多角化」は複数の業種に該当するものとして回答した会社を集計しており，「その他」は会社が属する業種名を回答欄に記入してきた会社を示している。製造業の会社数が他の業種より相対的に多くなっているが，アンケート用紙の業種回答欄に選択肢として「製造業」のみを記載し，その細分類を掲げなかったためである。

また，図表3－2から図表3－4には，予測財務情報の開示に対する経営者の意識の平均値が，業種別，会社規模別，回答者の職位別で示されている。先に説明した予測財務情報の開示に対して賛成（スコア1）かまたは反対（スコア5）かという質問についての回答は，業種，会社規模，回答者の職位によって差があるかどうかを分散分析のF検定によって確かめた。この分析での帰無仮説は，開示に対する意識（賛成または反対の回答）の業種別平均（会社規模別平均，職位別平均）に差はないというものである。帰無仮説はいずれも棄却されなかった。したがって，実施された調査において業種（会社規模，職位）によって開示に対する意識（賛成または反対の回答）に差はなかったということになる。

第4節　予測財務情報の開示に対する経営者の意識

アンケートに回答した会社93社のすべてが内部管理目的のために予測財務情報を作成しており，予測財務諸表は81社（87.1％）が作成していた。しかしながら，何らかの予測財務情報を株主宛年次報告書に記載していると回答した会社は20社（21.5％）であった。情報を開示している場合でも，数値を用いずに将来に対する期待を説明的に記述する場合がほとんどであった。特定の利益数値（1社）や予測財務諸表（1社）を開示しているという回答があったが，会

第3章　予測財務情報の質的特性と経営者の意識状況

図表3-2　回答会社の業種分布

業種	会社数	開示に対する意識
農業	4(4.3%)	3.8
鉱業	4(4.3%)	3.3
建設	3(3.2%)	2.7
製造	37(39.8%)	3.8
運輸	5(5.4%)	3.6
通信	4(4.3%)	4.5
ガス	1(1.1%)	4.0
卸売業	1(1.1%)	3.0
小売業	1(1.1%)	4.0
銀行	1(1.1%)	4.0
その他金融	2(2.2%)	3.5
不動産	3(3.2%)	3.3
サービス	11(11.8%)	3.5
多角化	12(12.9%)	3.8
その他	4(4.3%)	3.8
	93	

図表3-3　総収益の額による会社分類

総収益の額	会社数	開示に対する意識
26百万ドル	36(38.7%)	3.6
26百万ドル－100百万ドル	19(20.4%)	3.9
100百万ドル－250百万ドル	7(7.5%)	3.4
250百万ドル－500百万ドル	7(7.5%)	4.1
500百万ドル－10億ドル	8(8.6%)	3.6
10億ドル以上	16(17.2%)	3.7
	93	

第Ⅰ部 IFRS導入と最適開示システム設計のあり方

図表3-4 回答者の職位

職位	回答者数	開示に対する意識
最高経営者	7(7.5%)	3.3
財務担当取締役	14(15.1%)	3.9
財務コントローラ	34(36.6%)	3.8
経理部長	3(3.2%)	3.7
会社コントローラ	8(8.6%)	3.8
経理主任	9(9.7%)	3.6
その他	18(19.4%)	3.7
	93	

社名を明らかにしていなかったため実際にアニュアルレポートに開示しているかどうかを確認することができなかった。

先に述べたように,アンケートの第2部において予測財務情報の開示に対して経営者が賛成であるのか反対であるのかを質問した。開示に反対である回答者に対しては,反対の理由を下記の通り予め6つ用意し,回答者の判断により,理由の重要度に基づく順位づけを求めた(古賀編著［1995］,179-180)。

① 予測財務情報の公表は,経営者が所与の環境において最善を尽くすというよりも,むしろその予測値を達成するよう努力を強いられることになるから(予測値達成のプレッシャー)。

② 企業活動はもともと多くの予測不可能な事象や他の要因から影響を受けるので,予測財務情報は利用者にとって有用となるほど十分に正確なものとはなり得ないから(情報の正確性の欠如)。

③ 利用者は,予測財務情報を現実の数字と誤解し,それを意思決定の保証とみなす傾向にあるから(情報利用者の理解能力の欠如)。

④ 予測財務情報の公表に起因する法的責任は,あまりにも大きいから(開示に起因する法的責任問題)。

⑤ 予測財務情報は定期的に更新する必要があるため,公表財務諸表への記

第3章　予測財務情報の質的特性と経営者の意識状況

載は望ましいものとはいえないから（定期的な情報改訂の可能性）。
⑥　予測財務情報の公表は，情報利用者に影響を及ぼす機会，つまり企業の経営者がそれを悪用するかもしれない機会を提供するから（情報利用者の誤導のおそれ）。

図表3-5では予測財務情報の開示に反対する理由をその平均値に従って整理しており，参考のために他の国々での調査結果をあわせて示している（古賀編著［1995］，179）。予測財務情報の開示に対しては各国とも否定的な傾向を示しており，訴訟社会といわれるアメリカの回答者の反対の度合いが4.2と最も高く，次期の業績予想の公表が制度化されている日本においてもその値は3.4となっていた。

図表3-5のオーストラリアのデータによると予測財務情報の開示に反対する経営者の意識の平均値は3.7である。また，開示に反対する理由としては，平均値による比較であるが，「情報利用者の理解能力の欠如」（1.7）が最も重要な理由とみなされ，「開示に起因する法的責任問題」（1.9）が次に重要な理由とされていた。さらに，「情報の正確性の欠如」（2.0）および「定期的な情報改訂の可能性」（2.2）がそれに続いていた。

図表3-5　予測財務情報の開示に反対する理由の重要度

	オーストラリア	日本	アメリカ	カナダ	イギリス
予測財務情報の開示に対する意識[*1]	3.7	3.4	4.2	3.9	3.7
開示に反対する理由[*2]					
① 情報利用者の理解能力の欠如	1.7 (1)	1.9 (2)	1.9 (2)	1.9 (1)	1.7 (1)
② 開示に起因する法的責任問題	1.9 (2)	2.7 (4)	1.8 (1)	2.5 (3)	2.6 (3)
③ 情報の正確性の欠如	2.0 (3)	1.6 (1)	2.2 (4)	2.3 (2)	2.5 (2)
④ 定期的な情報改訂の可能性	2.2 (4)	2.8 (5)	2.1 (3)	2.7 (4)	2.7 (4)
⑤ 情報利用者の誤導のおそれ	3.0 (5)	3.3 (6)	3.0 (5)	3.0 (5)	3.5 (5)
⑥ 予測値達成のプレッシャー	3.9 (6)	2.5 (3)	3.6 (6)	3.6 (6)	4.1 (6)

[*1]　開示に対する意識の平均値を表している。(強く賛成(1)　賛成(2)　どちらでもない(3)　反対(4)　強く反対(5))
[*2]　表中の数字は順位づけに基づく平均値を表している。1が開示に反対する理由として最も重要であるということを表している。括弧内の数字は平均値に基づいたそれぞれの理由の順位を示している。

また，各国における反対理由の順位づけで興味深いことは，法的責任問題が第1位となったのはアメリカのみで，むしろ情報利用者の理解能力の欠如が問題であるであるとしたのはオーストラリア，カナダ，イギリスのケースであった。日本では予測財務情報は正確性が低いからという理由が最も重要な反対理由とされていた。

それらの平均値による理由の順位づけから解釈できることは，情報利用者が予測財務情報を十分に理解できずその誤用による投資意思決定の失敗に関連して発生するかもしれない訴訟危険あるいは情報の正確性の欠如に起因する法的責任問題を経営者は危惧していることから予測財務情報の開示に反対しているのではないかということである。開示が強制された場合に数値を用いない将来の期待に関する記述的情報が経営者によって最も選好された情報のタイプであるというのは（古賀編著［1995］，181），上記のようなコスト要因をできるだけ回避したいという経営者の意向を反映したものであろう。

第5節　予測財務情報の開示の阻害要因

前節では，アンケート調査によって得られたデータを利用して，予測財務情報の開示に対して企業の経営者がどのような意識をもっているかを明らかにした。ここでは，さらに，予測財務情報の開示に対する経営者の意識に影響を及ぼしている要因を見出すために，予測財務情報に対する経営者の意識と他の質問項目とのクロス集計による独立性の検定を行った。

この分析での帰無仮説は，予測財務情報の開示に対する賛成あるいは反対という回答とアンケートの他の質問項目との回答は無関係であるというものである。帰無仮説が一定の有意水準で棄却されれば，予測財務情報の開示に対する意識と他の質問項目との間に統計学的に何らかの関係があるというものである。まず，上述の予測財務情報の開示に反対するそれぞれの理由との検定結果を掲げておきたい。

検定結果をみてみると，有意水準8％で帰無仮説が棄却されるのは，「②開

示に起因する法的責任問題」と「④情報利用者の誤導のおそれ」の2つのケースである。しかし，厳密な判断の基準とされる1％ないし5％の有意水準に従えば棄却される帰無仮説はなかった。したがって，開示に反対であるという回答とそれぞれの理由との間には統計学的に有意な関係はないということである。

図表3-6に示すように，オーストラリアにおいて予測財務情報の開示に反対するのは，「情報利用者の理解能力の欠如」が最も重要な理由で，次に「開示に起因する法的責任問題」「情報の正確性の欠如」等がそれに続く重要な反対理由であると回答しているが，検定結果によれば「情報利用者の理解能力の欠如」や「情報の正確性の欠如」という理由は，開示に反対であるという回答と統計学的に有意な関係はないということになる。ただし，判断基準を有意水準8％にゆるめれば，一般に指摘されているように開示に起因する法的責任問題が開示を妨げていると解釈することができる。

さらに，予測財務情報の開示に対する経営者の意識とその他の質問項目との独立性の検討を行った結果，有意水準1％ないし5％で帰無仮説が棄却されるケースが8つあった。それらを図表3-7にまとめている。それらのケースを内容に従って6つのグループに分類した。それらのグループは，予測財務情報の作成に関連する要因（情報作成の仮定，予測値の精度），予測財務情報の開示に関連する要因（開示が強制された場合に選好される情報のタイプ，予測財務情報の監査可能性），コスト削減要因，歴史的影響要因という順序で列挙されている。

図表3-6 予測財務情報の開示に対する意識と反対理由の
独立性の検定（オーストラリア）

開示に反対する理由	有意度
① 情報利用者の理解能力の欠如	0.756
② 開示に起因する法的責任問題	0.074
③ 情報の正確性の欠如	0.424
④ 定期的な情報改訂の可能性	0.766
⑤ 情報利用者の誤導のおそれ	0.073
⑥ 予測値達成のプレッシャー	0.644

figure 3-7 予測財務情報の開示に対する意識と有意な関係にある質問項目

	有意度
情報作成の仮定	
① 競争相手の影響	0.022
予測値の精度	
② 内部管理目的の収益予測額は過大見積りであったかまたは過小見積であったか	0.018
開示が強制された場合に選好される情報のタイプ	
③ 予測財務諸表	0.003
予測財務情報の監査可能性	
④ 予測財務情報の開示前に外部監査が必要か	0.004
⑤ 予測財務情報の開示前に外部監査を実施するように主張するか	0.049
コスト削減要因	
⑥ 免除規定（会社法セクション306）を適用しているかどうか	0.018
歴史的影響要因	
⑦ 現在予測財務諸表を年次報告書に開示しているかどうか	0.017
⑧ 数値を含まない記述的情報が年次報告書に現在記載されている	0.016

(1) 情報作成の仮定

アンケートの第2部で内部管理目的のための予測財務情報の作成にあたってどのような仮定を採用したのかを質問した（古賀編著［1995］, 176-177）。選択肢として列挙した仮定の中で, 競争相手の影響が経営者の意識と有意な関係にあった。つまり, 予測財務情報の開示に反対している企業は, 一般に内部管理目的のための予測財務情報の作成の仮定として競争相手の影響を考慮しているということである。予測財務情報の開示が強制される場合, 予測財務情報には企業の将来計画や機密事項が織り込まれているため, 情報が公表されるとそれが競争相手に有利に働き自社にとっては不利益になるおそれがあると判断されるため開示に反対すると考えているのであろう。

第3章　予測財務情報の質的特性と経営者の意識状況

(2) 予測値の精度

　同様に，アンケートの第2部で内部管理目的のために作成された予測財務情報の精度について質問した（古賀編著［1995］，177）。経営者の意識と有意な関係にあった質問項目は，収益の予測値が実績値と比較して過大に見積られていたのか過小に見積られていたのかというものである。検定の結果，予測財務情報の開示に反対している企業は，一般に内部管理目的の収益予測額は過大に見積られる傾向にあることがわかった。企業の将来の業績を過大に見積る傾向にある経営者は，開示が強制された場合予測値と実績値の乖離に対する責任問題を憂慮するので年次報告書への予測財務情報の記載に反対するものと考えられる。したがって，そのような経営者は開示が強制された場合には予測値の正確性の欠如やそれに起因する責任問題などをおそれて将来の業績を悲観的に予測するのではないか。

(3) 開示が強制された場合に選好される情報のタイプ

　アンケートの第3部において予測財務情報の開示が強制されたとしたら経営者はどのようなタイプの情報の開示を選好するかについて質問した（古賀編著［1995］，180-181）。選好度が最も高かったのは「数値を用いない将来の期待に関する記述的情報」であり，それが最も低いのは「予測財務諸表」である。経営者の意識と有意な関係にあったのは，「予測財務諸表」であった。予測財務情報の開示に反対している企業は，一般に開示が強制された場合に選好される情報のタイプとして予測財務諸表に対する選好度は低いということが明らかとなった。

(4) 予測財務情報の監査可能性

　アンケートの第4部で予測財務情報の監査可能性に関連する3つの命題に対する同意の程度を質問した（古賀編著［1995］，181-182）。そのうち2つの質問項目が経営者の意識と有意な関係にあった。その1つは「予測財務情報は外部監査人によるレビューまたは監査がなされなかったならばいかなる種類の予測

第Ⅰ部　IFRS導入と最適開示システム設計のあり方

財務情報も公表年次報告書に記載することを認めるべきではない」という命題に対してどの程度で同意することができるかを質問したものである。独立性の検定によって，予測財務情報の開示に反対している企業は，一般に予測財務情報が開示されるとしたら事前に外部監査が必要であると感じているということがわかった。

　もう1つは「もし公表年次報告書への予測財務情報の記載が義務づけられたならば公表前に予測財務情報のレビューまたは監査を主張する」という命題に対してどの程度で同意することができるかを質問したものである。同様に，予測財務情報の開示に反対している企業は，一般に予測財務情報が開示されるとしたら事前に外部監査を実施するよう主張すると考えているがわかった。

（5）コスト削減要因

　この質問項目はオーストラリアのみの質問項目であった。内容は，会社法のセクション306（1993年調査当時の規定）を適用しているかどうかを質問したものである。オーストラリアの取締役は会社法セクション304(11)および305(11)の規定により株主宛年次報告書に記載される取締役報告に将来の事業展開および期待される成果を記載することが要求されている。しかし，この情報を記載することによって株主その他の利用者が会社に不合理な偏見を抱くおそれがあることを合理的に判断できるときにその情報の記載が免除される。この質問項目が経営者の意識と有意な関係にあった。つまり，予測財務情報の開示に反対している企業は，一般にオーストラリア会社法セクション306の規定を適用する傾向にあるということがわかった。

（6）歴史的影響要因

　歴史的影響要因として分類した質問項目は，「貴社は現在何らかの予測財務情報を公表年次報告書に記載しているか」という質問，ならびに，当該情報を開示していると回答した場合の公表された情報内容に関する質問である。クロス集計によれば開示に反対した59社のうち46社は予測財務情報を全く開示して

おらず，独立性の検定により，予測財務情報の開示に反対している企業は，一般に何らの予測財務情報も年次報告書に記載しない傾向にあるということがわかった。開示に反対した59社のうち10社は何らかの予測財務情報を開示していた。同様に，予測財務情報の開示に反対している企業は，一般に開示している場合でも特定の数値を含まない記述的情報を年次報告書に記載するにとどめる傾向にあることがわかった。

第6節　予測財務情報の開示に関する今後の課題

本章の目的は，IFRSにおける公正価値測定の適用領域の拡大（浦崎［2002］，浦崎［2008］，浦崎［2009］，浦崎［2010］）や拡張事業報告（EBR）等のディスクロージャーの拡大（浦崎［2005］，浦崎［2006］）の流れの中で，予測財務情報の質的特性を理論的に検討し，予測財務情報の開示に対する経営者の意識状況を明らかにすることにあった。そのような観点に基づき具体的な研究課題を次の2点に絞り込んだ。

① 経済環境の変化を前提として会計情報の有用性を規定する質的特性にどのような変化が起きているのかについて検討すること。とりわけ，意思決定有用性を規定する特性から信頼性がなぜ除かれたのかを論証した。それに基づいて，予測財務情報の意義を検討した。

② オーストラリアにおいて実施されたアンケート調査のデータを用いて予測財務情報の開示に対する経営者の意識と他の質問項目とのクロス集計による独立性の検定を行い，予測財務情報の開示を阻害する要因は何かを浮き彫りにすること。

図表3-5に示すように，予測財務情報の一般目的の開示に対して企業の経営者がなぜ反対するのかというその姿勢は，「情報利用者の理解能力の欠如」，「開示に起因する法的責任問題」，「情報の正確性の欠如」等の理由によって説明されたが，実施したアンケートの枠組では開示に反対するという経営者の意識とそれぞれの理由の間には統計学的に有意な関係はなかった。むしろ，経営

者が危惧していたのは，予測財務情報を一般目的で開示することによって被る会社の不利益についてであった。言うまでもないが，それらのコスト要因を回避したいという経営者の意識を裏づけるように，強制開示される場合の情報のタイプとしての予測財務諸表に対する選好度は最も低く，情報が開示がされる場合に外部監査の必要性を感じているということが確かめられた。

ただし，この枠組みで問題とされたコスト要因は，調査対象とされたアメリカ，カナダ，オーストラリアにおいては会計・監査基準によってある程度の解決が図られている。例えば，予測財務情報の作成のために採用された重要な仮定および会計方針をすべて開示することにより当該情報の理解を促進させるよう意図されている（浦崎 [1993]，84）。また，予測財務情報の正確性や信頼性の程度が歴史的財務情報と比較して相対的に低くならざるを得ないために，ある一定の幅を持たせた予測値を公表することも認められている。さらに，実績値が予測値と異なる場合の法的責任問題については，例えばアメリカの SEC は一定の条件の下で法的責任を免除するという安全港ルールを適用して予測財務情報の開示を促している（盛田 [1987]，155，AICPA [1993]，191-201）。

したがって，各国の関連する基準の中では本章で問題とされた開示の阻害要因は制度的にはすでに解決が図られているといってよい。しかしながら，なぜ経営者は予測財務情報の開示に積極的ではないのであろうか。その理由として明らかなことは予測財務情報の開示は会社の経営者の受託責任に基づく会計責任の範囲を超えたものであるからであると考えられる[3]。

しかしながら，経営者は自社の経営目的のために外部の特定の利害関係者に予測財務情報を提供するという事実が知られている[4]。このような予測財務情報の利用可能性の制限はインサイダー取引を誘引するものではないかというおそれがある。しかも一般の投資者が予測財務情報を利用できない状況においては弱い立場にある投資者の利益を確保するためにも予測財務情報の定期的な開示が必要ではないか。

オーストラリア国立大学でのセミナー参加者との討論では，多くの方々が予測財務情報の開示に賛成ではないという意見であった。予測財務情報の正確性

や信頼性の欠如がもたらす法的責任問題の深刻さは，文献上の知識しかない筆者の想像を遥かに超えたものがあった。セミナーでの議論は次の3点に集約される。

① 銀行や経済統計機関の各種の経済予測は必ずしも正確ではない。経済予測の専門家でさえ予測が困難であるのに一般の会社内部で企業の業績予測などを行うことができるのかという担当者の予測情報の作成能力の問題。

② 予測財務情報の作成能力に関連した当該情報の正確性あるいは信頼性の問題。それに起因する法的責任問題。

③ 現在の財務諸表監査はリスク指向監査が行われておりそのため監査報酬は高額なものとなっている。予測財務情報の開示が強制されると監査リスクはさらに高くなり監査コストはそれに応じた高額なものになってしまう。

1970年代からアメリカにおいて予測財務情報の開示の制度化に関する議論が長年にわたって行われてきているにもかかわらず，それが強制開示とされない理由は，現実問題として情報作成者や監査人が負担するコストの深刻さにあり，上記3点にみられるように情報の正確性の欠如が訴訟などの法的リスクに直結しているからであろう。

このように，予測財務報告の難しさを考慮すると，会社の取締役に対して将来の事業活動に関する説明を義務づけるためには，受託責任とか有用性という概念を補完する何か別の次元のコンセプトが必要であるように思える。例えば，所有と経営の分離の仮構的解消により株主が内部化した存在となり（浦崎［2010］），かかる観点から「知る権利」と「アクセス権」といったコンセプト（武田［1991］，215-223）のもとで，情報の送り手と受け手の役割構造の機能的体系として予測財務報告を考えていく必要があるのではないかということが本章のもう1つの結論である。

【付記】 本章は，拙稿（浦崎［1997］）に加筆訂正したものである。

第Ⅰ部　IFRS導入と最適開示システム設計のあり方

注
（1）　本稿で使用するデータは，1993年にオーストラリアにおいて実施したアンケート調査に基づくものである。この調査の集計データの詳細については，古賀編著［1995］を参照されたい。また，本稿は，Urasaki［1996］をベースにして作成したものである。
（2）　後藤・桜井［1993］（86）によれば，「経営者自身による予測利益の公表に関する限り，わが国のディスクロージャー制度は世界で最も完備している」と評価されている。また，わが国では「実績利益と同様に予測利益についても，企業が公表した数値のうち事前の予想と相違する部分の割合が大きいほど，株価もまた同一方向へ，よりいっそう大きく変化するという明白な相関関係が存在し」（桜井［1993］，28），「信頼性に裏づけられた実績利益情報と，強力な目的適合性を備えた予測利益情報が，相互補完的な形で株価形成に反映されている事実」（後藤・桜井［1993］，87）が明らかにされている。しかしながら，日本では予測財務情報に関する成文化された会計監査基準がなく，また情報の作成の仮定やその会計方針の開示がないなど制度上の問題点も指摘されている（田中［1995］，203-210）。
（3）　「受託責任契約は本来過去の活動結果の報告に限定されるべきではなく，将来の活動に関する報告も含まれるもの」と解釈する見解もある（北村［1995］，26）。
（4）　アメリカにおける実証研究の視点の1つは，開示が強制されないにもかかわらず経営者が自発的に利益予測情報を公表するのはなぜかというその動機を探るものである（Ruland, Tung, and George［1990］）。また，諸外国における予測財務情報に関するリサーチのサーベイおよび分類については，Cameron［1986］，後藤［1993］，Urasaki［1996］を参照されたい。

〈参考文献〉
浦崎直浩　1993「将来指向的財務情報の概念的フレームワーク」『商経学叢』第40巻第1号，近畿大学商経学会，79-85。
浦崎直浩　1997「予測財務情報の開示に対する経営管理者の意識―オーストラリアにおけるアンケート調査の分析を中心として―」『企業会計』第49巻第4号，72-81。
浦崎直浩　2000『オーストラリアの会計制度に関する研究』近畿大学商経学会。
浦崎直浩　2002『公正価値会計』森山書店。
浦崎直浩　2005「アメリカにおけるディスクロージャー拡大の新展開―AICPAによるEnhanced Business Reportingの構想―」『商経学叢』第52巻1号，近畿大学商経学会，51-67。
浦崎直浩　2006「アメリカにおける事業報告の動向」『会計・監査ジャーナル』第18巻12号，

日本公認会計協会，99-104。
浦崎直浩 2008「収益認識の測定アプローチの意義と課題」『企業会計』第60巻第8号，中央経済社，26-36。
浦崎直浩 2009「公正価値会計における損益認識と簿記の意義」『日本簿記学会年報』24号，日本簿記学会，95-101。
浦崎直浩 2010「公正価値会計における記録の意味」『日本簿記学会年報』25号，日本簿記学会，124-130。
北村敬子 1995「第2章 予測財務情報とアカウンタビリティ」(古賀編著[1995]所収)
古賀智敏 1984「予測会計情報の公開と限定監査」『龍谷大学経済経営論集』第24巻第3号，73-85。
古賀智敏編著 1995『予測財務情報論』同文舘出版。
後藤雅敏 1993「経営者が公表する予測情報に関する研究—1980年代後半以降の実証研究のレビュー—」『国民経済雑誌』第173巻第6号，69-82。
後藤雅敏・桜井久勝 1993「利益予測情報と株価形成」『会計』第143巻第6号，77-87。
桜井久勝 1993「利益予測情報の有用性」『税経通信』，第48巻第14号。
武田隆二 1991『会計学一般教程』中央経済社。
田中 弘 1995「結章 展望と課題—わが国における予測開示制度の充実と発展—」(古賀編著[1995]所収)。
盛田良久 1987『アメリカ証取法会計』中央経済社。
AARF , *Australian Company Financial Reporting*, 1993, AARF, 1993.
AARF, AUS 804, *The Audit of Prospective Financial Information*, AARF, 1995. note: AUS 804 The Audit of Prospective Financial Information replaces AUP 36 The Audit of Prospective Financial Information 1993.
AICPA, *Guide for Prospective Financial Information*, AICPA, 1993.
AICPA, *Improving Business Reporting - a customer focus, Special Committee on Financial Reporting*, New York: AICPA, 1994.（八田進一・橋本尚共訳，2002,アメリカ公認会計士協会・ジェンキンズ報告書『事業報告革命』,同文舘出版）
Cameron, A. B., "A Review of Management's Earnings Forecast Research," *Journal of Accounting Literature*, Vol.5, 1985, 57-83.
CCH *Australia, 1995 Australian Corporations & Securities Legislation*, 1995.
CICA, Future-Oriented Financial Information, statement of principles, 1995.
CICA, Future-Oriented Financial Information, *CICA Handbook*, section 4250, CICA, 1989a.
CICA, Examination of a Forecast or Projection Included in a Prospectus or Other Public

Offering Document, *CICA Handbook*, CICA, 1989b.

Ernst & Ernst, Estimates, Forecasts and Projections Report on An Earnst & Earnst Survey, in *Public Reporting of Corporate Financial Forecasts*, edited by Prakash, P., and A. Rappaport, 1974, CCH, 1972.

FASB, SFAC No.1, *Objectives of Financial Reporting by Business Enterprises*, 1978. (FASBの一連の概念フレームワークについては次を参照されたい。森川八洲男監訳 1988 小栗崇資・佐藤信彦・原陽一訳『現代アメリカ会計の基礎概念—FASB 財務会計概念報告書』白桃書房。平松一夫・広瀬義州訳［1990］『FASB 財務会計の諸概念（改訳版）』中央経済社）

FASB, SFAC No.2, *Qualitative Characteristics of Accounting Information*, 1980.

FASB, Conceptual Framework for Financial Reporting: Objective of Financial Reporting and Qualitative Characteristics of Decision-Useful Financial Reporting Information, NO. 1260-001 .JULY 6, 2006 Financial Accounting Series PRELIMINARY VIEWS, 2006.

FASB, Conceptual Framework for Financial Reporting No.8, Chapter 1, The Objective of General Purpose Financial Reporting, and Chapter 3, Qualitative Characteristics of Useful Financial Information, 2010.

IASB, Conceptual Framework-Objectives of Financial Reporting: Stewardship and Accountability, Information for observers, IASB Meeting: 20 July, 2005, London (Agenda Paper 7), 2005.

ICAEW, Prospective Financial Information, Auditing Guideline Exposure Draft, 1990.

Jobson, *Jobson's Year Book of Australian Companies 1993/1994*, Riddell Information Services Pty Ltd., 1993.

Ruland, W., S. Tung, and N. E. George, "Factors Associated with the Disclosure of Managers' Forecasts", *The Accounting Review*, Vol.65 No.3,1990, 710-721.

Urasaki,N., "Prospective Financial Information: A Survey of Australian Corporate Management," *Research Paper 96-05*, Department of Accounting and Finance, University of Melbourne, 1996.

第4章 国際会計基準への収斂と会計情報の質
―連結財務諸表数値に焦点を当てて―

向　　伊知郎（愛知学院大学）

第1節　は じ め に

　国際会計基準審議会（IASB）の目的の1つは，公共の利益のために，高品質の，理解可能なかつ強制力のある単一の国際的な会計基準を設定することにある。その会計基準は，財務諸表およびその他の財務報告において，高品質の，透明性がありかつ比較可能な情報を要求し，世界の資本市場への参加者およびその他の情報利用者が経済的意思決定を行うのに役立つものである[1]。ここから，高品質な会計基準である国際財務報告基準（IFRS）に従って作成される連結財務諸表は，高品質な連結財務情報を提供すると考えられる。

　本章では日本の会計基準を含めて世界的に IFRS への収斂が進行する中で，日本の会計基準がその質を高めており，その結果作成される連結財務諸表数値の質も高まっているか否かについて検討することを目的とする。日本では，会計ビッグ・バンにより1999年4月1日以降に始まる会計年度より，主要財務諸表として連結財務諸表の作成が義務づけられている。本章では，会計情報の質（accounting quality）の測定に関する先行研究で用いられた分析手法を援用することによって，日本における会計基準の設定および改訂が，日本の企業が開示する連結財務諸表数値の質にどのような変化を生じさせてきたかを時系列的に分析する。

第2節　会計基準と会計情報の質に関する先行研究

　会計基準の相違または変更が会計情報の質にどのような影響を及ぼすかに関する先行研究では，さまざまな会計情報の質の定義および分析手法が用いられている。それらの中で，本章は，最も広義に会計情報の質を定義した Barth et al. [2008] の定義および分析手法を用いる。

　Barth et al. [2008] は，会計情報の質を，利益の平準化，損失の適時認識および価値関連性の3つから検討した。会計情報の質が，IFRSの適用によりどのように変化するかが，21カ国の企業を対象として，IFRSの適用前後における連結財務諸表数値から分析された。分析結果では，IFRSを適用していない企業に比較して，IFRSの適用企業の会計情報の質が高いことが明らかになった。具体的には，IFRSの適用企業の連結財務諸表数値は，利益の平準化が小さく，目標値への利益管理が少なく，適時に損失認識が行われかつ企業価値説明力および株価利益倍率の説明力がより高くなっていることが示された。

　Barth et al. [2008] による会計情報の質の定義および分析手法の一部を用いた先行研究に，Tendeloo and Vanstraelen [2005]，Bartov et al. [2005]，Christensen et al. [2008] および Paananen and Lin [2009] がある。

　Tendeloo and Vanstraelen [2005] は，会計情報の質を利益管理の大きさから検討した。これは，IFRSとドイツの会計基準を適用したドイツの企業の連結財務諸表を対象として，裁量的発生項目の大きさおよび発生項目と営業キャッシュ・フローとの相関関係について分析している。分析結果では，IFRSを自発的に適用している企業の利益管理は小さく，会計情報の質が高いことが明らかになった。

　Bartov et al. [2005] は，会計情報の質を利益の株式リターン説明力から検討した。IFRS，アメリカの会計基準およびドイツの会計基準を適用したドイツの企業の連結財務諸表を対象として，利益と株式リターンとの関係，また会計基準をIFRSまたはアメリカの会計基準へ変更した企業を対象として，会計

基準変更前後における利益と株式リターンとの関係について分析した。分析結果では，IFRSまたはアメリカの会計基準による利益は，ドイツの会計基準による利益以上に株式リターンの説明力が高く，利益の質が高いことが明らかになった。ただし，IFRSとアメリカの会計基準との間では，いずれの利益の質が高いかは明らかでないとしている。

　Christensen et al. [2008] は，会計情報の質を利益管理と損失の適時認識から検討した。これは，会計情報の質への経営者のインセンティブがIFRSの適用に及ぼす影響について検討している。IFRSの適用前後におけるドイツの企業の連結財務諸表を対象として，Barth et al. [2008] と同様に，利益の平準化と損失の適時認識が分析されている。先行研究が，会計情報の質はIFRSを適用することにより改善されるという一方で，当該研究は，会計情報の質の改善の程度は，企業がIFRSを適用するためのインセンティブによって制限されることを明らかにした。さらに，IFRSを適用しない企業は銀行および企業内部の株主と密接な関係を持っていることから，IFRSを適用するためのインセンティブがないと説明している。

　Paananen and Lin [2009] は，会計情報の質の定義およびその分析手法として，Barth et al. [2008] のものを援用している。ドイツの企業を対象として，IASの選択適用期間（2000年から2002年），IFRSの選択適用期間（2003年から2004年）およびIFRSの強制適用期間（2005年から2006年）の3つの期間に区分して，それぞれの期間における連結財務諸表数値の特徴について分析している。分析結果では，2005年にIFRSの適用が強制されて以降，会計情報の質は低下しており，利益の平準化および損失の適時認識が会計情報の価値関連性に関する分析結果を裏付けるものとなっていることが明らかになった。

第3節　リサーチ・デザイン

　本章では，日本の会計基準の改訂および新たな会計基準の設定に伴って，連結財務諸表数値の質がどのように変化したかを計量的に分析する。分析期間は，

以下の4つの期間に区分する。

　第1期間（t=1）は，1999年度から2001年度までである。これは，会計ビッグ・バンにより連結財務諸表の作成が義務づけられて以降，現在の会計基準の設定主体であるASBJが設立されるまでの期間である。

　第2期間（t=2）は，2002年度から2004年度までである。これは，企業会計基準委員会（ASBJ）の活動が具体化し始めて以降，ASBJとIASBとの間で共同プロジェクトを立ち上げる合意が締結されるまでの期間である。

　第3期間（t=3）は，2005年度から2006年度までである。これは，EUの同等性評価への対応が求められ，ASBJによる会計基準の国際的収斂に向けての活動が本格的に開始されて以降の期間である。

　第4期間（t=4）は，2007年度から2008年度までである。これは，ASBJがIASBと共同で，「会計基準のコンバージェンスの加速化に向けた取組への合意」を公表して，会計基準の国際的収斂に向けての活動が活発化して以降，日本の会計基準がIFRSと同等であると評価されるまでの期間である。

　会計情報の質の定義および分析手法は，Barth et al. [2008] のものを用いる。会計情報の質は，利益の平準化，損失の適時認識および価値関連性から説明される。この会計情報の質のとらえ方は，Christensen et al. [2008] およびPaananen and Lin [2009] も参考としており，他の先行研究以上に広義の概念である。

(1) 利益管理

　利益管理の状況は，4つの測定値から分析される。それらは，利益の平準化に関して，当期純利益の変化（⊿NI）のばらつき，当期純利益の変化のばらつき対営業キャッシュ・フローの変化（⊿CFO）のばらつき比率，および営業キャッシュ・フロー（CFO）と発生項目（ACC）との相関係数である。また，利益目標に向けての経営者の行動に関して，少額の当期純利益（small positive net income）の頻度（SPO）が用いられる。

　最初に，利益の平準化は，総資産でデフレートした当期純利益の変化のばら

つきから測定される。利益の平準化は，当期純利益の変化のばらつきがいっそう小さい状態から説明される。当期純利益の変化は，経済環境や IFRS 採用のインセンティブなど，財務報告制度に直接関連しない要因の影響を受けることから，それらの要因を含めた次の等式(1)を用いて推定される[2]。回帰モデルによる残差の分散が，当期純利益の変化のばらつきである。これは，第1期から第4期までのそれぞれのプールしたデータで計算する。残差の分散が大きければ，当期純利益の変化が大きく，利益の平準化が図られていないことを表す。

$$\Delta NI_{it} = a_0 + a_1 Size_{it} + a_2 Growth_{it} + a_3 Eissue_{it} + a_4 LEV_{it} + a_5 Dissue_{it} + a_6 Turn_{it} + a_7 CFO_{it} + a_8 AUD_{it} + a_9 NUMEX_{it} + a_{10} XLIST_{it} + a_{11} CLOSE_{it} + \varepsilon_{it} \quad \cdots (1)$$

$Size$ ＝総資産額の自然対数
$Growth$ ＝売上高変化率
$Eissue$ ＝普通株式資本金額の変化率
LEV ＝レバレッジ[3]
$Dissue$ ＝総負債額の変化率
$Turn$ ＝総資産回転率（売上高／総資産）
CFO ＝総資産営業キャッシュ・フロー比率（営業キャッシュ・フロー／総資産）
AUD ＝監査法人が三大監査法人であれば1，それ以外であれば0
$NUMEX$ ＝上場証券市場の数
$XLIST$ ＝ SEC 基準採用企業であれば1，そうでなければ0
$CLOSE$ ＝自己株式比率（自己株式数／発行済み株式数）

　第2の利益の平準化は，当期純利益の変化のばらつき対営業キャッシュ・フローの変化のばらつき比率から測定される。営業キャッシュ・フローの変化もまた，当期純利益の変化と同様に総資産でデフレートする。また，営業キャッシュ・フローの変化も財務報告制度に直接関連しない要因について考慮するた

め，次の等式(2)を用いて推定する。回帰モデルによる残差の分散が，営業キャッシュ・フローの変化のばらつきとなる。これもまた，各期間のプールしたデータで計算する。もし企業が利益管理のために発生項目を用いるならば，当期純利益の変化のばらつきは営業キャッシュ・フローの変化のばらつきよりも小さくなる。ここから，当期純利益の変化に関する残差の分散対営業キャッシュ・フローの変化に関する残差の分散が，1よりも大きければ，利益の平準化が図られていないことになる。

$$\Delta CFO_{it} = a_0 + a_1 Size_{it} + a_2 Growth_{it} + a_3 Eissue_{it} + a_4 LEV_{it} + a_5 Dissue_{it} + a_6 Turn_{it} + a_7 CFO_{it} + a_8 AUD_{it} + a_9 NUMEX_{it} + a_{10} XLIST_{it} + a_{11} CLOSE_{it} + \varepsilon_{it} \quad \cdots (2)$$

第3の利益の平準化は，営業キャッシュ・フローと発生項目との間のスピアマンの相関から測定される。営業キャッシュ・フローと発生項目は，等式(1)および等式(2)の当期純利益の変化および営業キャッシュ・フローの変化と同様に，財務報告制度に直接関連しない要因について考慮するため，等式(3)および等式(4)を用いて推定する。等式(3)および等式(4)の残差の相関を検定して，負の相関が強ければ，利益の平準化が図られていることを表す。

$$CFO_{it} = a_0 + a_1 Size_{it} + a_2 Growth_{it} + a_3 Eissue_{it} + a_4 LEV_{it} + a_5 Dissue_{it} + a_6 Turn_{it} + a_7 AUD_{it} + a_8 NUMEX_{it} + a_9 XLIST_{it} + a_{10} CLOSE_{it} + \varepsilon_{it} \quad \cdots (3)$$

$$ACC_{it} = a_0 + a_1 Size_{it} + a_2 Growth_{it} + a_3 Eissue_{it} + a_4 LEV_{it} + a_5 Dissue_{it} + a_6 Turn_{it} + a_7 AUD_{it} + a_8 NUMEX_{it} + a_9 XLIST_{it} + a_{10} CLOSE_{it} + \varepsilon_{it} \quad \cdots (4)$$

最後に，利益目標に向けての経営者の行動は，少額の当期純利益の頻度から

測定される。少額の当期純利益の計上に向けた利益管理に関する検定は，4つの期間に区分された第1期と第2期，第2期と第3期，および第3期と第4期のそれぞれ2期間を取り上げて，その間で次の等式(5)を用いて推定される。少額の当期純利益の係数が測定値である。

$$\begin{aligned} IFRS(0,1)_{it} = &\ a_0 + a_1 SPOS_{it} + a_2 Size_{it} + a_3 Growth_{it} + a_4 Eissue_{it} \\ & + a_5 LEV_{it} + a_6 Dissue_{it} + a_7 Turn_{it} + a_8 CFO_{it} \\ & + a_9 AUD_{it} + a_{10} NUMEX_{it} + a_{11} XLIST_{it} \\ & + a_{12} CLOSE_{it} + \varepsilon_{it} \end{aligned} \quad \cdots (5)$$

SPOS ＝少額の当期純利益を計上するための利益管理に向けた指示変数
IFRS(0, 1) ＝指示変数

IFRS(0, 1)は，第1期より第2期，第2期より第3期，第3期より第4期の方が日本の会計基準のIFRSへの収斂が進んでいるという仮定に基づいて，前の期を0として，後の期を1とする。SPOSは，総資産当期純利益率が0と0.01の間であれば1，それ以外であれば0である。SPOSの係数が負である場合には，後の期よりも前の期の方が，頻繁に少額の当期純利益を計上するための利益管理が行われていることを表す。

(2) 損失の適時認識

損失の適時認識は，多額の当期純損失（large negative net income）の頻度（LNEG）として推定される。多額の当期純損失の計上に関する検定も，少額の当期純利益の計上に向けた利益管理に関する検定と同様に，4つの期間に区分された第1期と第2期，第2期と第3期，および第3期と第4期のそれぞれ2期間を取り上げて，その間で次の等式(6)を用いて推定される。多額の当期純損失の係数が測定値である。

$$IFRS(0,1)_{it} = \alpha_0 + \alpha_1 LNEG_{it} + \alpha_2 Size_{it} + \alpha_3 Growth_{it} + \alpha_4 Eissue_{it} + \alpha_5 LEV_{it} + \alpha_6 Dissue_{it} + \alpha_7 Turn_{it} + \alpha_8 CFO_{it} + \alpha_9 AUD_{it} + \alpha_{10} NUMEX_{it} + \alpha_{11} XLIST_{it} + \alpha_{12} CLOSE_{it} + \varepsilon_{it} \quad \cdots (6)$$

$LNEG$ ＝多額の当期純損失に関する指示変数

等式(5)と同様に，等式(6)では，$IFRS(0,1)$は，前の期を0として，後の期を1とする。$LNEG$ は，総資産当期純利益率が－0.20より小さければ1，それ以外であれば0である。$LNEG$ の係数が正であれば，前の期よりも後の期の方が，頻繁に多額の当期純損失を認識していることを表す。

(3) 価値関連性

価値関連性は，等式(7)および等式(8)の2つの重回帰モデルから推定される。

等式(7)は，Ohlson [1995]が提案した価値評価モデルに基づいている。これは，1株当たり純資産および1株当たり経常利益による株価説明力を表す。等式(7)の左辺および右辺ともに，6ヶ月前の株価でデフレートしたデータを用いる。

$$P^*_{it} = \beta_0 + \beta_1 BVEPS_{it} + \beta_2 NIPS_{it} + \varepsilon_{it} \quad \cdots (7)$$

P^* ＝決算日から3ヶ月後の株価[4]
$BVEPS$ ＝1株当たり純資産
$NIPS$ ＝1株当たり経常利益[5]

等式(8)は，Basu [1997] により用いられたリターンモデルの説明変数と被説明変数を逆にした分析モデルである。これは，株式リターンの株価利益倍率の説明力を表す。ここでは，$RETURN$ が正の場合 (good news) と負の場合 (bad news) に分けて，さらに日本の会計基準の国際化およびIFRSへの収斂の進行

との関わりから4期間に分けて,別個に分析される。グッド・ニュースを有している企業の場合,利益管理に対する経営者のインセンティブはそれほど高いと思われないことから,バッド・ニュースの場合に,会計情報の質の相違が生じると予測される。

$$[NI/P]^*_{it} = \beta_0 + \beta_1 RETURN_{it} + \varepsilon_{it} \qquad \cdots (8)$$

P = 期首の株価
$RETURN$ = (決算日から3ヶ月後の株価／決算日から9ヶ月前の株価) の
　　　　　　自然対数

第4節　サンプルと記述統計

分析対象企業は,日本の証券取引所への上場企業の中の3月決算企業である。各企業の財務データは日経 NEEDS-CDROM から,株価は株価 CD-ROM2010 から取得した。上場市場別および上場市場数別サンプル数は,図表4-1および図表4-2のとおりである。

会計情報の質を利益管理,損失の適時認識および価値関連性から分析する際に用いる4つの分析期間ごとの変数の記述統計は,図表4-3のとおりである。

第5節　分　析　結　果

図表4-4は,会計情報の質に関する分析結果を示している。

Panel A は,利益管理の分析結果である。最初の分析では,当期純利益の変化のばらつきについて検証した。当期純利益の変化のばらつきは,第2期の2002—2004年度に最も小さく,第3期の2005—2006年度に再び大きくなっている。特に,第4期の2007—2008年度における当期純利益の変化のばらつきは,これまでになく大きい数値を示している。当期純利益の変化のばらつきが小さ

いことは,利益管理が行われていることを表す。各期間の当期純利益の変化のばらつきに差があるか否かについて,ウィルコクスンの順位和検定で検証したところ,第1期と第2期および第3期と第4期において,残差に差異が見られることが明らかになった。

図表4-1 上場証券市場別サンプル企業数

証券市場		1999-2001年度	2002-2004年度	2005-2006年度	2007-2008年度
東京証券取引所	第1部	1,829	2,894	2,026	2,148
	第2部	368	610	448	517
	マザーズ	1	15	38	72
大阪証券取引所	第1部	777	1,160	788	812
	第2部	181	291	204	253
名古屋証券取引所	第1部	281	416	286	301
	第2部	86	123	91	116
福岡証券取引所		140	191	130	136
札幌証券取引所		87	125	80	87
ヘラクレス		3	22	23	30
合計		3,753	5,847	4,114	4,472

図表4-2 上場証券市場数別サンプル企業数

証券市場の数	1999-2001年度	2002-2004年度	2005-2006年度	2007-2008年度
1市場	1,490	2,513	1,843	2,128
2市場	800	1,195	827	866
3市場	108	160	112	115
4市場	20	30	20	20
5市場	52	70	44	45
合計	2,470	3,968	2,846	3,174

第4章 国際会計基準への収斂と会計情報の質

図表4-3 記述統計

期間	変数	ΔNI	ΔCFO	CFO	ACC	P	NI/P	Size	Growth	Eissue	LEV	Dissue	Turn	AUD	NUMEX	XLIST	CLOSE	Return	BVEPS	NIPS
1999–2001年度	平均値	-0.00	-0.00	0.05	-0.03	1.05	0.10	11.37	1.06	0.67	2.65	-0.01	0.93	0.75	1.52	0.02	0.13	-0.13	1.35	0.10
	中央値	-0.00	-0.00	0.05	-0.03	1.00	0.09	11.12	0.58	0.00	1.53	-1.56	0.87	1.00	1.00	0.00	0.00	-0.12	1.20	0.09
	標準偏差	0.05	0.05	0.04	0.06	0.31	0.11	1.52	12.83	4.31	3.84	17.83	0.39	0.43	0.80	0.15	0.41	0.30	0.81	0.11
2002–2004年度	平均値	0.01	0.00	0.06	-0.02	1.20	0.13	11.25	4.01	1.06	2.19	0.64	1.00	0.76	1.48	0.02	1.30	0.14	1.27	0.11
	中央値	0.01	0.00	0.06	-0.02	1.14	0.11	11.01	2.71	0.00	1.33	-1.53	0.93	1.00	1.00	0.00	0.20	0.12	1.11	0.11
	標準偏差	0.04	0.05	0.05	0.05	0.36	0.12	1.53	11.72	5.77	3.51	17.63	0.43	0.43	0.77	0.15	2.03	0.32	0.73	0.09
2005–2006年度	平均値	0.00	0.00	0.05	-0.00	1.05	0.10	11.27	7.75	2.66	1.59	6.27	1.03	0.75	1.45	0.02	1.69	0.05	0.88	0.10
	中央値	0.00	0.00	0.05	-0.00	1.02	0.09	11.06	5.80	0.00	1.16	2.78	0.95	1.00	1.00	0.00	0.34	0.05	0.82	0.09
	標準偏差	0.05	0.05	0.05	0.06	0.28	0.07	1.55	16.43	10.44	1.46	22.44	0.44	0.43	0.74	0.14	2.51	0.34	0.42	0.06
2007–2008年度	平均値	-0.01	0.00	0.06	-0.03	0.92	0.07	11.10	-0.84	0.50	1.58	-4.81	1.12	0.65	1.42	0.02	2.33	-0.30	1.21	0.08
	中央値	-0.01	-0.00	0.06	-0.02	0.90	0.08	10.92	-0.23	0.00	1.10	-4.97	1.03	1.00	1.00	0.00	0.72	-0.27	1.09	0.09
	標準偏差	0.16	0.08	0.07	0.10	0.30	0.12	1.65	12.89	3.81	1.56	17.14	0.49	0.48	0.72	0.14	3.07	0.35	0.66	0.16

第Ⅰ部　IFRS導入と最適開示システム設計のあり方

図表4-4　分析結果

	Panel A 利益管理			Panel B 損失の適時認識	Panel C 価値関連性			
	ΔNI	ΔNI／ΔCFO	CFO&ACC	SPOS	LNEG	P	NI/P	Good News	Bad News
1999–2001年度	0.0023 -	1.253	-0.481 [**]	- -	- -	0.062 [**]	0.133 [**]	0.007 [**]	0.078 [**]
2002–2004年度	0.0018 [*]	0.787	-0.563 [**]	-0.018 [ ]	-0.087 [ ]	0.080 [**]	0.163 [**]	0.105 [**]	0.040 [**]
2005–2006年度	0.0027	1.278	-0.510 [**]	-0.253 [**]	0.469 [**]	0.101 [**]	0.174 [**]	0.107 [**]	0.053 [**]
2007–2008年度	0.0226 [**]	4.053	-0.448 [**]	-0.327 [**]	0.319 [**]	0.051 [**]	0.030 [**]	0.023 [**]	0.029 [**]

[*]　1% significant
[**]　5% significant
[***]　10% significant

第2の分析では，当期純利益の変化のばらつき対営業キャッシュ・フローの変化のばらつき比率について検証した。当期純利益の変化のばらつき対営業キャッシュ・フローの変化のばらつき比率は，第2期の2002—2004年度だけ1を下回っている。これは，第2期に利益管理が行われていることを表す。第4期の2007—2008年度には，最も大きな数値が示されており，利益管理が行われなくなっていることを表す。

　第3の分析では，発生項目と営業キャッシュ・フローのそれぞれの残差の相関関係について検証した。相関係数は4期間を通して負の値である。第2期の2002—2004年度において，最も負の値は大きく，第2期に利益管理が行われていたことが理解できる。ここでも，第4期の2007—2008年度には，相関係数は他の期間に比較して最も小さくなっており，徐々に利益管理が行われなくなっていることを表す。

　最後に，経営者の利益管理に向けての行動について，少額の当期純利益の頻度から分析した。少額の当期純利益の頻度を測定するSPOSの係数は，すべての期間において負の値を示しており，その値は徐々に大きくなっている。

　Panel Aの分析結果から，第2期の2002—2004年度において，最も利益管理が行われていたこと，および第4期の2007—2008年度には，利益管理が行われなくなっていることが明らかになる。

　Panel Bは，損失の適時認識の分析結果である。損失の適時認識の頻度を測定する*LNEG*の係数は，第1期から第2期において負の値を示しており，利益管理が行われていることを示している。しかし，第2期から第3期および第3期から第4期にかけて正の値を示しており，損失の適時認識が行われて，利益管理が行われなくなっていることが理解できる。

　Panel Cは，価値関連性の分析結果である。価値評価モデルにおけるR^2は，4期間を通して高くない。第3期の2005—2006年度において，R^2は最も高く0.101であった。第4期の2007—2008年度では，他の期間に比較してR^2は0.051と最も低い数値を示していた。この傾向は，株式リターンモデルの変形モデルにおいても同様である。株価利益倍率についてのR^2も，4期間を通して高く

ない。第3期の2005―2006年度において，R^2は最も高く0.174であった。第4期の2007―2008年度では，R^2は0.030へと大幅に下落した。

次に，株式リターンが正である場合と負である場合とに分けて，グッド・ニュース時とバッド・ニュース時における株価利益倍率に対する説明力について分析した。その結果では，第1期の1999―2001年度と第4期の2007―2008年度以外，グッド・ニュース時にはバッド・ニュース時よりもR^2は高い。

第6節　結　論

本章では，会計基準の国際的収斂が進む中で，日本の会計基準のIFRSへの収斂が，会計情報の質を高めているか否かについて，利益管理，損失の適時認識および価値関連性の3つの視点から実証的に検討した。分析結果では，会計ビッグ・バン以降，日本の会計基準がIFRSへの収斂を意識して設定および改訂されてきたにもかかわらず，第2期の2002―2004年度において，最も利益管理が行われていたことが明らかになった。逆に，ASBJとIASBの間で会計基準の国際的収斂に向けての活動が活発化して，日本の会計基準がIFRSと同等であると評価された第4期の2007―2008年度になって，ようやく利益管理が行われなくなっていることが明らかになった。しかし，会計情報の価値説明力は全体を通して高くない。特に，利益管理が行われていないと判断される第4期の2007―2008年度には最も価値説明力が低く，投資者を中心とした情報利用者に対して有用な情報を提供していないのではないかという疑問が明らかになった。

現在，日本の会計基準は完全にIFRSと同一ではない。本章の分析は，日本の会計基準がIFRSと同等のものに近づいていることを前提としている。今後，日本の会計基準がIFRSとの調整を進め，あるいはIFRSを受け入れた場合に，異なった結果が得られる可能性がある。

注

（1） IASB, "Preface to International Financial Reporting Standards," *International Financial Reporting Standards*（*IFRSs*）IASB, par.6, 2001.（企業会計基準委員会訳, 2008『国際財務報告基準（IFRSs）』レクシスネクシス・ジャパン。）
（2） 外国企業の場合には自己資本としての持分が用いられることから，当該分析では株主持分でなく純資産額を用いる。
（3） 外国企業の場合には自己資本としての持分が用いられることから，当該分析では株主持分でなく純資産額を用いて，総負債額／純資産額により計算した。
（4） Barth et al.［2008］は，6ヶ月後の株価を用いて分析している。ここでは，Paananen and Lin［2009］に基づいて，3ヶ月後の株価を用いて分析する。
（5） Barth et al.［2008］は，当期純利益を用いて分析している。ここでは，Paananen and Lin［2009］が異常項目前当期純利益を用いていることから，経常利益を用いて分析する。

〈参考文献〉

企業会計基準委員会 2007「企業会計基準委員会と国際会計基準審議会は2011年までに会計基準のコンバージェンスを達成する『東京合意』を公表」Press Release, 8月8日。

企業会計基準委員会・国際会計基準審議会 2007「会計基準のコンバージェンスの加速化に向けた取組への合意」8月8日。

斎藤静樹 2003「会計基準の動向と企業会計基準委員会」『最近の企業会計の動向について』財務会計基準機構, 5-10。

Accounting Standards Board of Japan (ASBJ), "The ASBJ and the IASB Announce Tokyo Agreement on Achieving Convergence of Accounting Standards by 2011," *Press Release*, 8.8, 2007.

Ashbaugh, H., "Non-U.S. Firms' Accounting Standard Choices," *Journal of Accounting and Public Policy*, Vol.20, 2001, 129-153.

Ashbauch, H. and M. Pincus, "Domestic Accounting Standards, International Accounting Standards, and the Predictability of Earnings," *Journal of Accounting Research*, Vol.39 No.3, 2001, 417-434.

Barth, M., W. R. Landsman and M. H. Lang, "International Accounting Standards and Accounting Quality," *Journal of Accounting Research*, Vol.46 No.3, 2008, 467-498.

Bartov, E., S. R. Goldberg, and M. Kim, "Comparative Value Relevance among German, U.S., and International Accounting Standards: A German Stock Market Perspective," *Journal of Accounting, Auditing & Finance*, Vol.20, 2005, 95-115.

Basu, S., "The Conservatism Principle and the Asymmetric timeliness of Earnings," *Journal of Accounting and Economics*, Vol.24, 1997, 3-37.

Committee of European Securities Regulators (CESR), *CESR's Technical Advice to the European Commission on a Possible Amendment to Regulation (EC) 809/2004 Regarding the Historical Financial Information Which must be Included in a Prospectus : Cousultation Paper*, CESR, 2005.

Christensen, H. B., E. Lee and M. Walker, "Incentives or Standards: What Determines Accounting Quality Changes around IFRS Adoption?," *Working Paper*, Manchester Business School, 2008.

Commission of the European Communities, *Accounting: European Commission grants equivalence in relation to third country GAAPs*, 2008.

Daske, H., "Economic Benefits of Adoption IFRS or US-GAAP ? Have the Expected Cost of Equity Capital Really Decreased?," *Journal of Business Finance & Accounting*, Vol.33 No.3-4, 2006, 329-373.

International Accounting Standards Board (IASB), "Preface to International Financial Reporting Standards," *International Financial Reporting Standards (IFRSs)* IASB, par.6, 2001.（企業会計基準委員会訳, 2008『国際財務報告基準 (IFRSs)』レクシスネクシス・ジャパン。）

Land, J. and M. H. Lang, "Empirical Evidence on the Evolution of International Earnings," *The Accounting Review*, Vol.77, 2002, 115-34.

Lang, M., J. S. Raedy and M. Yetman, "How Representative Are Firms That Are Cross Listed in the United States? An Analysis of Accounting Quality," *Journal of Accounting Research*, Vol.41 No.2, 2003, 363-386.

Lang, M., J. S. Raedy and W. Wilson, "Earnings Management and Cross Listing: Are Reconciled Earnings Comparable to US Earnings?," *Journal of Accounting and Economics*, Vol.42, 2006, 255-283.

Leuz, C., "IAS Versus U.S. GAAP: Information Asymmetry ? Based Evidence from Germany's New Market," Journal of Accounting Research, Vol.41 No.3, 2003, 445-472.

Paananen, M. and H. Lin, "The Development of Accounting Quality of IAS and IFRS over Time: The Case of Germany," *Journal of International Accounting Research*, Vol.8 No.1, 2009, 31-55.

Schipper, K., "The Introduction of International Accounting Standards in Europe: Implication for International Convergence," *European Accounting Review*, Vol.14 No.1,

2005, 101-126.
Securities and Exchange Commission (SEC), Release 33-8879, *Acceptance from Foreign Private Issuers of Financial Statements Prepared in Accordance with International Financial Reporting Standards without Reconciliation to U.S. GAAP*, December 21, SEC, 2007.
Tendeloo, B. V. and A. Vanstraelen, "Earnings Management under German GAAP versus IFRS," *European Accounting Review*, Vol.14 No.1, 2005, 155-180.

第5章　利益属性の国際比較と企業システムとの関係性

加賀谷　哲之（一橋大学）

第1節　利益属性研究をめぐる新潮流

　近年,利益属性の国際比較研究に対する関心が高まっている。この背後には,IFRS（国際財務報告基準）への統合化・収斂化への動向が急速に展開していることに対するアカデミズムの危機感があるように感じられる。

　EUが2005年にEU域内の上場企業の連結財務諸表にIFRSを強制適用するという方針を打ち出して以降,急速に世界的に進展しているIFRSへの潮流に対して,当初アカデミズムは一定の距離感を保ちつつ,沈黙を守ってきたといっても過言ではない[1]。しかし近年,IFRSの潮流に対して積極的に発信を行う研究が急増している。とりわけ会計基準の差異や変化が利益属性に与える影響に注目する研究が増大している。

　これには大きく以下の2つの要因が作用していると考える。1つは,会計基準の国際的統合化・収斂化が進展する中で,各国企業の競争力や経済の長期的・持続的な成長に結びつく会計基準のあり方について検討する機会が増大していることがあげられる。アメリカ,インドなどでは近年,会計基準の国際的統合化・収斂化をめぐる動向の中で,IFRSと自国企業・経済システムとの親和性の分析やそうした分析に基づく導入のあり方を本格的に検討し始めている。またEUやオーストラリアなどでもIFRS導入に伴う影響を分析する動きが盛んになっている。とりわけEUやアメリカにおけるIFRSの任意・強制適用企業の増大に伴い,IFRSと各国基準の差異やIFRS導入による影響の定量的なデータベースが構築されてきたことがあげられる。これに伴い,IFRSの導入の効

果を，企業の総合的な業績指標である利益の属性の変化に照らして分析している研究が増大しているのである。

いま1つは，各国の経済・法・社会システムの特徴が企業の成果指標としての利益数値の属性に強く反映されるとの認識が広がりつつあることがあげられる。IFRSへのコンバージェンスが，会計基準を国際的に統合・収斂化する試みだとすれば，そこで想定される会計システムが各国の経済・法・企業システムと整合的であるのかを確認するために，各国の利益属性の特徴などを比較検討する動きが加速しているのである。

会計システムとは各国の経済・法・企業システムにおける長い歴史の中で形成されてきたものである。グローバル資本主義の進展に伴い，会計システムを国際的に統合化・収斂化する必要性を理解しつつも，これまでに各国で積み上げられてきた会計システムの何をどのように変化させ，何を維持すべきかが十分に検討されないまま会計基準を国際的に統合化・収斂化させていくことはかえって企業会計が果たしてきた本質的な役割や機能を低下させる可能性もある[2]。こうした危機感が，利益属性にかかわる研究の進展を後押ししていると考えられる。本章の狙いは，利益属性の国際比較研究を整理した上で，IFRS導入に向けて検討すべき分析視点と今後検討すべき研究課題を提示することにある。

第2節　IFRS導入のインパクトと利益属性

(1) IFRS導入のコスト・ベネフィット

まずはIASB，FASBなどの設定機関を中心に進展する会計基準の国際的統合化の影響を分析する視点について説明していくことにしよう。

これまで会計制度の変更や改廃にあたっては，制度のベネフィットとコストを比較することが重要であると認識されてきた[3]。これは会計基準を国際的に統合化・収斂化する試みにおいても変わらない。しかしながら，財務報告にかかわる制度変更の影響を測定することはそれほど容易ではない[4]。基準変更の

影響にかかわるステークホルダーが，作成者，会計監査人，アナリスト，機関投資家，政府など多岐にわたる上，事前に制度変更の影響を測定するためには，さまざまな前提や仮定を置かなければならないためである。

こうしたことから，IFRSをアメリカ，日本に先駆けて導入した欧州企業の事例に学び，コスト・ベネフィットを検討する動きが進展している。とりわけIFRS導入が資本市場に与える影響に注目した研究が蓄積されつつある。これらは大きく以下の2タイプの研究に整理することが可能となる。

第1に，IFRSを先行導入した企業に対する資本市場の取引や評価がどのように変わったかを検証する研究である（Leuz and Verrecchia [2000]，Cuijpers and Buijink [2005]，Daske [2006]，Covrig et al. [2007] など）。これらの研究の結果は必ずしも整合的ではなく，IFRS先行導入企業を対象とした研究で企業がベネフィットを獲得することができたという一貫した結果を導出できていないのが現状である。

第2に，IFRSの強制導入が各国の資本市場に対して与えたインパクトを検証する研究である。（Daske et al. [2008]，Plantikanoca [2007] など）。これらの研究では，法的強制力，法的起源などの制度因子がIFRS導入による効果やベネフィットを左右することが示されている。

(2) IFRS導入が利益属性に与える効果

このように資本市場における評価を中心にその効果が解明されつつあるものの，実際にIFRSの導入により，会計数値がどのように変化し，それがどのような経路で効果に結びついているのかが必ずしも明らかとなっていない。こうしたことから，注目されつつあるのが，IFRS導入が会計数値や利益数値の属性をどのように変化させたのかの解明を試みる研究である。

たとえば，IFRS導入が会計数値や利益数値の属性をどのように変化させたかについては，Barth et al. [2008]，Bartov et al.Kim [2005]，Hung and Subramanyan [2007] などがあげられる。Barth et al. [2008] では，1990−2004年にかけてIFRSを自発的に導入した企業411社と非導入企業を比較検討

し，IAS 導入が会計の質や透明性を向上させる（すなわち利益管理を抑制する）上で貢献していることを明らかにしている。また Bartov et al. [2005] では，ドイツ GAAP 採用企業と IFRS／US GAAP 採用企業を比較検討し，IFRS/US GAAP 採用企業のほうが価値関連性が高いことを示している。一方で Hung and Subramanyan [2007] ではドイツで IFRS を導入した企業80社について，当該財務データの価値関連性が増大したという検証結果は獲得できていない。ただし，IFRS 導入企業のほうが利益の保守主義の程度が大きいことも示している。

こうしてみると，利益情報と株価の価値関連性については必ずしも一貫した結果を導き出すことはできない一方で，IFRS の導入により，利益情報の透明性は高まる，あるいは保守的な会計処理が進展していく可能性があることが確認される。

留意すべきは，こうした利益属性の変化は，企業の投資・分配活動に重大な影響を与える可能性がある点である。たとえば，Bushman et al. [2006] では，適時性の高い経済的損失が計上されるようになると，企業は投資機会の減少により迅速に対応し，設備投資を抑制するようになることを明らかにしている。IFRS 導入による効果を測定することが困難であるのは，単に IFRS が狙いとしている投資家にとってのベネフィットとそれを変更・作成するための作成者にとってのコストを比較すればよいだけではなく，会計情報を基礎として実施される投資活動や分配活動などに重大なインパクトを与えるからに他ならない。それはひいては各国の企業システムに大きく影響を及ぼすことになる。

(3) 利益属性と企業システムの関係性

では，各国の法・経済・企業システムと利益数値はどのように関係しているのだろうか。こうした問題意識に基づき，近年進展し始めているのが，利益属性の国際比較である。とりわけ前節で IFRS に特徴的な利益の適時性，保守主義[5]と利益管理（透明性）にフォーカスをあてた研究が多い。

利益の適時性，保守主義にフォーカスをあてた研究としては，たとえば，

Ball et al.［2000］，Bushman and Pitroski［2006］などがある。Ball et al.［2000］では，7ヶ国（オーストラリア・カナダ・アメリカ・イギリス・フランス・ドイツ・日本）40,359社・年（1985-95）をサンプルに Basu［1997］モデルを活用し，適時性と保守主義の程度を算出。Code Law 国は Common Law 国と比べて，適時性が低く，かつ保守主義的な会計手続きを行わない傾向があることが確認している。Bushman and Pitroski［2006］では38ヶ国86,927社・年（1992-2001）をサンプルとして Basu［1997］モデルに基づく保守主義の程度を算出し，Civil Law のほうが相対的に保守主義の程度が高いことを示している。また会社法・司法・政治・税制なども保守主義の程度に影響を与えている。

一方の経営者の利益管理行動にフォーカスをあてた研究としては，Leuz et al.［2003］，Bhattacharya et al.［2003］などがある。Leuz et al.［2003］では，31ヶ国70,955社・年（1990-99）をサンプルとして利益管理行動と投資家保護の関係性を検証している。投資家保護に積極的な国ほど，平準化や裁量行動に消極的であることを明らかにしている。

加賀谷［2011］では，① 費用収益の対応の程度，② 恒常的な収益力の表示の程度，③ 将来利益伝達力の3点について，日本企業と英語圏諸国，西欧諸国，極東アジア諸国をそれぞれ比較した。

①の検証にあたっては，Dichev and Tang［2008］に基づき，費用収益の対応の程度が，日本企業と各国企業ではどのように異なるかを検証した。検証の結果，日本企業や極東諸国，西欧諸国の企業は英語圏諸国の企業と比べて過去16年間で対応の程度の減少幅が小さいことが確認された。

②の検証にあたっては，先行研究で「平準化」指標として活用されている当期会計発生高の変化と当期営業キャッシュ・フローの変化の相関係数を算出し，比較した。検証の結果，日本企業や極東諸国，西欧諸国の企業は英語圏諸国の企業と比べて，平準化の程度，すなわち恒常的な収益力の表示の程度が高いことが確認された。

③の検証にあたっては，当期の会計発生高の変化が将来における営業キャッシュ・フローの変化をどれほど説明できるかという観点から両者の相関係数を

導出した。日本企業や極東諸国,西欧諸国の企業は英語圏諸国の企業と比べて,会計発生高による将来キャッシュ・フローの伝達効果が大きいことが確認された。

以上の検証結果は,英語圏諸国とそれ以外の国では,利益属性の傾向が大きく異なることが確認できる。やや踏み込んで言及すれば,日本企業や極東諸国,西欧諸国の企業は対応概念や発生主義など収益費用観に基づく業績概念が一定の役割を果たしていることが予測されるのに対して,英語圏諸国ではその傾向が弱まっていることが確認された。こうした結果は,IFRS導入を牽引している英語圏諸国とその他地域では,指向する会計システムが異なる可能性があることを示唆している。

こうしてみると,利益属性は,各国の法起源,文化制度,会社法,税法,投資家保護の強弱や各国で活動する企業のインセンティブ構造などと深く関係していることが確認される。これは裏を返せば,会計情報は各国の法・経済・企業システムや文化とさまざまな形で密接に結びついており,それを変更する場合には,単に資本市場への影響や作成者サイドにかかるコストのみではなく,多面的・多角的にその影響を検討する必要があることを示唆しているように考える。

第3節　利益属性と制度の補完性

こうした利益属性と各種制度の関係性を解明するにあたって,極めて示唆的な分析視点を提示している研究としてLeuz [2010]があげられる。同研究では,資金調達を株式市場や債券市場など外部市場に依存している国を"Outsider System",緊密な関係にある銀行・金融機関や内部金融に依存している国を"Relationship-based System"と呼んだ上で,以下のように,それぞれの財務報告・会計に対するニーズが異なると主張している。

前者では,市場を発展させることで,企業の資金調達ニーズに柔軟に対応しうる証券市場を育成することが重視される。このため,一般投資家,外国人投

資家などを広く呼び込むため，株式所有の分散化が進展しやすい。株式所有の分散化に伴い，投資家は情報に対してアクセスする権限を持たないことから，明確な契約と権利に基づき保護される必要がある。こうしたシステムにおいて投資家は自らの財務的請求権と権利を守るためのインフラをきちんと整備することが重視される。このため，経営者と投資家の間の情報の非対称性を克服する財務報告が極めて重要な役割を果たす。

後者の"Relationship-based System"では，市場からの資金調達よりもむしろ緊密な関係にある銀行・金融機関および内部金融による資金への依存度が高い。この場合，株式所有は分散化していないケースが多く，また内部取締役による統治が実践されているケースが多い。企業の重要な資金調達先は情報に対するアクセスすることも容易である。この場合，財務報告・会計の主要な役割は，情報提供ではなく，むしろ外部投資家への過大な配当請求権などに制限をかけ，債権者保護や内部金融を促進することにあると考えられている。

Leuz [2010] では，各国のシステムがいずれかに当てはまるということを主張しているわけではなく，むしろこの両極の間に存在するのではないかと推定している。

こうしたLeuz [2010]の議論を，会計数値の属性という点に照らしてみれば，前者の"Outsider System"においては，経済的資源や請求権の変動をできる限り迅速に会計処理に反映させる「適時性」(Timeliness)や経済的資源や請求権の変動にネガティブな事象がおこった場合に，よりタイミングよく会計処理に反映させるという観点での「保守主義」が重視されることになろう。また経営者の主観によって利益数値が影響されるよりは，利益管理の余地が少ない「透明性」の高い利益数値が求められることになろう。

一方，後者の"Relationship-Based System"においては，緊密な関係にある銀行・金融機関への配分や内部金融により成長投資の原資を十二分に確保することが重要となる。さらに短期的なショックを利益計算に反映させることよりは，長期的・持続的に創出可能なキャッシュ・フローの水準が利益計算に反映されていることのほうが重要である。たとえ短期的なショックがあったとして

も，長期的に外部ステークホルダーが求める水準を超えたキャッシュ・フローを創出できるのであれば，投資効率という観点からも，当該企業に対する資源や能力の蓄積という観点からも当該投資を継続させることが望ましいためである。すなわち，緊密な関係を通じて主たる資金提供者との情報共有ができているのであれば，その他のステークホルダーに無用の心配を与えないという観点からも，恒常的な収益力が反映された利益ないしは「持続性」の高い利益が表示されるほうが望ましいと考えられる。

このように企業システムに応じて，求められる利益属性は同じであるとは限らない。法・経済・企業システムの間に補完性があるのだとすれば，そこで利害調整や意思決定のために活用される利益の属性もそうした企業システムに応じて異なった形となるのである。

第4節　日本の企業システムと利益属性

では，日本の企業システムはどのような特徴を持っているのだろうか。ここでは，とりわけ利益数値との関連性が深い企業の分配活動と投資活動の違いの分析を通じて，企業システムの差異を明らかにしていくことにしよう。

ここでは，Compustat の Global Vantage データを活用し，1991—2008年に Non-Financial Company のデータを300サンプル以上連続して収集することが可能である3地域（English Speaking, Western Europe, Far East (Eastern Asia, South-Eastern Asia)；区分は Leuz [2010] に基づく）と日本を比較検討することにした。

(1) 分配行動

図表5-1では，企業の配当行動を地域ごとに比較している。成長機会の相対的に大きい Far East 諸国は無配企業の割合が相対的に高いものの，近年，徐々に無配企業の割合は減少している。対照的に English Speaking, Western Europe 諸国では，かつては無配企業の割合は低かったものの，近年，増大し

第5章 利益属性の国際比較と企業システムとの関係性

図表5-1 配当行動の国際比較

① 無配企業の割合

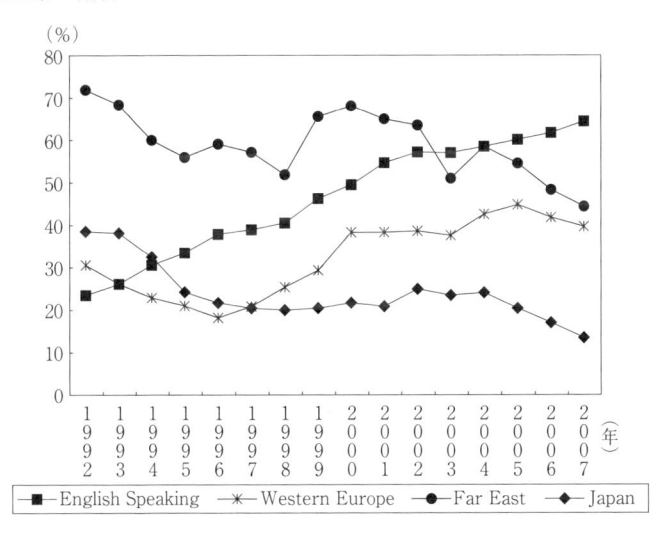

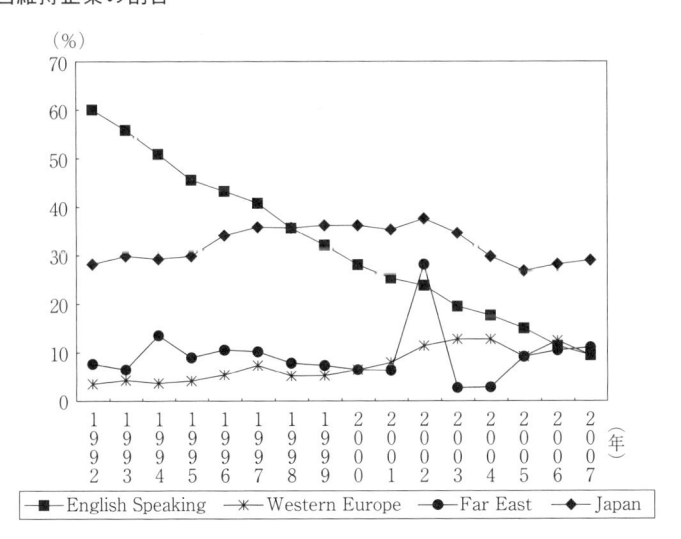

② 配当維持企業の割合

第Ⅰ部　IFRS導入と最適開示システム設計のあり方

図表5-2　法人税等の支払がプラスであると想定される企業の割合

（横軸：1992〜2007年、縦軸：%）
凡例：■ English Speaking　＊ Western Europe　● Far East　◆ Japan

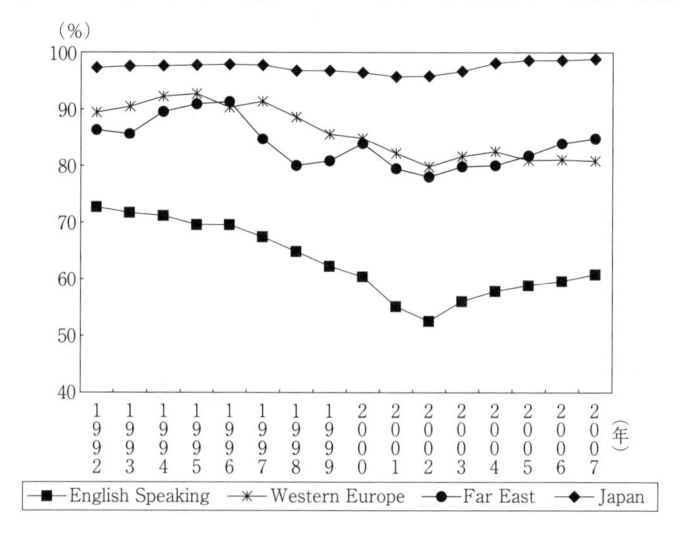

図表5-3　黒字決算（営業利益）の割合

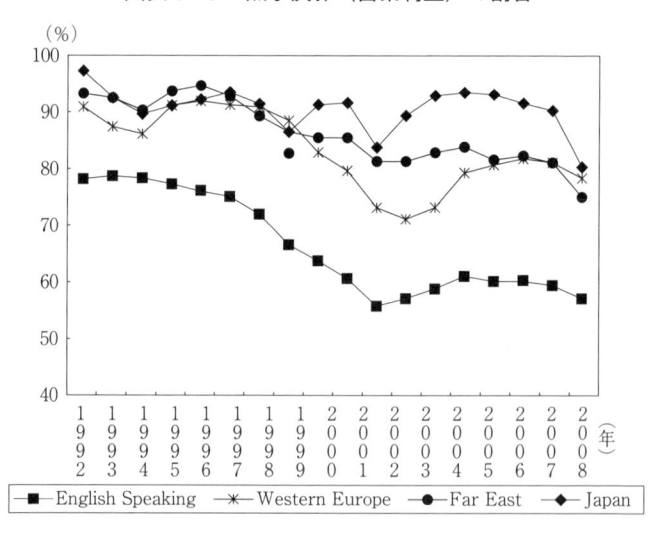

（横軸：1992〜2008年、縦軸：%）
凡例：■ English Speaking　＊ Western Europe　● Far East　◆ Japan

第5章　利益属性の国際比較と企業システムとの関係性

つつある。特に English Speaking 諸国では顕著である。日本企業は1990年代前半までは無配企業の割合は高かったものの，近年はもっとも低い水準となっている。配当維持（前年度と同じ1株当たり現金配当を実施）企業については，日本企業は安定的に高い水準にとどまっている。English Speaking 諸国はかつては高い水準であったものの，近年その水準は大きく低下している。こうして過去16年間を振り返ると，日本企業は他の地域と比べて，安定した配当活動を実践している国と位置付けられることがわかるだろう。English Speaking 地域は近年，かつては安定していたものの，近年はむしろその水準を低下させているように見える。

　これは図表5-2の法人税等の支払い水準をみても同様である。日本企業は他の地域と比べて，政府に対する支払いとしての税金についても安定して高い水準で納めている。English Speaking 諸国は2000年に入ると全体の40～50％は法人税等を支払っていない。こうした English Speaking 諸国が，他と比べて安定して分配活動が実践できていないのは，営業利益を安定的に生み出すことができていないことが背景にある（図表5-3）。

（2）投 資 行 動

　続けて投資行動を分析していくことにしよう。具体的には，以下の2つのアプローチで検証を進めることにした。

　1つは，各国・地域企業による資本的支出（設備資産への投資）の持続性を測定するために，利益の持続性を測定した Ali and Zarowin [1992] にならって，下記の(1)式の β_1 に基づき，資本的支出の持続性を測定することにした。測定にあたっては，前節と同様，3地域（English Speaking, Western Europe, Far East (Eastern Asia, South-Eastern Asia)）と Japan を比較検討する。検討にあたっては，パネルデータを活用し，年と産業を固定因子とした GMS の固定効果モデルを採用している。また年次ごとにサンプルをわけたデータでも算出を行い，分析可能であった16年間のうち β_1 が統計学的に有意にプラスの年数の割合も調査した。

図表5-4　資本的支出の持続性の国際比較

	English Speaking	Western Europe	Far East (Asia)	Japan
係数(β_1)	0.001	0.001	0.012	0.438
t値	0.219	0.086	21.706	212.311
p値	0.826	0.931	0.000	0.000
Adj. R_2	－0.007	－0.007	0.009	0.505
プラス年数の割合	12.5％	43.75％	43.75％	100％

$$CapitalExpenditure_{t+1} = \alpha + \beta_1 CapitalExpenditure_t + \sum \beta Control + \varepsilon \quad \cdots(1)$$

　図表5-4によれば，English SpeakingとWestern Europe諸国は全体として当期資本的支出が必ずしも次期に持続するとは限らない一方で，Far East諸国とJapanは資本的支出を持続的に実施している可能性が高い。特に日本は年度ごとに分析した場合でも日本は分析対象であったすべての年度においてβ_1が統計学的に有意にプラスとなっており，他地域と比べても資本的支出の持続性は高い。裏を返せば，English SpeakingやWestern Europe諸国では相対的に資本的支出の持続性よりはむしろ投資機会にあわせて投資額を感度良く増減させている可能性が高い。

　またEnglish Speaking諸国やWestern Europe諸国では事業固定資産（有形固定資産＋無形固定資産）に占める無形資産の比率が他地域と比べて相対的に高い水準である点にも留意が必要である。これらの国では設備資産への投資よりはむしろM＆Aなどに積極的であることを示している。一方で日本企業はFar East諸国では無形資産の比率が低い（図表5-5）。

　ではなぜ日本企業は他地域と比べて，分配活動や投資活動の持続性に熱心に取り組んでいるのだろうか。Aoki［2010］によれば，日本の企業システムは①組織目標に対する経営者と従業員の認識上での貢献は分離できない，②物的資本に対するコントロール権を経営者か，従業員のいずれかに限定した場合には，

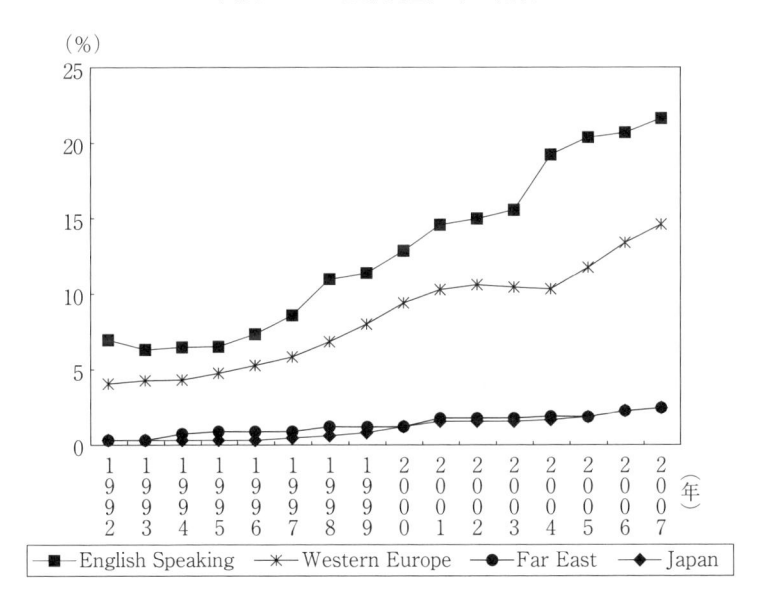

第5章 利益属性の国際比較と企業システムとの関係性

図表5-5 無形資産比率の割合

(%)

—■— English Speaking　—*— Western Europe　—●— Far East　—◆— Japan

企業の限界的な生産性を高めることはできない（経営者と従業員の協調が不可欠），という2つの特徴があると指摘している。これは経営者の力が限界生産性の向上と深く結び付いている（必ずしも従業員の物的資本に対するコントロール権は大きく影響しない）伝統的なアメリカ企業システム，従業員の力が極めて重要となる（経営者の影響力が必ずしも強くなく，従業員の知識はカプセル化されていることから企業間での移転が可能である）シリコンバレー企業とは異なると同研究では指摘している。

　仮にこうした状況が現在まで続いていると仮定すれば，日本企業他地域の企業システムと比べて，設備資産への投資を持続的に投資するインセンティブが高くなると想定される。業績を向上させるためには，経営者と従業員が意思決定を行い，あるいは知恵を出し合い，設備資産の生産性を向上させることが不可欠となるためである。

一方，アメリカ企業は，企業の生産性を高めるにあたって，経営者の力が極めて重要となるため，M＆Aなどの施策が打ちやすい。English Speaking諸国やWestern Europe諸国で無形資産の比率が高いのは，こうしたM＆Aの活用度が影響している可能性もある。

　分配・投資活動を分析する限り，日本の企業システムは相対的にはLeuz［2010］のいう"Relationship-based System"に，English Speaking諸国における企業システムは"Outsider System"に近いポジションにあるかもしれない。Western Europe諸国やFar East諸国における企業システムはその中間に位置付けることができるかもしれない。

　このように分配活動，投資活動は各国の企業システムと深くかかわっている。日本の企業システムは，他地域と比べると分配・投資活動の安定性・持続性を優先しがちである。一方，English Speaking諸国では，むしろ分配・投資活動の適時性を優先しがちである。このように分配・投資活動が異なってくれば，優先される利益属性も異なってくることが推測される。IFRSへのアドプションなどを含めた一連の会計システムの変革を進めるに当たっては，こうした各国の利益属性やそこに象徴される分配・投資活動も含めた企業システムへの影響を無視するべきではない。それはひいては各国に属する企業の競争力や経済の競争力，国益に深くかかわるためである。

第5節　むすびにかえて

　本章の狙いは，利益属性の国際比較研究を整理した上で，IFRS導入に向けて検討すべき分析視点と今後検討すべき研究課題を提示することにある。検討にあたっては，IFRS導入の効果を分析する一連の先行研究をレビューした上で，IFRS導入効果の多くは，資本市場における取引量や資本コストなどの変化に注目して分析されるケースが多いものの，それだけでは十分にIFRS導入の効果は解明しきれておらず，近年，IFRS導入が会計情報の属性，利益属性にどのような影響を与えているかを検討する研究が増大していること，さらに

IFRS 導入により，透明性の向上（利益管理の抑制）や適時性・保守主義の程度（株式市場での評価を経済的資源・請求権の変動すなわち経済的利益の変動ととらえ，それを利益計算にどれほど反映させているか）を増大させる効果があることを示している。すなわち IFRS 導入により，経営者の主観を可能な限り排し，企業に起こった事実をできる限り迅速に会計処理に反映させることが促進されることを示している。

では，こうした IFRS の特性は，さまざまな法・経済・企業システムの下で同様に作用するのだろうか。Leuz [2010] が提唱した2つの企業システムに照らしていえば，Outsider System との親和性は高いものの，Relationship-based System とは必ずしも親和性が高いとはいえないことが推測される。

次に各国・地域の企業システムが Outsider System と Relationship-based System のいずれに近いのかを検討した。このため，各国・地域の分配・投資活動の差異を明らかにした。分析の結果，English Speaking 諸国の企業は，日本企業や Far East 諸国企業と比べて，分配活動や投資活動の安定性・持続性をそれほど重視しておらず，利益情報に適時性の高い要素が組み込まれても日本企業ほど影響を受けないことが明らかとなった。言い換えれば，日本企業は，English Speaking 諸国，Western Europe 諸国，Far East 諸国の企業と比べて，より Relationship-based System に近いポジションにあることが推測される。

こうした日本企業が，Outsider System に親和性の高い IFRS を強制適用することになれば，その企業システムそのものの変革を余儀なくされる可能性もある。たとえば IFRS の導入により営業赤字決算の企業が増大すれば，従来通りの安定的・継続的な分配・投資活動が困難になる可能性もある。それは経営者と社員が知恵を出し合い，物的資本の生産性を増大させるという日本企業の経営面での長所を失わせる可能性もある。

では，こうした影響をもたらす IFRS に対して我々はどのように対峙していくべきだろうか。日本ではややもすれば，無批判に IFRS を受け入れるべきであるという意見，あるいは IFRS 導入によるメリットを十分に検討することなく全面的に批判する意見も少なくないように考える。重要なのは，IFRS 適用

第Ⅰ部　IFRS導入と最適開示システム設計のあり方

による経済的影響のポジティブ，ネガティブな側面を適切に見抜き，ネガティブな側面を抑制し，ポジティブな側面を促進させるIFRS導入方法を模索することである。

　たとえば，公正価値評価の徹底により，企業の実態をより適時性の高いかたちで財務諸表に開示されることが求められることにより，日本企業においてかねてより重視される恒常的な収益力の伝達が難しくなるということであれば，脚注情報やその他のIR情報を通じて投資家などの外部ステークホルダーにそれを積極的に発信していくことが求められるようになるだろう。あるいは恒常的な収益力の区分を財務諸表内に設けるようIASBに働きかけていくことも必要になるかもしれない。また恒常的な収益力をベースに実践してきたさまざまなステークホルダーとの契約についても，単にIFRSに基づき開示される利益情報をそのまま活用するのではなく，契約内容の変更も含め検討することが求められるだろう。

　では，アカデミズムとしてこうした動向に対してどのような貢献がありうるだろうか。大きく3つの次元での貢献がありうると考える。

　1つは，IASB／FASBの提示する概念フレームワークについて，いま一度検討し，日本の企業システムで重視される利益属性や会計情報との相違を明らかにした上で，日本の企業システムに適合した概念フレームワークを提示していくことである。たとえば，AAAでは，2008年に財務報告基準にかかわる概念フレームワークを提示するプロジェクトをまとめ，2009年にはその成果を公表するなど，IFRS導入に向けた一連の動向に積極的に発信する試みをスタートさせている。こうした試みが日本におけるアカデミズムにも求められよう。上述したようにIASB／FASBの提示する概念フレームワークはOutsider Systemを前提とした会計システムと位置付けられるとすれば，日本の企業システムに相対的に近いRelationship-based Systemに基づく概念フレームワークを検討し，それに基づき積極的に発信していくことも必要となるだろう。

　いま1つは，会計基準の適用方法についての検討である。たとえば，Kvaal and Nobes［2010］では，IFRSを2005年に導入したドイツ，イギリス，オース

トリア，フランス，スペインなど5ヶ国を対象に，16の会計処理にフォーカスをあて，IFRS 導入前に各国に特徴的であった会計処理が，IFRS 導入を契機に収斂化しているかどうかを示している。同研究では，IFRS 導入後も IFRS 導入前の差異が残存していることを明らかにしている。これは，欧州各国がIFRS を導入しつつも，その範囲内で各国の個性や特徴を残した会計処理を実施していることを裏付けている。アカデミズムでは，上記の概念フレームワークに基づき日本の企業システムにとって重要な会計処理については，IFRS の会計処理の選択肢の中に残るよう積極的に IASB などに働きかけていくことが求められるだろう。

　最後に非財務情報の開示も含めたディスクロージャーや IR にかかわる研究である。財務諸表情報の国際的収斂化・統合化が進展し，それを投資家や外部ステークホルダーが機械的・皮相的に投資評価や契約などに反映されることになれば，各国の企業システムの収斂化・統合化を招きかねない。それは従来，各国の企業システムが長い歴史の中で培ってきた長所を喪失させることに結びつく可能性もある。こうしたことを防ぐためには，非財務情報の開示を通じて，より各国や各社の企業システムに対するビジョンや基本的な考え方，合理性とそれに基づく財務情報の解釈を促すことが不可欠となる。

　しかしながら，財務情報と非財務情報を統合し，各国・各社の企業システムに適合したディスクロージャー・システムのあるべき姿を検討した研究については，世界的にみてもほとんど存在していないといっても過言ではないだろう[6]。こうした観点からの研究を積極的に進めていくことがアカデミズムに求められることになるだろう。

　IFRS 導入をめぐる議論は日本でもまだ十分に蓄積されているとは言い難い。とりわけ企業システムの特性にあわせて，いかに効果的に会計基準の国際的統合化・収斂化に臨んでいくかについては十分に検討されているわけではなく，アカデミズムからの積極的な発信が求められる。

第Ⅰ部　IFRS導入と最適開示システム設計のあり方

【謝辞】　本稿は一橋大学大学院商学研究科を中核拠点としたグローバルCOEプログラム（日本企業のイノベーション：実証的経営学の教育研究拠点）の支援を得て進めた研究成果の一部である。同プログラムに対して記して深く感謝したい。

注
（1）　ここでいうIFRSには，IAS，IFRSの双方を含めていることに留意されたい。
（2）　こうした意識を背景に，Whittington［2008］，AAA［2010］では，IASBやFASBが共同で作成している概念フレームワークを検討しつつ，それとは異なる概念フレームワークの必要性を主張している。
（3）　たとえばFASB［1980］では会計情報の有用性を決定するにあたっての一般制約条件としてコストベネフィット比較が必要であることを指摘している。
（4）　たとえば大塚［2010］，Schipper［2010］などでも同様の指摘がなされている。
（5）　ここでいう適時性，保守主義の程度とは，Basu［1997］モデルに依拠している。同モデルでは前年の株価変化に各社の経済的資源・請求権の変動が反映されているという前提を置いた上で，当該資源・請求権の変動を当該年度の利益計算に反映させている程度を測定している。より多くの情報を会計処理に反映させていれば，適時性が高く，ネガティブな情報をポジティブな情報に比べて積極的に利益計算に反映させる傾向がある場合に，保守主義の程度が高いと説明している。
（6）　その必要性については，伊藤［2010］，安井他［2010］，古賀［2010］などで指摘されている。また伊藤［2009］ではそうした点も含めた新たな情報開示モデルのあり方についての検討を行っている。

〈参考文献〉
伊藤邦雄　2010「ディスクロージャー学の展望と課題―会計基準のコンバージェンス問題を超えて」『企業会計』2010年10月号。
伊藤邦雄　1997『会計制度のダイナミズム』岩波書店。
伊藤邦雄編　2006『無形資産の会計』中央経済社。
伊藤邦雄編　2009「新たな情報開示モデルとIR」（日本IR学会研究分科会最終報告書）。
大塚成男　2010「取引コスト概念と会計基準論における課題」『会計』第178巻第3号。
加賀谷哲之　2009「退職給付会計の費用表示と利益属性」『會計』第176巻第4号。
加賀谷哲之　2010「IFRS導入に向けた研究上の課題―利益属性の国際比較研究のレビューを通じて」『会計・監査ジャーナル』第22巻第11号。
加賀谷哲之　2011「日本企業の費用収益対応度の特徴と機能」『會計』第179巻第1号。

古賀智敏 2010「IFRS時代の最適開示制度設計のあり方」『会計・監査ジャーナル』。
安井肇・久禮由敬・中山崇 2010「IFRSが加速するコーポレート・レポーティングの今後のトレンド」『旬刊経理情報』。
Ali, A., and P. Zarowin, "The Role of Eanings Levels in Annual Earnings-returns Studies," *Journal of Accounting Research*, Vol.30 No.2, 1992, 286-296.
American Accounting Association's Financial Accounting Standards Committee, "Alternative Conceptual Frameworks for Financial Reporting : A Framework for Financial Reporting Standards: Issues and a Suggested Model," *Working Papers*, 2010.
Aoki, M., *Corporation in Evolving Diversity: Cognition, Governance, and Institutions*, Oxford University Press 2010.
Ball, R., S. P. Kothari and A. Robin, "The Effect of International Institutional Factors on Properties of Accounting Earnings," *Journal of Accounting and Economics*, Vol.29, 2000, 1-51.
Barth,M. E., M. Landsman and M. Lang, "International Accounting Standards and Accounting Quality," *Journal of Accounting Research*, Vol.46 No.3, 2008, 467-498.
Bartov, E., S. R. Goldberg, M. Kim, "Comparative Value Relevance Among German, US and International Accounting Standards: A German Stock Market Perspective," *Journal of Accounting, Auditing and Finance*, Vol.20 No.2, 2005, 95-119.
Basu, S., "The Conservatism Principle and the Asymmetric Timeliness of Earnings," *Journal of Accounting and Economics*, Vol.24 No.1, 1997, 3-37.
Beaver, W. H., *Financial Reorting – An Accounting Revalution 3rd*, Prentice Hall, 1998. 伊藤邦雄訳 2010『財務報告革命（3版）』白桃書房。
Bhattacharya,U., H.Daouk, and M Welker, "The World Price of Earnings Opacity," *The Accounting Review*, Vol.78 No.3, 2003, 641-678.
Bushman, R., and J. Piotroski, "Financial Reporting Incentives for Conservatism Accounting: the Influence of Legal and Political Institutions," *Journal of Accounting and Economics*, Vol.42 No.1-2, 2006, 107-148.
Bushman, R., J. Piotroski, and A. Smith, "Capital Allocation and Timely Accounting Recognition of Economic Losses," *Working Paper*, University of North Carolina and University of Chicago, 2006.
Cuijpers, R. and W. Buijink, "Voluntary Adoption of Non-local GAAP in the European Union: a Study of Determinants and Consequences," *European Accounting Review*, Vol.14 No.3, 2005, 487-524.

Covrig, V. M., DeFond, M. L. and M.Hung, "Home Bias, Foreign Mutual Fund Holdings, and the Voluntary Adoption of International Accounting Standards," *Journal of Accounting Research*, Vol.45 No.1, 2007, 41-70.

Daske,H.,2006. Economic Benefits of Adopting IFRS or US-GAAP- Have the Expected Cost of Equity Capital Really Decrease?, *Journal of Business Finance and Accounting*, 33(3/4). 329-373.

Daske, H., L. Hail, C. Leuz and R. Verdi, "Mandatory IFRS Reporting around the world: Early Evidence on the Economic Consequences," *Journal of Accounting Research*, Vol.46 No.5, 2008, 1085-1142.

Dichev, I. D. and V. W. Tang, "Matching and the Changing Properties of Accounting Earnings over the Last 40 Years," *The Accounting Review*, Vol.83 No.6, 2008, 1425-1460.

Financial Accounting Standards Board, "Qualitative Characteristics of Accounting Information," *Statement of Financial Accounting Concepts No.2*, 1980.

Francis, J., R. Lafond, P. M. Olsson and K. Shipper, "Cost of Equity and Earnings Attributes," *The Accounting Review*, Vol.79 No.4, 2004, 967-1010.

Hung, M. and K. R. Subramanyam, "Financial Statement Effects of Adopting International Accounting Standards: The Case of Germany," *Review of Accounting Studies*, Vol.12 No.4, 2007, 623-657.

Kvaal, E. and C. Nobes, "International Differences in IFRS Policy Choice," *Accounting & Business Research*, Vol.40 No.2, 2010, 73-187.

Leuz, C. "Different Approaches to Corporate Reporting Regulation: How Jurisdiction Differ and Why," *Accounting and Business Research*, Vol.40 No.3, 2010, 229-256.

Luez, C., D. Nanda and P. D. Wysochi, "Earnings Management and Investor Protection: An International Comparison," *Journal of Financial Economics*, Vol.69, 2003, 505-527.

Leuz, C. and R. E. Verrecchia, "The Economic Consequences of Increased Disclosure," *Journal of Accounting Research*, Vol.38(Supplement), 2000, 91-124.

Lev, B., "Some Economic Determinants of The Time-series Properties of Earnings," *Journal of Accounting and Economics*, Vol.5, 1983, 31-38.

Platikanova, P., "Market Liquidity Effects of the IFRS Introduction in Europe," *Working Paper*, University Pomper Fabre, 2007.

Schipper, K., "How can We Measure the Costs and Benefits of Changes in Financial Reporting Standards?," *Accounting and Business Research*, Vol.40 No.3, 2010, 309-327.

Sunder, S., "IFRS and the Accounting Consensus," Accounting Horizons, Vol.23 No.1, 2009, 101-111.
Whittington, G., "Fair Value and the IASB/FASB Conceptual Framework Project: An Alternative View," *Abacus*, Vol.44 No.2, 2008, 139-168.

第Ⅱ部

日本企業の持続的成長可能性と非財務情報開示のあり方

第6章　社会・環境情報開示の展開
―― 欧米の動向と日本への示唆 ――

國　部　克　彦（神戸大学）

第1節　はじめに

　企業情報ディスクロージャーにおいて，非財務情報の重要性が注目されている。たとえば，国際会計基準審議会（IASB）は，2010年に実務文書「マネジメント・コメンタリー」を発行し，「経営者の討議と分析」や「取締役報告」のような名称で呼ばれる年次報告書の記述情報部分のディスクロージャーのあり方を公表している。これは，マネジメント・コメンタリーの作成と開示に対する拘束力のないフレームワークではあるが，IASBが非財務情報開示（正確に言えば財務諸表外の記述情報開示）について見解を公表しはじめたことは，この領域の重要性が高まっていることを示している。

　周知のように，IASBに代表される現代の会計基準は，投資家に対する意思決定有用性を中心に構成され，投資家の関心は将来キャッシュフローにあるとされるため，できる限り将来を見通した会計計算とディスクロージャーが要求される。原則主義や公正価値はそのための理論的かつ操作的概念であり，企業会計を将来思考へと導いてきた。しかし，企業の将来を見通そうとすればするほど，不確実性もそれにともなって増加する。不確実性は確率的に計量可能なものもあるが，当然のことながら，計量可能な不確実性の背後にはその何十倍もの計量不可能な不確実性が存在する。つまり，企業の将来を志向すればするほど，不確実性が増加し，しかも計量不能な不確実性が増加する構図になっている。したがって，それを少しでも補うために，非財務情報の重要性が強調さ

れることは，論理的には当然の帰結である。この意味において，非財務情報の開示はリスク情報の開示と表裏一体となる。この代表的な事例は，アメリカ証券取引委員会 (SEC) による環境情報の開示要求である。SEC は，1970年代から環境リスクが企業の不確実性を増加させる状況に注意を喚起し，そのための開示指針を発表してきた。

しかし，これとは異なる立場からの非財務情報としての社会・環境情報開示の要求の流れも存在する。それは，現代の会計基準があまりにも投資家指向になりすぎているため，それを修正して幅広いステイクホルダーへの責任や情報ニーズを重視する立場からの情報要求である。企業は，投資家のためだけにあるのではなく，従業員や消費者，地域住民等を含めた多様なステイクホルダーに対して責任があると考え，企業報告書の財務偏重を是正しようとする考え方である。その代表的なものが，GRI (Global Reporting Initiative) による「サステナビリティレポーティング・ガイドライン」である。GRI は，国際的な民間組織で，企業の年次報告書（アニュアルレポート）とは別に，環境・経済・社会を軸にするサステナビリティレポートの作成開示を奨励し，その詳細なガイドラインを制定している。

また，この両者を折衷するような動きも見られる。たとえば，EU では，2003年の「会計法現代化指令」において，国際会計基準の採用を指示したことに加えて，必要な場合には環境や従業員に関する非財務の KPI (Key Performance Indicator) の開示を求めたのである。EU の「会計法現代化指令」は，第一義的には株主・投資家への情報開示の充実を目指すものであるが，環境や従業員に関する KPI レベルでの情報開示の要求は，将来のリスク情報というよりも，企業の環境や社会に関するパフォーマンス情報開示の要求であり，CSR 情報開示の側面を色濃く持っている。

このような欧米での動向を反映して，日本公認会計士協会は「経営研究調査会」の研究調査報告書を通して，日本企業に積極的な社会・環境情報の開示の必要性を主張している。日本でも，上場企業の多くは，「環境報告書」，「サステナビリティレポート」，「CSR レポート」などと呼ばれる報告書（以下では，「サ

ステナビリティレポート」と総称する）を作成しているが，法定書類である年次報告書（金融商品取引法で規定される有価証券報告書や，会社法で規定される計算書類や事業報告など）における社会・環境情報の開示は一般的とはなっていない。

本章では，非財務情報としての社会・環境情報の開示が進んでいる欧米の動向について，リスク情報としての開示を重視するアメリカ SEC の動向，企業の社会的責任の観点から情報開示を要求する GRI の動向，EU 指令において社会・環境に関するパフォーマンス情報の開示を求める EU の動向を中心に，社会・環境情報開示を要求する論理と実務動向を考察し，その発展の方向性を検討する。続いて，社会・環境情報開示の新しい動向として生じている統合レポーティング（Integrated Reporting）について検討し，今後の発展方向について考究する。最後に，このような欧米の動向から，日本の開示実務にどのような示唆が得られるのかを検討する。

第2節　SEC による社会・環境情報の開示要求

投資家に対する記述情報としての社会・環境に関する情報は，それが投資家の判断に影響すると考えられる場合には，当然のことながら開示が求められてきた。この面では，アメリカの規制が充実しており，SEC のレギュレーション S-K では，環境に関して，下記のような項目で開示が要求されている。
① 環境諸法令の遵守が資本支出，利益および競争上の地位に与える重要な影響の開示（Item 101: Business のセクション）
② 環境訴訟に関する開示（Item 103: Proceedings のセクション）
③ 環境に関するリスク要因（Item 503c: Risk Factor のセクション）
④ 環境に関して事業活動，流動性，資本源泉に影響を与える事象についての開示（Item 303: MD & A のセクション）

特にアメリカでは，スーパーファンド法に代表されるような，汚染者に対して懲罰的な賠償を求める法律が存在したため，環境リスクが高い業界にとっては，環境リスク情報の開示は必須であり，そのための解釈指針なども整備され

てきた歴史がある。最近では，環境問題の主要な関心は気候変動問題に移っており，SECはそれを反映して，2010年に「気候変動情報開示ガイダンス」を公表し，気候変動に関わる環境面での非財務情報開示の指針を発表した。このガイダンスは，新たな規定を追加するものではなく，既存のレギュレーションS-Kにしたがった記述情報開示において，気候変動の問題にどのように対処するかの指針を示したものである。SECは，今後，気候変動問題について，① 法律と規制の影響，② 国際協定，③ 規制やビジネストレンドによる間接的影響，④ 気候変動による物理的影響，が増加すると判断し，気候変動をめぐるそれぞれの状況の変化が，上記の4つの開示要求の中でどのように解釈されるべきか，どのような情報が開示されるべきかの解説を行っている。

　SECの「気候変動情報開示ガイダンス」は，新たな規則を導入するものではなく，既存の制度の中で，気候変動という重要性を増しつつある問題がどのように開示されるべきかを説明したものである。したがって，あくまでも気候変動問題が企業活動に重要な影響を与え，投資家の判断に影響する場合が，どのような状況かを特定することが目的である。後述するEUの規定のように，社会や環境に関するパフォーマンス指標の開示を求めるようなものではなく，あくまでも投資家に対するリスク情報の範囲内での開示要求である。しかし，投資家の判断に資するための情報開示とはいえ，その背景には，気候変動問題の深刻化があり，SECはこの問題に対して継続的に注意を払い，今後も指針の発行など整備を続けていくことを表明している。

　このような法規制の下でアメリカ企業はどのような環境情報を開示しているのであろうか。アメリカ企業の開示実態を調査するために，2010年のFortune売上高上位20社[1]について，SEC提出のアニュアルレポートであるForm10-Kを対象とし，レギュレーションS-Kにもとづいて環境情報の開示が規定されているBusiness, Risk Factor, Proceedings, MD & Aにおいて，どの程度環境情報が開示されているかについて，2010年10月1日時点で最新の報告書で調査したところ，何らかの環境情報を開示している企業は，20社中16社（80％）で，開示項目（記載箇所）の内訳は図表6-1のような結果であった。

図表6-1　アメリカ売上上位20社のForm10-Kにおける環境情報開示[2]

開示場所	Business	Risk Factor	Proceedings	MD & A
開示企業数	13社（65％）	11社（55％）	6社（30％）	4社（20％）

　これらの企業の開示は記述的な情報開示がほとんどで，重要な場合には，環境面への支出や債務に関する財務情報が開示されているが，環境に関するパフォーマンス情報はほとんど開示されていない。あくまでも，投資家に対する財務状況に関する影響の開示が主眼におかれている。産業別には，石油産業や自動車産業などは極めて多くの説明を環境問題に割いている。たとえば，エクソン社は，Businessのセクションにおいて，環境問題に関する重要性の指摘と環境保全への支出額を開示し，Risk Factorのセクションにおいては気候変動問題が事業に及ぼす影響について説明している。さらにMD & Aのセクションでは，「環境問題（Environmental Matters）」という見出しをつけて，さらに「環境支出」，「環境負債」，「資産除却義務」について小見出しをつけ，具体的な数字をあげて説明している。調査対象の報告書のほとんどは，SECの「気候変動情報開示ガイダンス」が公表される前のものであるため，今後はより一層の開示の充実が予想される。

　このようにSEC向けのForm10-K報告書においては，詳細な環境情報が開示されているが，企業のホームページなどで公開されているアニュアルレポートを見ると，環境情報を開示している企業はかなり少なく，上記20社の中で，アニュアルレポートでも環境情報を開示している企業は7社に過ぎない。これは，各企業が環境情報の開示をステイクホルダー一般に対する情報開示というよりも，SECの要請に対して開示するリスクに関する一種のネガティブ情報として捉えているためと解釈できる。

第3節　GRIによる社会・環境情報開示の要求

　1990年代を通じて，環境情報を中心にした社会関連情報報告の実務が発展し

環境報告書を作成する企業が国際的に増加したが,このような活動を民間ベースで標準化したのが1997年に結成された GRI (Global Reporting Initiative)であった。GRI は,「規模,セクターあるいは地理的条件を問わずあらゆる組織が利用できるサステナビリティ報告のための信頼できる確かな枠組みを提供すること」(GRI [2006], 2) を使命として,2000年に「サステナビリティレポーティング・ガイドライン」を発表した。GRI は,サステナビリティを経済,環境,社会の調和の取れた発展と理解する J. エルキントンが提唱する「トリプルボトムライン」の定義を採用し,環境情報だけではなく,労働慣行・労働条件,人権,地域社会や献金などの政治関連情報などの社会情報を加味したガイドラインを発表し,環境報告書からサステナビリティレポートへの展開を促進させた。

GRI ガイドラインは,法律的な裏付けを持たない民間ベースのガイドラインであるが,国連環境計画 (UNEP) が公式に支援したこともあって,2000年代を通じて,社会環境情報報告の国際的な標準原則の地位を獲得した。また,2000年代は EU において CSR が重視されはじめた時期でもあり,GRI が提唱した環境報告書から社会関連情報も含めたサステナビリティレポートへの発展は国際的な趨勢となった。GRI ガイドラインは2000年の発行以来6年間で3度改訂され,現在は4度目の改訂に着手しようとしている。以下では2006年に発行された GRI ガイドラインの最新版 (第3版:通称G3) について,内容を検討していくことにしたい。

GRI ガイドラインは,「報告書内容・品質・範囲の確定」についてのパート1と「標準開示」についてのパート2から構成される。パート1はGRIガイドラインの基本理念や原則を詳細に解説した部分で理論編に相当し,パート2では経済,環境,社会に関する具体的な指標が解説されている。さらに,各指標については詳細なプロトコルが付録として提供されている。

パート1では報告原則を,「組織が報告すべきテーマおよび指標を決定するための原則」と,「報告される情報の品質および適切な表現を確保するための原則」に区分している。後者は通常の会計原則と類似して,不偏性 (バランス),比較可能性,正確性,適時性,明瞭性,信頼性などの諸原則が解説されている

が，GRI ガイドライン特徴は前者の原則にある。

「組織が報告すべきテーマおよび指標を決定するための原則」とは，GRI ガイドラインの基本的な考え方を示す原則であり，企業がどのような情報をどのように開示すべきかの指針を示すものである。そこで示される具体的な原則は，(1)マテリアリティ，(2)ステイクホルダーの包含性，(3)サステナビリティ・コンテクスト，(4)網羅性の4つであるが，ガイドラインの骨格を決める重要な原則は最初の2つ，すなわち「マテリアリティ」と「ステイクホルダーの包含性」である。

マテリアリティとは，組織がどのような情報を開示すべきかを決定する際に依拠すべき原則で，GRI ガイドラインは，「報告書中の情報は，組織の重要な経済的，環境的および社会的影響を反映するテーマおよび指標，あるいはステイクホルダーによる評価および意思決定に実質的な影響を及ぼすであろうテーマおよび指標を網羅すべきである」(GRI [2006], 8) と定義している。サステナビリティに関する事項は極めて多数に及び，組織はそのすべてを開示することはできない。そこで，重要な情報を選択して開示すべきであると示したのがマテリアリティの原則である。

マテリアリティが報告内容を決める指針のような原則であるのに対して,「ステイクホルダーの包含性」は，マテリアリティをどのように決定するのかという側面についての原則である。GRI ガイドラインではこの原則を,「報告組織は，自身のステイクホルダーを特定し，そのステイクホルダーの妥当な期待事項および関心事項に対して，どのように対応したかという点を報告書内で説明すべきである」(GRI [2006], 10) と定義している。そして，その具体的な適用において，ステイクホルダー・エンゲージメントを推奨し，「ステイクホルダー参画プロセスは，ステイクホルダーの妥当な期待事項および関心事項を理解するためのツールとして機能する可能性がある」(GRI [2006], 10) と述べている。

すなわち，GRI ガイドラインは，サステナビリティレポートの内容の確定を組織に委ねる一方で，その判断基準としてマテリアリティの原則を提示し，マテリアリティを決定するための手段としてステイクホルダー・エンゲージメン

トを提唱しているのである。

　GRIガイドラインは，このような報告原則の解説に続いて，指標プロトコルとして，① 経済（9指標），② 環境（30指標），③ 労働慣行とディーセントワーク（14指標），④ 人権（9指標）⑤ 社会（8指標），⑥ 製品責任（9指標）の指標を列挙して解説している。これらの指標は，原則として開示することが望ましい中核指標と追加指標で構成されている。

　このようにGRIガイドラインは，サステナビリティレポーティングのための重要な指標群とそれを各企業が選別する基準の2つから構成された完成度の高いものであり，国際的に通用するサステナビリティレポートの基準として多くの企業に採用されている。

第4節　EUによる社会・環境情報開示の要求

　EUは2000年の「リスボン戦略」においてCSRを推進することに合意し，その後，さまざまな政策を展開して世界のCSRをリードしてきた。EUがCSRを重視する背景には，もともとヨーロッパが社会民主主義的な考え方が強い地域であったことが影響している。EUはCSRに関して，情報開示を含む，さまざま指針や提言を行っているが，法制面で社会・環境情報ディスクロージャーに影響を与えたのは，2003年の通称「会計法現代化指令」(Directive 2003/51/EC) である。その第14条では，下記のように，アニュアルレポートでの社会・環境情報の開示を求めている。

　　「アニュアルレポートは少なくとも，直面している主要なリスクと不確実性と共に，自社事業の業績及びポジションの発展に関する公正なレビューを含んでいなければならない。そのレビューは，当該企業の事業規模と複雑性に一致した，事業とポジションの発展と業績に関するバランスのとれた総合的な分析でなければならない。当該企業の発展，業績またはポジションの理解に必要な範囲内で，分析には財務のKPIと，適切な場合には事業に関連する非財務のKPIを含めなければならない。非財務のKPIには，

第6章 社会・環境情報開示の展開

環境問題及び従業員問題が含まれる」。

この指令で重要なことは,「当該企業の発展,業績またはポジションの理解に必要な範囲内で」という条件をつけながら,企業はリスクや不確実性に加えて,環境問題及び従業員問題のKPIの開示を求めていることである。これは,リスク情報という位置づけではなく,業績を理解する場合に,環境や従業員に関する非財務情報が必要という観点から制定されたものであり,企業の社会的責任の大きさを反映した開示要求であると考えることができる。そこには,EU憲章にもとづいて,投資家だけではないすべてのステイクホルダーを対象とした幸福の増進を追求するEUの姿勢を看取することができる。

EU指令は各国で国内法化することが要求されており,ヨーロッパ会計士連盟(FEE)の調査によると回答のあった21ヶ国のすべてで法制化されている。その中でも,イギリスにおいては,法制化をめぐって大きな議論を巻き起こした。イギリスは,当初,年次報告書における「営業・財務レビュー」(Operating and Financial Review: OFR)の公表を義務づけ,その中で社会・環境情報の開示も求める法案を成立させたが,その後すぐに撤回し,「2006年会社法」では,小規模会社以外の年次報告書における「取締役報告(Directors' Report)」の「ビジネス・レビュー」のセクションに,環境問題と従業員問題に関するKPIの開示を求めている。さらに,上場会社に対しては,必要な場合には,環境問題,従業員に加えて,社会およびコミュニティに関する情報を含めることも求められている。

このようにEUにおいては,アニュアルレポートにおける社会・環境情報の開示は,条件つきながら,法制化されており,それはリスク情報としてではなく,KPI情報として要求されているところが特徴である。ただし,どのような指標がKPIかは法律では規定されておらず,各国では参考ガイダンスが公表されている程度であるが,パフォーマンス指標として,環境や社会情報の開示を求めることは,それが企業目的の一部を構成することを意味するものであり,情報開示以上に,企業行動に影響を与えると考えられる。

このような要求が実際にどのように開示実務に影響を与えているかについ

第Ⅱ部　日本企業の持続的成長可能性と非財務情報開示のあり方

図表6-2　イギリス，ドイツ企業売上高上位20社のアニュアル
レポートにおける社会・環境情報の開示状況

事項	イギリス	ドイツ
人権	12（60％）	12（60％）
労働慣行	17（85％）	19（95％）
環境	19（95％）	17（85％）
公正な事業慣行	13（65％）	5（25％）
消費者問題	12（60％）	5（25％）
コミュニティ	18（90％）	14（70％）

て，イギリスとドイツのFortune売上上位20社[3]のアニュアルレポート（2010年10月1日時点で入手可能な最新のもの）を調査した結果が，図表6-2のとおりである。縦の項目は，2010年11月に発行された社会的責任に関するISO26000に規定されたCSRの中核的主題7つのうち，組織統治[4]を除く6つである。

図表6-2から明らかなように，イギリス，ドイツの双方において，環境および労働環境についてほとんどの企業が開示していることが分かる。イギリスではこれらの情報の多くが，「取締役報告」の中で開示されている。コミュニティに関しては，イギリス企業の開示がドイツ企業をかなり上回っているが，これは先に述べたイギリスの国内法の影響であると思われる。これらの情報開示は，記述情報だけでなく，KPIも一緒に開示されており，アメリカ企業のForm10-Kの情報開示とは際立った相違がある。

実際にどのような指標（KPI）が掲載されているのかについて，たとえば，イギリスの売上高1位のBP[5]は，① 人権関連指標（経営上層部に占める女性と外国人の比率），② 安全性関連指標（労働災害率，原油流出量），③ 従業員指標（従業員満足度，従業員数），④ 環境関連指標（温室効果ガス排出量）などをグラフ入りで開示している。他の企業も，さまざまなKPIをさまざまな方法で開示しており，そこに統一性は見られない。温室効果ガスの排出量であればある程度の比較可能性はあるが，従業員満足度調査の指標などは，各社が各様の調査

指標を採用しているので,そもそも比較可能性という概念に当てはまらない。温室効果ガスの排出量でさえ,測定方法や測定範囲を統一しなければ比較可能ではなく,現在の指標では正確な比較を行うことはできない。

しかし,見方を変えれば,欧州企業のアニュアルレポートに記載されている環境や社会に関するKPIは,他社との比較可能よりも,現在は同一企業における経年比較が重視されている。EU指令や各国国内法は,社会・環境情報の開示によって,企業に社会・環境面での目標設定を促す効果を持っており,それをアニュアルレポートで開示させることで企業活動は相当程度影響を受けると想定される。

もうひとつ重要なことは,社会や環境に関するパフォーマンス情報は,これまではサステナビリティレポートなどで開示されてきた情報に相当する点にある。これは,自主的な報告書の情報であった社会や環境に関するパフォーマンス情報が,法定報告書の制度的な要求事項に昇格したと見ることができる。したがって,今後の動向としては,アニュアルレポートとサステナビリティレポートの統合という考えが出てくるのは当然の帰結であり,現在の社会・環境情報の開示は「統合レポーティング」の方向へ向かっている。この点について節を改めて考察しよう。

第5節　「統合レポーティング」という新しい動向

「統合レポーティング」とは,アニュアルレポートとサステナビリティレポートの統合という開示媒体の統合という意味と,財務パフォーマンスと社会・環境パフォーマンスを企業経営の中で統合させるという2つの意味がある。統合レポーティングを率先して推進している組織として,イギリスのアカウンティング・フォー・サステナビリティ(Accounting for Sustainability: A4S)が重要である[6]。A4Sは,2006年にチャールズ皇太子の提唱により発足したプロジェクトであり,その後2008年に各国の会計士協会や監査法人,民間企業などが参画する形でフォーラムが結成された。A4Sの主要なミッションは,統合レポー

ティングの推進であり，そのためのガイダンスやケース・スタディ，研究報告などを発表している。

　Ａ４Ｓの統合レポーティングに関する見解も，微妙に変化しているが，現時点では，次の３つのステップで理解する立場を採用している (Hopwood *et al.* [2010], 43)。

第１ステップ：事業戦略とサステナビリティの統合
・企業経営および規制背景に重大な影響を及ぼす環境および社会面の動向分析
・環境および社会面の動向に対する事業活動や価値を創造する手法の意義の説明
・重要なサステナビリティの影響や問題と，企業目標の達成および採用された戦略の意義との結合

第２ステップ：KPIと行動
・個別の重要なサステナビリティの問題に対処するための行動
・会計方針や経営業績との関係を考慮したKPIの選択
・いかに経営が目指した結果をもたらしたのかに関する説明

第３ステップ：統合パフォーマンスレポート
・個々のKPIにおける実行可能で明確な目標
・基準，前年度，目標，業界，他のベンチマークに対する実績
・企業の実績との関係を説明するための個々のサステナビリティKPIと財務・経営業績評価
・目標や想定される結果に関するコメント

　ここに示されているＡ４Ｓの統合レポーティングに関する考え方は，単に情報開示レベルにとどまるのではなく，まず経営戦略において事業戦略とサステナビリティの統合を前提として，それを評価する指標（KPI）の構築，そして最終段階の「統合パフォーマンスレポート」の作成という情報開示の段階に到達することを目指している。そこでは，アニュアルレポートとサステナビリティ

レポートの統合という媒体レベルからの統合を目指すのではなく，事業戦略とサステナビリティの統合が果たされれば，必然的にアニュアルレポートが「統合パフォーマンスレポート」になるという道筋が想定されている。

このようなＡ４Ｓの考え方に共鳴する企業は増加傾向にあり，たとえばHSBC や BASF などは，アニュアルレポートの見出しに，Sustainability や Social and Environmental Performance という小見出しを入れて，両者を一体とした報告書をアニュアルレポートとして公表している。BASF は，アニュアルレポートにおいて，環境パフォーマンスとして，製品１トン当たりの温室効果ガス排出量，製品工程におけるエネルギー効率性の改善，原油製造工程におけるガス放出停止，化学工程からの汚染物質排出削減，有機物質，窒素，重金属に関わる水の排出削減，輸送事故の削減，リスクアセスメントに関する指標を，従業員と安全に関するパフォーマンスとして，時間当たりの労働災害率，上級管理職の国籍の多様性，上級管理職の女性比率，国際経験を持つ上級管理職の比率，国際的上級管理職へのフィードバック比率，グローバル従業員への調査結果などの指標を公表しており，同社のアニュアルレポートは，サステナビリティレポートとの統合レポートとして開示されている。

Ａ４Ｓはさらに，GRI や各国の会計士協会や，民間企業，NGO・NPO などと共に，International Integrated Reporting Committee（IIRC）を2010年８月に設立した。メンバーには国際会計基準審議会（IASB）の議長も名を連ねており，2011年中には「統合レポーティング・フレームワーク」を発表する予定であり，今後の動向が注目される。

統合レポーティングの動向は，その他にも広がりを見せており，アメリカではハーバード・ビジネス・スクールのR. G. Eccles と M. P. Krzus が，アニュアルレポートとサステナビリティレポートを統合したOne Report というコンセプトを発表しており，これは統合レポートと方向性を同じくするものである。また，気候変動情報を制度開示情報としてアニュアルレポート上で開示することを求める CDSB（Carbon Disclosure Standard Board）は2010年９月に「気候変動報告フレームワーク」を発表し，気候変動情報をアニュアルレポートで公

表するためのフレームワークを示した。これは，気候変動情報のみに特化したものであるが，環境情報開示における統合レポートを促進するイニシャティブとして注目される。さらに，前述したGRIの4回目の改定においても，統合レポートとの関係がひとつの焦点になる。

このように欧米の動向では，これまで独立して展開してきたアニュアルレポートでの社会・環境情報の開示と，自主的な報告書であるサステナビリティレポートでの開示を「統合」しようという動きが加速しつつある。これは，新たな展開というよりも，両者の開示実務の発展が必然的に次のステップとして「統合」の段階を迎えたと理解する方が妥当であると思われる。実際，統合レポーティングをめぐる議論は，統合レポートの是非を問うよりも，どの程度統合すべきかという程度の問題と理解した方がよいであろう。

第6節　日本への示唆：むすびにかえて

これまでの考察から，欧米では，社会・環境情報の開示は，財務報告書とは独立のサステナビリティレポート（環境報告書，CSR報告書）で開示されるのみならず，制度的な開示書類であるアニュアルレポートでの開示が増加・充実する傾向にあり，両者を統合した報告書を推進する動向が現れていることが明らかとなった。

また，アニュアルレポートにおける開示についてもアメリカのSECに典型的に見られるように環境問題をリスク情報として認識し，財政状態への影響の大きさを考慮して開示を促す場合と，EUの「会計法現代化指令」に見られるように，社会・環境パフォーマンスの開示に重点をおいた場合の2種類がある。しかし，いずれにしてもアニュアルレポートを媒体とした開示であることは同一であり（ただし，前述のようにアメリカではForm10-Kと各州会社法で規定されているアニュアルレポートの間で差異はある），制度的な情報開示の一環として，社会・環境情報の開示が促進される傾向にある。

一方，日本では，財務報告書とは別の自主的な報告書としてのサステナビリ

ティレポート(環境報告書,CSR報告書)での開示は,上場企業を中心に世界でも有数の普及を見せているが,制度的な情報開示の範囲では,環境情報開示に関する体系的な基準等はなく十分な開示は見られない。これは,欧米と日本では,アニュアルレポートに対する規制が異なることに起因している。日本では,前述のように上場会社に課せられる金融商品取引法上の開示書類と,会社法上の開示書類の間に大きな相違がある。日本企業の中には,金融商品取引法にも,会社法にも規定されない,独自の「アニュアルレポート」[7]を開示し,その中で社会・環境情報を開示している企業もあるが,これは法律的には自主的な報告書であり,制度開示の一環ということはできない。

　欧米において,アニュアルレポートにおいて社会・環境会計情報の開示が促進された背景には,SECの規制やEU指令とそれにもとづく国内会社法の改正があったが,日本の現状では会社法を改正して社会・環境情報を開示すべきという社会的要請はほとんどなく,その方向を望むのは現実的ではない。一方,日本の有価証券報告書は,近年弾力的運用の範囲が広がっているとはいえ,開示内容が細部まで規定されており,現状のままでは,リスク情報として開示することは可能であっても,EUのように社会・環境パフォーマンスの開示までを要求するのは無理がある。

　しかしながら,社会・環境情報の開示が,単独のサステナビリティレポート上だけでなく,アニュアルレポートとの統合情報開示が世界的な潮流になるとすれば,日本企業もその方向性への展開を考慮すべきである。ひとつの可能性は,任意開示情報として発行している「アニュアルレポート」の活用である。統合レポートのひとつの目標は,開示媒体の統合だけではなく,財務パフォーマンスと社会・環境パフォーマンスの統合であり,企業目標や戦略の中に社会や環境のターゲットを明確に位置付けることにあるので,その目標のためには,アニュアルレポートのような媒体で開示する必要がある。

　しかし,一方で日本では「アニュアルレポート」は任意開示書類で,制度開示とはいえない。この問題は,非常に大きく,その原因は金融証券取引法だけではなく,会社法にもある。会社法上で要求される株主への報告書類が世界標

準から見て，あまりにも簡素であり，実務上の対応も最低限度になっていることが原因であろう。この面については，現状では，法制度の改正よりも，実務上の工夫で問題の克服を考えることが現実的である。たとえば，現在任意に作成している「アニュアルレポート」を株主総会での書類として，事実上活用することは，それほど大きな改変を要求するものではない。実際に，サステナビリティレポートを株主総会で配布する企業も多く存在する。重要なことは，開示媒体の問題だけではなく，企業目的に，社会・環境目的も統合することであれば，このような方向性は十分に考えることができ，事実上の株主総会の書類とすることで，社会的な批判の場に提供したと言うこともできるのである。

日本でも，武田薬品工業や日東電工のように，「アニュアルレポート」とサステナビリティレポートを統合している企業も出現している。しかし，その注目度や企業経営に対するインパクトも高くないのは，日本における任意開示書類としての「アニュアルレポート」の地位の低さに起因していると考えられる。しかし，現状の有価証券報告書に，EUで実施されているような社会・環境パフォーマンスを盛り込むことの是非については，国民的合意がすぐに得られないと思われるので，自主的な開示書類である「アニュアルレポート」を事実上の企業の公式報告書の地位にまで向上させることが，日本における統合レポートを推進する第一歩になると思われる。このことは，社会・環境情報の開示だけでなく，日本における記述情報開示一般についても妥当すると考えられる。

【謝辞】　本研究にあたっては，経済産業省経済産業研究所および科学研究費補助金基盤研究A（課題番号：21243031）から支援を受けた。

注
（1）　対象企業は以下の20社である。Wal-Mart Stores, Exxon Mobil, Chevron, GE, Bank of America, ConocoPhillips, AT&T, Ford, J.P.Morgan & Chase, HP, Berkshire Hathaway, Citigroup, McKesson, Verison Communications, GM, AIG, Cardinal Health, CVS Caremark, Wells Fargo, IBM
（2）　ただし，財務諸表の注記情報としてのみ，訴訟関係が開示されている場合はここに含

第6章 社会・環境情報開示の展開

めていない。
（3） 対象企業は以下の20社である。イギリス企業：BP, HSBC, Lloyds Banking Group, Aviva, Royal Bank of Scotland, Tesco, Prudential, Vodafone, Legal & General Group, Barclay, GlaxoSmithKline, Rio Tinto Group, Centrica, Scottish & Southern Energy, Old Mutual, BT, Astra Zeneca, J.Sainsbury, BAE Systems, Standard Life。ドイツ企業：Volkswagen, Allianz, E.ON, Daimler, Siemens, Metro, Deutsche Telekom, Munich Re Group, BASF, BMW, Deutsche Post, RWE, Deutsche Bank, ThyssenKrupp, Robert Bosch, Bayer, Deutsche Bahn, DZ Bank, Commersbank, Franz Haniel。
（4） 組織統治は，CSRにとどまらず，一般的なガバナンスの事項も含まれるため，ここでは対象にしなかった。
（5） BPの報告書は2009年版で，2010年に発生したアメリカ原油流出事故以前である。
（6） A4Sは当初は，connected reportingという用語を使用していたが，最近はintegrated reportingという用語を多用するようになっている。両概念は明確に区別されていないため，本稿では，どちらの英語に対しても「統合レポーティング」の訳語をあてている。
（7） 以下では，法律の要求ではない自主的な年次報告書のことを「アニュアルレポート」とカッコつきで表記する。

〈参考文献〉
日本公認会計士協会 2006『投資家向け情報としての環境情報開示の可能性』日本公認会計士協会（経営研究調査会研究報告第27号）。
日本公認会計士協会 2007『我が国における気候変動リスクに関わる投資家向け情報開示—現状と課題—』日本公認会計士協会（経営研究調査会研究報告第33号）。
日本公認会計士協会 2008『気候変動リスクに関する投資家向け開示フレームワークの現状と方向性』日本公認会計士協会（経営研究調査会研究報告第34号）。
日本公認会計士協会 2009『投資家向け制度開示書類における気候変動情報の開示に関する提言』日本公認会計士協会。
水口剛 2010「非財務情報開示の国際的潮流—IASBによる検討とその背景—」『年金と経済』第29巻第1号，19-24。
水口剛編 2011『環境と金融・投資の潮流』中央経済社。
水口剛・國部克彦 2010「責任投資を支援する財務報告システム—非財務情報を中心にして—」日本会計研究学会特別委員会『環境経営意思決定と会計システムに関する研究（最終報告書）』所収。

第Ⅱ部　日本企業の持続的成長可能性と非財務情報開示のあり方

Accounting for Sustainability, *Connected reporting: A practical guide with worked example*, Accounting for Sustainability, 2009.

CDSB, *Climate Change Reporting Framework- Edition 1.0*, Climate Disclosure Standards Board, 2010.

Eccles, R. G. and Krzus, M. P., *One Report: Integrating Reporting for a Sustainable Strategy*, Wiley, 2010.

EU, *Directive 2003/51/EC of the European Parliament and of the Council of 18 June 2003 Amending Directive 78/660/EEC, 83/349/EEC and 91/674/EEC on the Annual and Consolidated Accounts of Certain Types of Companies, Banks and Other Financial Institutions and Insurance Undertakings*, European Parliament and Council, 2003.

FEE, *Discussion Paper: Sustainability Information in Annual Reports – Building on Implementation of the Modernisation Directive*, Fédération des Experts Comptables Européens, 2008.

Hopwood, A., J. Unerman, and J. Fris, *Accounting for Sustainability: Practical Insights*, Earthscan, 2010.

IASB, *IFRS Practice Statement: Management Commentary – A Framework for Presentation*, International Accounting Standards Board, 2010.

GRI, *Sustainability Reporting Guidelines*, Global Reporting Initiatives, 2006.

SEC, *Commission Guidance Regarding Disclosure Related to Climate Change*, Securities and Exchange Commission.

第7章　CSR・環境情報開示の意義と開示実態

久　持　英　司（青山学院大学）

第1節　は じ め に

　近年，従来までの財務諸表をはじめとしたいわゆる財務情報にはさまざまな意味において限界があると認識されるようになってきており，そうした中でCSR（Corporate Social Responsibility：企業の社会的責任）・環境情報といった企業情報の開示が必要とされはじめている。これは，環境問題や社会問題に対する意識や規制の高まりに加え，企業の社会貢献活動や環境面に関する情報等が財務諸表本体を補足および補完し，かつリスクマネジメントや企業イメージの観点をも通じて，企業の将来の成果を予測することに資するという意味で，CSR・環境情報の重要性が高まってきたと考えられるようになったためである。本章では非財務情報について扱う中で，とくにわが国における非財務情報としてのCSR・環境情報の開示について論じる。

第2節　非財務情報としてのCSR・環境情報の意義

　ここではいくつかの用語とその関係について明確にしておきたい。まず本章ではCSR・環境情報について「当該年度の企業の外部における，CSRおよび環境問題を対象とする開示情報である」と定義する。
　また，こうして開示されるCSR・環境情報には，いわゆる伝統的な財務会計における記録・測定・伝達の方法等を用いた伝統的会計理論・会計制度アプローチから把握できるものと，会計学の考え方を援用しつつも，伝統的な会計

理論とは異なった視点から CSR および環境問題についてとらえようとする非伝統的会計理論アプローチから把握できるものとがある[1]。前者は事業報告・財務報告にて開示がなされ，このアプローチにおいてはたとえば引当金や偶発負債として環境問題に関わる負債を計上もしくは注記する実務や，近年における排出量取引や資産除去債務に関する会計基準などが議論の対象となる。後者は CSR 報告書や環境報告書等の名称を付した，財務報告書以外の各種の報告書等により開示される。環境会計を社会関連会計の発展形態として位置づける考え方をはじめ，環境省による『環境会計システムの導入のためのガイドライン』（『環境会計ガイドライン』）などに基づいて環境報告書を作成する実務もこれに入る。もちろん，こうした CSR・環境情報のすべてが開示されているわけではない。

　さらに本節では，事業報告と財務報告という用語を同じものとして扱っている。すなわち，事業報告は「企業についての資本配分の意思決定を行う利用者に役立つように企業が提供する情報」で「多くの異なる要素を含むものであり，財務諸表もかかる要素の1つである」（AICPA [1994], 2；訳書, 30）とするものであり，一方，財務報告は「財務諸表のみならず，会計システムによって提供される情報…（中略）…と直接または間接に関連する情報を伝達するためのその他の手段も含まれる」（FASB [1978], par.7；訳書, 13）ということから，いずれも財務諸表より幅広い情報開示の方法としてとらえられる。ただし財務報告では財務諸表がその中心をなす[2]ということでもあり，財務諸表本体との関連性がきわめて高い，または直接的な関連性を有するという意味合いが強いとも考えられるが，本章では同じものを示しているものとする[3]。

　これに加えて，財務報告として開示するか否かという問題とは別に，企業が開示する情報は財務情報と非財務情報に分かれることになる。本章では，非財務情報の1つして CSR・環境情報を扱っているが，ここで非財務情報とはいわば財務諸表外情報，すなわち財務諸表本体（および注記）には掲載されていない情報[4]としてとらえているのであり，これは開示しているのが財務報告という形であるのか，それとも別の媒体であるかを問わない。したがって必ずし

も金額を付した情報を除いた情報という意味を持っているわけではない。また，財務情報とは，財務諸表本体（および注記）に掲載されている情報であるとする。したがって金額情報であっても，財務諸表本体および注記に掲載されていない情報は非財務情報として扱う。そこで財務諸表外情報としてCSR・環境情報を考える限りにおいては，たとえば環境負荷を低減させるためのコストといった情報も，財務諸表本体に掲載されていなくともCSR報告書や環境報告書といった名称による報告書等において開示されていれば，非財務情報としてのCSR・環境情報に含まれるものとしている。

しかし「非財務情報としてのCSR・環境情報」と述べる以上，現在，財務諸表に掲載されている情報にはCSR・環境情報が存在しないのであろうか。また現在，非財務情報として扱われているあるCSR・環境情報が将来，仮に財務諸表に掲載されることになれば，その情報はCSR・環境情報ではなくなるのであろうか。すなわち，財務情報としてのCSR・環境情報というのは理論的に存在しえないのであろうか。このような混乱は，財務諸表に掲載する情報か否かという考え方と，CSR・環境情報であるか否かという相違する考え方を同じ次元で考えるために生じる。つまり財務諸表の構成要素の定義に合致すればその情報は財務情報として財務諸表本体に掲載され，また財務諸表本体の追加情報として財務諸表本体の明瞭性を高めるための注記になるということであって，その情報がCSR・環境情報であるか否かは掲載箇所とは関係がないのである。

そこで，正確に述べれば財務情報にもCSR・環境情報は含まれうるし，非財務情報にもCSR・環境情報が含まれうる。とくに小川「2009」での実態調査にあるように財務情報に相当する環境情報は数多く財務諸表に掲載されており，また現行の制度会計においても環境問題に関連する事項がいくつも扱われている[5]。

これらの関係を図示すると図表7-1のようになろう。

図表7-1において各領域は固定されているわけではなく，その外延が拡大することもある。たとえば財務情報の外延は，あるCSR・環境情報が新たに

第Ⅱ部　日本企業の持続的成長可能性と非財務情報開示のあり方

図表7-1　CSR・環境情報と，財務報告，財務情報および非財務情報等との関係

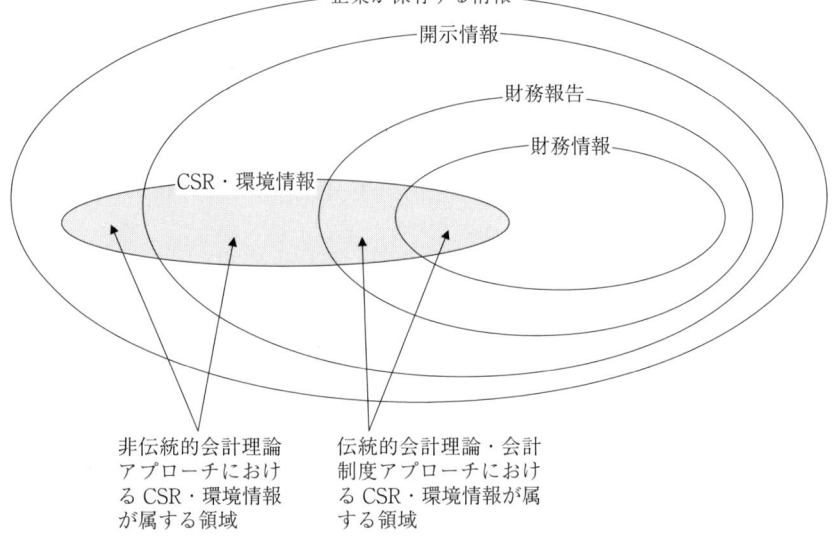

（階層構造の図：外側から内側へ）
- 企業が保有する情報
- 開示情報
- 財務報告
- 財務情報
- CSR・環境情報（楕円）

非伝統的会計理論アプローチにおけるCSR・環境情報が属する領域

伝統的会計理論・会計制度アプローチにおけるCSR・環境情報が属する領域

（注）財務情報の括りを除く箇所はすべて非財務情報を表すものとする

財務諸表の構成要素としての定義を満たすと考えられるようになったり，財務諸表本体を補完するための情報として注記に記載が必要となったりすれば，拡大することになる。また財務報告の外延も，企業のさまざまな側面についてより理解するために，財務諸表からだけでは把握しきれない補足情報を提供することがさらに必要となるにしたがって拡大することになろう[6]。さらに財務報告の外延の拡張に関してはEBR（Enhanced Business Reporting：エンハンスト・ビジネス・レポーティング）に関する議論も行われている[7]。また，企業自身がこれまでは開示していなかった内部情報を新たに開示することが望ましいと考える場合には開示情報の外延が広がる。そしてCSR・環境情報に関する考え方の進展によっては，CSR・環境情報の領域も拡大するであろう。

むろん，財務報告が企業による開示情報とイコールであるという前提をおく

こ␣とも可能である。この場合には，財務報告の（想定されている）主たる利用者が両者で一致していると理解することになり，また，個々の利用者内の有する関心も一致している必要がある。逆に，複数の利用者層において関心を有する領域が同じであれば，利用者別に想定を行う必要はなくなる。また図表7－1のように，財務報告＜開示情報，とするのであれば，両者の利用者が異なるか，その関心が異なるからと説明できる。企業ウェブサイトに掲載されている情報には「株主・投資家向け」とするページがあるため，企業ウェブサイトによる開示情報は，たとえば顧客や取引先といった，株主・投資家以外の利用者を含めて想定しているのは明らかである。したがって現状では企業による開示情報の範囲を財務報告の範囲よりも広くとらえることが適切であると考えられる。

第3節　CSR・環境情報を開示する意義

それではなぜ企業はCSR・環境情報を開示する必要があるのだろうか。伝統的に外部報告会計としての財務会計においては，本源的機能として受託責任（スチュワードシップ）および会計責任（アカウンタビリティ）の遂行機能，また社会的機能として意思決定の支援機能および利害調整機能があるとされる[8]。すなわち財務会計を成立させるために必要であるのが受託責任および会計責任という概念とその遂行であり，会計が成立した上で，会計を通じて組織は情報利用者の意思決定にとって有用な情報を提供し，また各種ステークホルダー（利害関係者）の利害調整に資するといわれている（図表7-2参照）[9]。

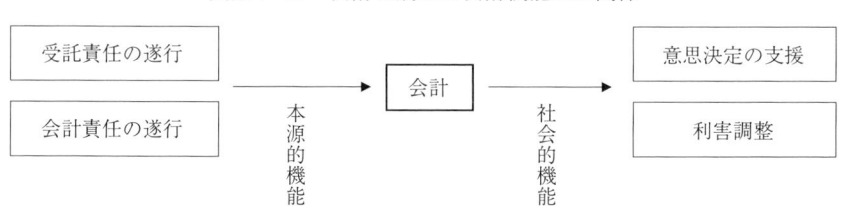

図表7-2　会計の成立と会計機能との関係

受託責任の遂行			意思決定の支援
会計責任の遂行	本源的機能 → 会計 → 社会的機能		利害調整

第Ⅱ部 日本企業の持続的成長可能性と非財務情報開示のあり方

　CSR・環境情報の開示においても（伝統的会計理論・会計制度アプローチが伝統的な会計理論と結論が同じになるのは自明かも知れないが），これまで数多くの研究で環境会計の機能ないし目的について議論がなされてきた。すなわち，受託責任および会計責任を一括してとらえたアカウンタビリティの遂行機能（およびそれに類似した，企業の正統性の確立機能）と意思決定の支援機能といった点を CSR・環境情報の開示が成立する根拠として検討されたのである。その多くは，伝統的な会計理論と同様に，アカウンタビリティの遂行が意思決定の支援機能よりも先んじて，CSR・環境情報の開示の機能として存在すると論じている（図表7-3参照）。

　また非伝統的会計アプローチについては，伝統的なアカウンタビリティの概念を拡充し，自然環境等の利用の委託を（事実上）受けているエージェントたる組織が，委託したプリンシパルたる社会や自然（あるいはその構成員もしくは利用者たる人々）に対して，遂行すべきアカウンタビリティがあるとする。これを社会的アカウンタビリティもしくは環境アカウンタビリティと呼んでいる。そして，情報利用者の意思決定にとって有用であるかどうかについて議論する前に，環境アカウンタビリティ等が存在しなければ情報提供義務と情報受託権利が確立しないことになるという[10]。

　こうして，アカウンタビリティの遂行という点においては，たとえば向山（[2003], 110）でも述べているように，情報作成者は CSR・環境情報を当然に提供しなければならないという立場におかれる。また，社会から自社の存在の

図表7-3　CSR・環境情報開示の成立と環境会計の機能との関係

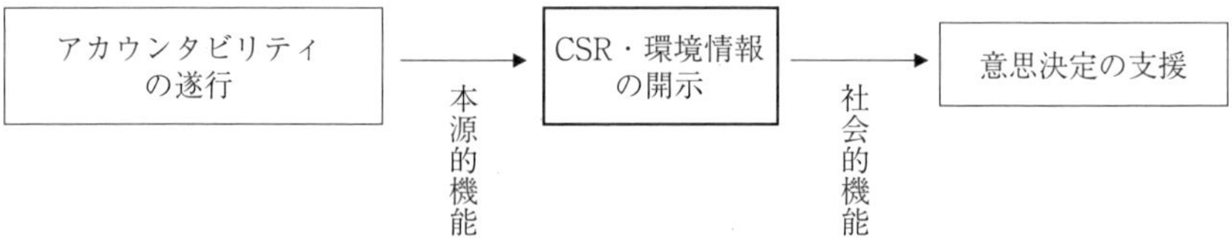

アカウンタビリティの遂行 ──本源的機能→ CSR・環境情報の開示 ──社会的機能→ 意思決定の支援

正統性を得るためにも，経営戦略として（やむを得ずという形であっても）CSR・環境情報を提供しなければならないであろう[11]。それでは，何らかのCSR・環境情報を開示する必要があるとして，情報作成者である企業は，詳細な開示項目にまで及ぶような規制のない場合には，情報利用者たるステークホルダーの意思決定に有用であると考えられるCSR・環境情報としてどのような情報を開示するのだろうか。

　企業における社会や環境の側面を考慮する企業経営者およびステークホルダーの考え方について，これを企業の経済的な利益との関係から見ると，理論的には5つに分類することができよう[12]。すなわち，① 企業の経済的な利益に基づいてのみ考え，社会および環境の側面についてまったく考慮に入れない段階，② 企業の社会および環境の側面について考慮するが，経済的な利益との関連性を見い出さない段階，③ 企業の社会および環境の側面に配慮することによって経済的な利益を得られるとする段階，④ 企業の経済的な利益と，社会および環境の側面はいずれも同等に配慮する必要があり，かつ互いに影響を与え合うとする段階，⑤ 経済的な利益と，社会および環境の側面はそれぞれ企業価値全体を構成する要素であるが，社会および環境の側面のほうが優先され，経済的な利益の要素が減少しても社会および環境の側面が向上することによって企業価値全体が高まればよいとする段階，である。

　ここで以前に同様の議論を行った[13]が，開示項目について強制されていない場合には，企業は組織である以上，上記の⑤の段階にまでは至っていない現状では自社の経済的な利益に資する，またはこれを毀損しないと考える限りにおいてCSR・環境情報を開示することになると考えられる。すなわち，開示されたCSR・環境情報を利用して組織化されたステークホルダーは自己の経済的な利益を追求するための行動を採ることを通じて，また個人のステークホルダーも同様に開示されたCSR・環境情報を利用し個人的な価値観にしたがった行動を採ることを通じて，企業の経済的な利益を増加させることになると考えられるのである。

第4節　財務報告における非財務情報としてのCSR・環境情報

続いて本節では，図表7-1に示した領域のうち，財務報告の枠組みにおける非財務情報としてのCSR・環境情報の実態とそのあり方について述べていく。

まずわが国における環境情報の開示実態について，久持［2008］による調査結果をここであげる。この調査では平成18（2006）年12月末日時点で東京証券取引所（東証）一部に上場していた企業1,681社（監理ポストを除く）の直近の決算期における有価証券報告書（合併等の関係でEDINETに直近の決算期の有価証券報告書を掲載していない6社を除く）を用いている[14]。それを有価証券報告書における項目別に示すと，以下の図表7-4から図表7-9のとおりとなる。

図表7-4　「業績等の概要」における環境情報の内容

内　容	件　数[15]
具体的な環境負荷低減の方法について（ゼロエミッション，グリーン調達，レスポンシブル・ケアなど）	34
環境マネジメントシステムについて（ISO14001など）	23
一般的な表現をしているもの（「環境に配慮しています」など）	19
行動憲章や経営理念などとして言及しているもの	8
財務諸表に計上した財務的な環境情報について	8
環境報告書（CSR報告書含む）について	5
環境面における事故・訴訟について	3
その他	4
合　計	104

第7章　CSR・環境情報開示の意義と開示実態

図表7-5　「対処すべき課題」における環境情報の内容

内　容	件　数
具体的な環境負荷低減の方法について（ゼロエミッション，グリーン調達，レスポンシブル・ケアなど）	100
一般的な表現をしているもの（「環境に配慮しています」など）	93
環境マネジメントシステムについて（ISO14001など）	88
行動憲章や経営理念などとして言及しているもの	52
環境経営について言及しているもの	27
環境報告書（CSR報告書含む）について	13
環境面における事故・訴訟について	4
その他	10
合　計	387

図表7-6　「事業上のリスク」における環境情報の内容（リスクについて）

内　容	件　数
規制の強化について（「新しい規制」「規制の厳格化」「改廃」など）	197
環境汚染について（「想定外の事象」「事故」「環境への影響」など）	77
規制を遵守できない可能性について（「違反」「対応できない」など）	60
現行規制の遵守にコストがかかることについて	20
過去もしくは現在の環境汚染・規制違反について	16
訴訟や制裁を受ける可能性について	15
社会が求める責任が高まる可能性について	13
規制が事業に与える影響について（「リコール」「取引先との関係」「規制に沿った製品を投入できない」「代替品が見つからない」など）	8
上記以外に現在規制や責任が存在することについて	13
その他	9
合　計	428

図表7-7 「事業上のリスク」における環境情報の内容（リスク以外について）

内　容	件　数
具体的な環境負荷低減の方法について（ゼロエミッション，グリーン調達，レスポンシブル・ケアなど）	41
環境マネジメントシステムについて（ISO14001など）	32
行動憲章や経営理念などとして言及しているもの	18
一般的な表現をしているもの（「環境に配慮しています」など）	3
財務諸表に計上した財務的な環境情報について	3
環境報告書（CSR報告書含む）について	2
合　計	99

図表7-8 「財政状態及び経営成績の分析」における環境情報の内容

内　容	件　数
財務諸表に計上した財務的な環境情報について	25
一般的な表現をしているもの（「環境に配慮しています」など）	16
行動憲章や経営理念などとして言及しているもの	8
具体的な環境負荷低減の方法について（ゼロエミッション，グリーン調達，レスポンシブル・ケアなど）	7
環境マネジメントシステムについて（ISO14001など）	5
環境報告書（CSR報告書含む）について	2
その他	4
合　計	67

第7章 CSR・環境情報開示の意義と開示実態

図表7-9 「コーポレート・ガバナンスの状況」における環境情報の内容

内　容	件　数
行動憲章や経営理念などとして言及しているもの	68
環境マネジメントシステムについて（ISO14001など）	61
社内の委員会等による活動・担当領域について	59
一般的な表現をしているもの（「環境に配慮しています」など）	47
具体的な環境負荷低減の方法について（ゼロエミッション，グリーン調達，レスポンシブル・ケアなど）	27
環境報告書（CSR報告書含む）について	15
環境経営について言及しているもの	7
その他	4
合　計	288

　この調査結果を総括すると，非財務情報の環境情報として多いのは，環境負荷低減のための具体的な活動についての説明である。これによって企業の環境に関する側面についてはある程度理解することが可能であるが，企業の経済的な利益との関連性については見い出すことができない。またISO（International Organization for Standardization：国際標準化機構）によるISO14001を取得した旨や，行動憲章や経営理念において環境問題に取り組む旨についての記述，さらには「環境に配慮しています」「CSRに取り組みます」といった一般的な表現も多く，企業の環境に関する側面についてさえ断片的な情報しか得られない状況にある。したがって，わが国の有価証券報告書における非財務情報の環境情報の特徴をあげるとすれば（本調査では自社製品およびサービスに関する環境情報については調査を行っていない点に留意する必要があるものの），リスク情報としての環境規制等に関する情報の開示を除けば，企業の経済的な利益との関連性をほとんど読み取ることができないことにあるといえよう。

　ここで参考になるのが，IASB（International Accounting Standards Board：国際会計基準審議会）による2010年12月8日に公表された実務意見書『経営者に

よる説明』[16]である。これは MD & A（Management's Discussion & Analysis：経営者による討議と分析）等として各国において MC（Management Commentary：経営者による説明）の作成を要求されている企業向けに，枠組みとベスト・プラクティスを提供するものである。

同意見書ではベスト・プラクティスとして，MC の要素として，(a)事業の性質，(b)経営者の目標および戦略，(c)最も重要な資源，リスクおよび諸関係，(d)事業の顛末および見通し，(e)目標に対する実績を評価するために用いる業績測度および業績指標，の5つをあげて説明している[17]。このうち CSR・環境情報として記載がなされる可能性があるものとしては，(a)の例としてあがっている，自社および事業展開をしている市場に影響を与える，法律，規制およびマクロ経済に関する状況に関する分析[18]や，(b)における，市場の近況やそれによる脅威・機会[19]がある。また(c)においてであるが，リスクについては，存在するリスク，リスク対応策，対応策の有効性の開示が関連するであろうし[20]，さらにここではとくに優先順位の高いリスクを記述し，現在と将来の影響も開示することになる[21]。また諸関係とは，ステークホルダーとの重要な関係を意味し，その関係が自社に与える影響や，その関係に関する対応方法を開示することになる[22]。さらに(d)には，将来の業績および経営者による見通しを示す指標となるような非財務業績も含まれ[23]，また非財務的な目標を開示することで，経営者が将来へ向けての戦略をどのように実施するかを利用者が理解できる[24]と述べている。

また日本公認会計士協会も気候変動情報に限定しているものの，2008年6月に経営研究調査会研究報告第34号『気候変動リスクに関する投資家向け開示フレームワークの現状と方向性』を公表している。ここではリスク（規制リスク，物的リスクおよび市場・評判リスク）と機会，温室効果ガス排出量等の実績情報，排出量マネジメントとリスク対応といった情報について，財務報告制度における開示の必要性を検討している。

第5節　財務報告外の開示情報における非財務情報としての CSR・環境情報

本節では，図表7-1に示した領域のうち，財務報告の枠組みの外における開示情報としての非財務情報のCSR・環境情報について述べていく。財務報告の枠組み外でCSR・環境情報を開示する媒体としては，主にCSR報告書や環境報告書等があげられる。

CSR・環境報告書の作成に関する実態を示す一端として久持［2010］での調査を抜粋する。この調査では2009年3月末時点における東証一部上場企業1,700社における2008年版（報告書タイトルに「2008年」と記載のある，または報告対象期間が2007年内から始まるもの）のCSR・環境報告書について調査をしている[25]。CSR・環境報告書をホームページに掲載していた企業数を示すと図表7-10のとおりとなる。なお図表7-10の分類は，EDINETの大分類によっている。

またCSR報告書に掲載されている開示内容のトレンドについて，新日本有限責任監査法人（[2009]，106-138）で次のような項目をあげている。
・CSRの考え方

図表7-10　CSR・環境報告書のホームページ掲載企業

(単位：社，カッコ内は業種内での割合)

業　種	企業数	業　種	企業数
農　業	0（0％）	金融保険業	24（19.7％）
漁業及び林業	4（80.0％）	不動産業	5（11.6％）
鉱　業	7（53.5％）	運輸通信業	34（39.1％）
建設業	45（46.9％）	電気，ガス，水道業	17（100％）
製造業	429（50.5％）	サービス業	22（12.0％）
卸売業，小売業	56（19.9％）		

（注）　合計643社（37.8％）（うち，製造業66.7％，非製造業33.3％）[26]

第Ⅱ部　日本企業の持続的成長可能性と非財務情報開示のあり方

・コーポレート・ガバナンス
　　コーポレート・ガバナンスの考え方と体制
　　内部統制の整備
　　ガバナンスの透明性を確保するための仕組み
・コンプライアンス
　　コンプライアンス推進体制
　　「企業倫理綱領，コンプライアンス・マニュアル」などの策定
　　コンプライアンスの「意識調査，浸透度調査」
・リスクマネジメント
　　リスクマネジメント体制の整備
　　リスクの洗い出しと評価
　　事業継続管理と事業継続計画
　　情報に関わる管理体制
　　知的財産保護に関わる管理体制
・品質・製品安全
　　製品・サービスの品質保証体制の掲載
　　サプライチェーン全体の品質マネジメント
　　顧客ニーズの監視体制と事業活動へのフィードバック体制
　　製品・サービスについての適正な表示
　　ユニバーサルデザインについて
・環境
　　環境対策
　　総量による温室効果ガス排出量削減の中・長期目標
　　京都メカニズム・排出量取引活用事例
　　エネルギー使用量および温室効果ガス排出量に関わる指標
　　物流における取組み
　　ライフサイクルでの環境負荷
　　化学物質管理の状況

資源循環への取組み
　　　生物多様化への対応
・CSR 調達と持続可能な原材料調達
・雇用・労働安全衛生
　　　多様性への配慮
　　　ワークライフバランスへの取組み
　　　人権課題
　　　労働安全衛生
・社会貢献活動
　　　社会貢献活動に対する取組み姿勢や考え方
　　　社会貢献活動の内容や手法
　　　社会貢献活動の費用
　このように現状ではさまざまな情報がわが国の CSR・環境報告書に記載されているが，こうした報告書はなんらかのガイドラインを参考にしているという。先にあげた実態調査によると，そのほとんどは環境省による『環境報告ガイドライン2007年版』（もしくは『環境報告書ガイドライン2003年度版』），あるいは GRI（Global Reporting Initiative：グローバル・レポーティング・イニシアティブ）が2006年に公表した『GRI ガイドライン第3版』（もしくは2002年公表の同第2版），もしくはその両方を参考にしたと述べており，これらのガイドラインにおいては報告書に開示が望まれる事項について列挙している。

第6節　統合的レポーティングに向けて

　本章での課題の1つが，財務情報と非財務情報との統合的レポーティングをいかに行いうるかという点にある。情報作成・開示コストと作成・開示によるベネフィットとを対比して考えると，とくにベネフィットの面の測定がかなり困難である以上，可能であれば情報の作成・開示コストを引き下げる必要があろう。そのためには統合的なレポーティングについて検討する必要が出てくる。

本章の図表7-1に関連づけた形でCSR・環境情報について述べるならば，財務報告の枠組みの中における非財務情報と財務情報との統合的なレポーティングと，財務報告の枠組みの外にある非財務情報をも含めた意味での統合的なレポーティングとが考えられる。

まずは，現に財務報告の対象となっている情報についての統合的なレポーティングである。方向性の1つとしては，図表7-1における財務情報の外延を拡張することということが考えられよう。前述した久持［2008］での有価証券報告書における実態調査においては，図表7-11，7-12にあるように，いわゆる重要性の原則とは関係なく環境情報が財務諸表上に独立して計上されている例が多かった。調査対象とした年度には多くの企業がPCB（ポリ塩化ビフェニル）廃棄物の処理などに備えて環境対策引当金を計上しており，この年度に特有の状況かも知れないが，従来までは企業として把握していながら，金額としての重要性が低いとの理由から財務諸表等に記載されることになかった，あるいは非財務情報として開示していたCSR・環境情報を財務情報として開示する方法の1つといえよう。

もう1つの方向性としては，厳密な意味では財務情報と非財務情報との統合にはあたらないが，非財務情報を金額に換算した上で，金額情報として財務情報と非財務情報の関連性をより明確にするという方法である。これについては内容が重複するので次の財務報告の枠組み外における非財務情報と財務情報との統合において述べる。

次に財務報告の枠組みの外にある非財務情報をも含めての統合的なレポーティングについてである。こちらに関しては，統合的という用語にさらに2つの意味がある。1つは異なる報告書および報告媒体を統合し，単一の報告書とすること[27]，いま1つはこれに加えて，前述したように財務情報と非財務情報とをいずれも金額情報として両者の関連性の明確化を図ること，である。

前者については，財務報告の外延の拡大という方向が行われている。これは有価証券報告書の「事業上のリスク」の項目をはじめとする制度開示において，リスク情報としてのCSR・環境情報の開示が現になされているところである。

図表7-11　連結貸借対照表における環境情報（環境対策関係の引当金）

内　容	件　数
固定負債（10％以上）内で独立表記	4
固定負債（1％以上）内で独立表記	15
固定負債（1％未満）内で独立表記	23
固定負債の「その他」に含まれているもの	1
流動負債（1％未満）内で独立表記	3
合　計	46

図表7-12　連結損益計算書における環境情報（環境対策関係の費用）

内　容	件　数
特別損失（10％以上）内で独立表示	33
特別損失（1％以上）内で独立表示	12
特別損失（1％未満）内で独立表記	2
特別損失の「その他」に含まれているもの	1
営業外費用	2
売上原価	2
合　計	51

　また，IASBによる実務意見書『経営者による説明』が公表されており，日本公認会計士協会からも研究報告等が示されていることから，これらも指針としての役割を有するであろう。また，さらに抜本的な統合方法として，たとえば英国のアカウンティング・フォー・サステナビリティ（Accounting for Sustainability）による統合レポートプロジェクト（Connected Reporting）があげられる。ここで示された指針では，最終目標として年次報告書に持続可能性に関する影響と関連する財務情報および非財務情報といったCSR・環境情報を統合することをあげている[28]。

こうした財務報告の拡張による解決という動きに対して，両者の報告媒体を統合するばかりでなく，CSR・環境情報（および知的資産情報）が財務情報に影響を与える起因率を求め，財務情報と統合させることによって企業価値を求める，とする提案もなされている。これが日本会計研究学会特別委員会［2009, 41ff.］におけるコックピット・モデルである。このモデルではCSR・環境情報に関しては気候変動因子と社会因子を求め，たとえば二酸化炭素の削減率等に応じてスコアリングを行い，それによって企業の経済価値に気候変動や社会的な要因が与える影響を組み込んで企業価値を算出することになる。

第7節 お わ り に

本章では非財務情報としてのCSR・環境情報の概念について，類似する領域との相違について検討し，続いてCSR・環境情報を開示する意義について述べた。さらに財務報告内および財務報告外におけるCSR・環境情報の開示実態および関連するガイダンス等について論じた。そして非財務情報および財務情報としてのCSR・環境情報の統合化の可能性について述べた。

情報利用者による意思決定有用性を最優先に考えれば，情報作成者の意図は考えるべきではないとの議論もできなくはないが，しかし情報作成者によるコストの負担の大きさと，情報利用者によるただ乗りの可能性を考えれば，何らかの方法は考える必要はあろう。その対策の1つが本章における統合的なレポーティングの推進であった。

注
（1） 伝統的会計理論・会計制度アプローチおよび非伝統的会計理論アプローチについては，久持［2009］で論じた。
（2） FASB（［1978］, par.6；訳書, 13）を参照されたい。
（3） 日本会計研究学会特別委員会（［2009］, 30）では，本節で引用したジェンキンズ・レポート（AICPA［1994］）当時に想定されていた事業報告は，現在においては財務報告と内容的にはほぼ同じであるとしている。

(4) 注記に記載されている情報については，①財務諸表本体，すなわち財務諸表（内）情報であるとする考え方と，②財務諸表（内）情報と財務諸表外情報の境界線上に位置づけられるとする考え方，さらに，③財務諸表外情報である，とする考え方とがありうる。ここでは注記情報を財務諸表（内）情報として扱っている。
(5) この点についてはたとえば赤塚［2008］を参照されたい。
(6) 財務諸表本体の補足と補完の関係については，たとえば古庄［2010］を参照されたい。
(7) たとえば日本会計研究学会特別委員会（［2009］，23-28）を参照されたい。
(8) 詳しくは，たとえば小林（［2007］，5-8）を参照されたい。
(9) 歴史的に見てもこの順に会計の機能は生成したと考えられている。たとえば金井（［2008］，27-32）を参照されたい。
(10) 國部（［2003］，38）を参照されたい。また結論の導き方は異なるが，長野（［2008］，253-256），向山（［2003］，108-111）および山上（［1999］，72）なども同様の結論を得ている。一方，宮崎（［2008］，95）では，経営者としての意識からすると，正統性理論のほうがより説得力があるという。
(11) 一方，こうした考え方は，ひとたびCSR・環境情報の開示およびその内容について制度化がなされると，「制度や基準によって求められているのでCSR・環境情報を開示する」または「一般に行われている実務であるから当社も周りに倣ってCSR・環境情報を記載する」という考え方に変化する可能性がある。
(12) この点については，水口（［2007］，275-282）および岡（［2009］，26-27）からヒントを得た。
(13) 久持［2009］を参照されたい。
(14) 調査は次のように行った。すなわち，①平成18年12月末日に東証第一部上場企業の有価証券報告書について，②「環境」という用語で全文検索を行い，③以下に示した定義および条件に合致したものを拾い出す，という方法である。そして対象とした環境情報は，まず「当該年度の企業の外部における，空間的および時間的な広がりを持つ地球環境問題を対象とする開示情報である」という定義に相当し，かつ，以下の選定条件をも満たすものをいう。①環境に関する情報の量が一文節以上であること（注なども含めて）②自社の活動が環境問題に対してどのように寄与しているか，もしくは寄与していないか，について中心に述べていること　③プラス情報のうち，自社の事業や製品・サービス以外に関するものであること　④プラス情報のうち，同社の自主性・積極性をもっぱら表した同社の活動であること　⑤プラス情報のうち，顧客に追加的な行動もしくは意識の変化を必要とする活動であること　⑥プラス情報のうち，自社製品・サービスの売上に直接つながるような活動ではないものであること。

(15) 1社が複数の内容について記述している場合には，内容ごとにそれぞれ別にカウントしている。したがって，実際の開示企業数は件数よりも少ない。以下の図表も同様である。
(16) IASB［2010］および古庄［2009；2011］を参照されたい。
(17) IASB（［2010］, par.24）
(18) IASB（［2010］, par.26）
(19) IASB（［2010］, par.27）
(20) IASB（［2010］, par.31）
(21) IASB（［2010］, pars.31-32）
(22) IASB（［2010］, par.33）
(23) IASB（［2010］, par.34）
(24) IASB（［2010］, par.36）
(25) ここで調査対象としたCSR・環境報告書は，以下の4点をすべて満たしたものとしている。すなわち，①自社のホームページに掲載されている報告書，②年度ごとに発行している報告書，③統合された冊子体としての報告書（たとえばpdfファイル形式および電子ブック形式など），④「環境」「CSR」等のサイトページから直接，閲覧が可能な報告書（アニュアルレポート等に統合されている場合），である。
(26) なお，環境省（［2008］, 71；88）によるアンケート調査では上場企業のうち48.8％が環境報告書等を作成しており，またそのうち95％近くがホームページで公表しているという。
(27) 財務報告の主たる利用者は株主・投資家および債権者・金融機関であり，財務報告以外の報告書等，たとえばCSR・環境報告書の利用者層は一般市民および消費者であるとして，各々の利用者層の主要な関心事が異なることを前提にするならば，財務報告としてのCSR・環境情報と，開示情報一般としてのCSR・環境情報とは，それぞれ別の媒体で開示せざるを得ないという考え方もできよう。一方，環境省（［2008］, 92）のアンケート（複数回答）によると，平成19年度において環境報告書を冊子で作成している組織が環境報告書を配布している相手は，役員・従業員およびその家族（60.6％），仕入・販売等の取引先（59.0％），株主・金融機関・投資家（56.3％），行政機関（44.6％），消費者・生活者（38.9％），学識経験者・環境NGO・NPO（37.4％），事業所の近隣住民（29.3％）という順になっており，株主・金融機関・投資家への配布の割合が，消費者および近隣住民等よりも高くなっている。したがって，冊子による環境報告書に関する限り，必ずしも想定している主たる情報利用者が財務報告と大きく異なるわけではないようである。
(28) Accounting for Sustainability（［2009］, 10）を参照されたい。

〈参考文献〉

赤塚尚之 2008「環境財務会計─制度会計領域における環境関連事象の取扱い─」『滋賀大学環境総合研究センター研究年報』第5巻第1号，滋賀大学，91-109．

岡照二 2009「サステナビリティ・バランスト・スコアカード（SBSC）と持続可能性報告ガイドラインの連携」『社会関連会計研究』第21号，日本社会関連会計学会，25-37．

小川哲彦 2009「財務諸表における環境会計情報の開示に関する実態調査」，河野正男・上田俊昭・八木裕之・村井秀樹・阪智香編著『環境財務会計の国際的動向と展開』，森山書店，273-287．

金井正 2008『現代会計学─財務会計の基礎知識─』，創成社．

環境省 2008『環境にやさしい企業行動調査結果（平成19年度における取組に関する調査結果）［詳細版］』，環境省．

國部克彦 2003「2つの環境アカウンタビリティ：環境報告書と環境会計」『産業と経済』第18巻第1号，奈良産業大学，37-45．

小林秀行 2007『［会社法対応］詳解企業会計基準─設例で学ぶ企業会計原則と個別会計基準のすべて─』，ダイヤモンド社．

新日本有限責任監査法人編 2009『CSR報告書の読み方・作り方』，中央経済社．

長野史麻 2008「ライフサイクル・コスティングの今日的展開─CSRと企業価値の関連から─」，百瀬房徳・三代川正秀・石津寿惠編著『会計学の諸相』，白桃書房，251-273．

日本会計研究学会特別委員会 2009『財務報告の変革に関する研究』，日本会計研究学会．

久持英司 2008「有価証券報告書における環境情報の開示実態─環境情報の定義との関係において─」『会計・監査ジャーナル』第20巻第3号，日本公認会計士協会，89-96．

久持英司 2009「環境会計の課題─理論的な側面を中心に─」，八田進二編著『会計・監査・ガバナンスの基本課題』，同文舘出版，131-144．

久持英司 2010「環境・CSR報告書における第三者意見の実態調査」『駿河台経済論集』第20巻第1号，駿河台大学，79-88．

古庄修 2009「IASB公開草案『経営者による説明』の新局面」『企業会計』第61巻第11号，中央経済社，113-123．

古庄修 2010「財務諸表外情報の位置づけ」山﨑秀彦編著『財務諸表外情報の開示と保証─ナラティブ・リポーティングの保証─』，同文舘出版，21-44．

古庄修 2011「IASB実務意見書『経営者による説明』の到達点」『企業会計』第63巻第4号，中央経済社，129-137．

水口剛 2007「資本市場と環境問題」，國部克彦・伊坪徳宏・水口剛『環境経営・会計』，有斐閣，257-284．

宮崎修行 2008「経済と環境を両立させるマネジメント（その1）：企業が環境報告をする真の狙い」『会計人コース』第43巻第12号，中央経済社，94-96．

向山敦夫 2003『社会環境会計論—社会と地球環境への会計アプローチ—』，白桃書房．

山上達人 1999『環境会計入門—環境会計の基本問題を考える—』，白桃書房．

Accounting for Sustainability, *Connected Reporting: A Practical Guide with Working Examples*, The Prince's Accounting for Sustainability Project, 2009.

American Institute of Certified Public Accountants(AICPA) Special Committee on Financial Reporting, *Improving Business Reporting—A Customer Focus: Meeting the Information of Investors and Creditors*, AICPA 1994.（八田進二・橋本尚訳 2002『アメリカ公認会計士協会・ジェンキンズ報告書 事業報告革命』，白桃書房。）

Financial Accounting Standards Board (FASB), *Statement of Accounting Concepts (SFAS) No.1: Objectives of Financial Reporting by Business Enterprises*, FASB, 1978.（平松一夫・広瀬義州訳 2002『FASB財務会計の諸概念＜増補版＞』，中央経済社。）

International Accounting Standards Board (IASB), *IFRS Practice Statement: Management Commentary, A Framework for Presentation*, IASB, 2010.

第8章　企業の競争優位性と知的資産情報開示のあり方

古　賀　智　敏（同志社大学）

姚　　　　　俊（立命館大学）

島　田　佳　憲（神戸大学）

第1節　研究の課題

　近年，グローバリゼーションの進展，地球温暖化や少子高齢化の問題など，日本企業を取り巻く経営環境は著しく変化しつつある。それとともに環境や企業の社会的責任，ナレッジをキーワードとする新たな価値創造に向けた経営システムや市場システムの再構築が急がれるところである。これを受けて，環境・社会的責任や企業リスク，知的資産等の非財務情報も大いに注目されるところとなった。

　企業の開示情報の拡充化は，欧米では既に1990年代初頭に推進されてきた。北欧ではスウェーデンのスカンディア社の知的資産報告書など知的資産レポーティングの拡充化がみられ，21世紀の環境保全・企業の社会的責任の意識の高まりとともにCSR情報の開示が目覚ましいところとなった（ICAEW [2004]，古賀 [2005]）。他方，アメリカでもニューエコノミーの台頭を背景として，ジェンキンズ報告書（AICPA [1994]）以降，任意情報の拡充化が推進されてきた（古賀 [2005]）。この北欧の開示の拡充化とアメリカの開示の拡大モデルとは，その背景も開示の目的や対象も相違するものではあるが，両者ともに研究開発資源や経営能力，リスクマネジメント等の無形の価値に焦点を置き，企業の持続的発展能力を評価するための任意情報の開示の促進を図ろうとするものであった。しかし，その開示の重要性にもかかわらず，従来の会計の認識・測定のフ

レームワークには適合せず,しばしば看過されてきたところである。

このような背景と問題意識のもとで,本章では,非財務情報の中でとくに知的資産情報の開示問題を中心として,日本知的資産情報開示の実務実態を踏まえて,非財務情報開示の方向性と課題を探ることを主たる課題とするものである。

第2節　企業の持続的成長と非財務情報開示の構図

開示情報としての非財務情報が大きく注目されるようになった背景には,近年の企業を取り巻く経済環境の変化がある。対外的側面としては,環境・生態系の保全に対する社会的意識や経済のグローバル化に伴うリスクへの認識が高まるとともに,対内的側面としては,企業の競争優位性の源泉としてイノベーションや見えざる資産としての知的資産がますます強調される時代となった。それとともに,従来の一般に認められた会計基準(GAAP)に基づく財務情報のもつ投資意思決定有用性に対する限界が広く指摘され(Lev and Zarowin [1999]),2000年以降,一方では,英米の会計プロフェッションを中心に拡張した企業レポーティングの展開となり,また,他方では,欧州を中心とした知的資産情報や社会責任報告(CSR)の大きなうねりとなって台頭してきた。この開示の拡充化の中核をなすのが「非財務情報」である。これは従来の財務的パースペクティブによる過去的・ファイナンス指向的業績評価の限界を非財務情報開示の視点から補完し,企業の「差別化」の論理や「共生」の論理に立って企業の持続的発展を促進しようとするものであり,日本企業の持続的発展可能性のスタンスとも合致するものである。

図表8-1を参照されたい。これは企業の持続的発展可能性と説明責任という観点から,財務情報と非財務情報との相互関係を明らかにしようとするものである。この図において留意すべき点は,次の3点である。

① 「財務情報」対「非財務情報」：財務情報は,本来的に企業の受託資本の変動事象に係る財務報告上の情報(注記・補足情報を含む)を包含するのに対

して，非財務情報は，受託資本の変動に関係しない社会責任事象を内容とする。前者は貨幣資本の投下・回収計算を基本的課題とするのに対して，後者は広く企業の持続的成長の活動実態を提供することを基本的課題とする。

② 「会計責任」対「社会責任」：財務報告による財務情報の開示責任が会計責任であるのに対して，社会責任には会計責任の対象となる財務関連的社会責任事象と，受託資本の変動に関係しない財務非関連的社会責任事象とが包含される。

③ 「説明責任（報告責任）」：企業の財務関連的会計責任と，社会責任（財務関連的および財務非関連的社会責任を含む）とを包含したものが，企業の説明責任となる。

非財務情報開示として，ここでは大きく知的資産情報開示と社会責任(CSR)・環境情報開示の2つを取り上げることにしたい。両者は内容的にオーバーラップする部分も多いが，前者は企業の差別化のための知的資源のストックとフローによる企業価値創出プロセスに注目するのに対して，後者は環境・倫理・

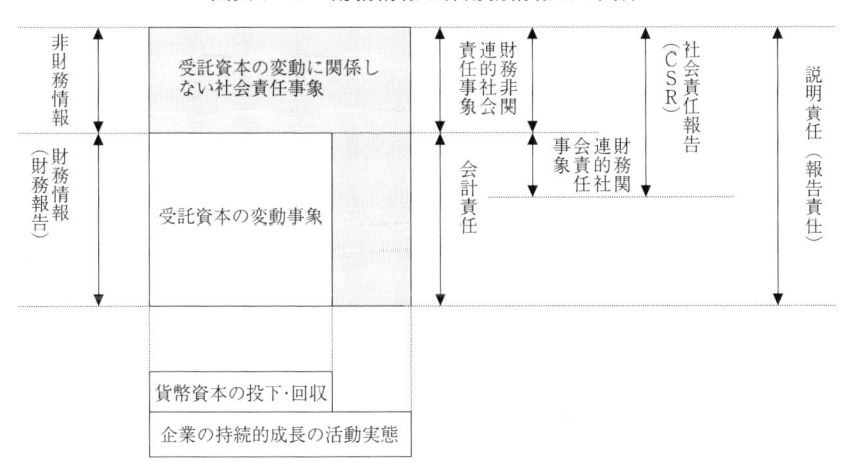

図表8-1 財務情報と非財務情報との関係

（出典）本図の作成にあたっては，武田 [1993]，10頁「図2」を参考に筆者が加筆・修正したものである。

ガバナンスの社会的共生の視点に立つ点で相違する。しかし，いずれも企業の持続的成長（サステナビリティ）を目指す長期的見地に立つ点では共通である。図表8-2は，財務情報と比較することによって，非財務情報の特徴的な扇面を描こうとするものである。

これより，次の3点に留意されたい。

図表8-2　財務情報開示と非財務情報開示の比較

	財務情報開示	非財務情報開示	
		知的資産情報	CSR・環境情報
視点・目的	・財務的パースペクティブ ・投資意思決定の促進	・非財務的パースペクティブ ・知的資産マネジメント／投資（融資）決定の促進	・非財務的パースペクティブ ・社会・環境保全／投資意思決定の促進
情報の性格	・過去指向的・短期的	・将来指向的・中長期的	・将来指向的・中長期的
対象	・有形財／金融財に焦点	・ナレッジ財（人的・構造・関係資産）に焦点	・社会／環境保全活動に焦点
準拠枠	・一般に認められた会計基準（GAAP）	・デンマーク知的資産報告書（2003） ・経済産業省「知的資産経営の開示ガイドライン」	・英国「連携報告フレームワーク」(2007) (Connected Reporting Framework) ・CSRヨーロッパ「コンサルテーション・レポート」(2008)
開示の内容	・経営成績（フロー）財政状態（ストック）	・人的／構造／関係資産のストックとフローに関する測定指標（KPI）	・環境／社会／経済的業績

① 財務情報と非財務情報とは貨幣評価額によるか，貨幣評価額以外の測定指標（KPI）に依拠するかという違いはあるものの，ともに投資者の投資意思決定有用性の促進を主たる課題とする点では，共通性をもつ。知的資産情報は企業の価値創出の可視化に焦点を置き，また，CSRは社会・環境保全を重視するという着目する側面は異なるものの，ともに中長期的スパンから企業の持続的発展可能性を図ろうとする点では共通点をもつ。しかし，知的資産経営は，企業の競争優位性のための差別化の源泉をなす知的資産を構築することによって持続的発展を図るのに対して，CSR・環境活動は企業と社会との調和化を求めることによって持続的発展を図る。知的資産経営とCSR活動とは，このような競争と共存の相関関係を企業活動に反映するものと考えられる。

② 財務情報が有形財や金融財のストックとフローを主たる対象とするのに対して，知的資産情報は人材，ブランド，顧客関係等のナレッジ資源のストックとフローを描こうとし，また，CSRは環境資源や企業の社会貢献の実態を対象とする。知的資産や環境・社会貢献等は貨幣評価が一般に困難であり，測定指標（KPI）によって把握せざるを得ない。

③ 開示内容についても，財務情報開示は一定の財務諸表項目によって強制的・統一的に提示することができるのに対して，任意開示情報としての知的資産情報やCSRの基本的開示内容については一定の合意が得られているが，その具体的詳細は各業種・企業によって相違する。

以上，財務情報と非財務情報との関係において，信頼性の高い非財務情報は，将来の財務的価値を予測させる有効な情報となる。この両者は相互に密接に連携しつつ，全一体となって企業の持続的発展を支える開示情報をなすのである。知的資産経営は企業を差別化する情報として，また，CSR・環境活動情報は企業と社会・環境との共存共栄の可能性を反映する情報として，両者はオーバーラップしつつも相互に補完的に企業の将来発展可能性を示す。以下では，とくに知的資産情報に注目し，その重要性と開示のあり方を論ずることにしたい。

第3節　企業の持続的成長とナレッジの創造・開示の必要性

　1990年代以降,無形価値ないし知的資産が大きく台頭するようになったのは,企業を取り巻く環境の変化と経営の課題や思想（パラダイム）の変容によるものであった。その要点は,およそ次のように整理される。
① 「プロダクト指向型経営パラダイム（1930年代〜70年代）」:「製造業＝生産財」重視の産業経済を背景として,企業価値の創出源泉としてプロダクトないし有形財投資（機会・設備等）に焦点を置き,物的効率性の追求が新たな経営課題をなす。この場合,主たる財貨としての有形財は一般に貨幣的測定が可能であり,貸借対照表上で認識される。
② 「ファイナンス指向型経営パラダイム（1980年代〜90年代）」：証券市場のグローバル化のもとで,デリバティブなど金融革命とリスク経済を背景とし,価値創出源泉として金融商品ないし金融財に大きく依存し,投資効率性の追求が新たな経営課題として登場することになる。これらの金融財は一般に貨幣的測定が可能であり,貸借対照表上で認識可能である。
③ 「ナレッジ指向型経営パラダイム」：イノベーションと知識創造経済を背景として,企業の主要な価値創出源泉として無形財ないし知的資産が大きく台頭する。これらの無形財は知的創造性の追求を経営活動とするものであり,取引によって取得された一部の知的財産権を除いて,多くは資産を分離して認識することは一般に困難であり,貨幣的に測定が困難となる。

　組織の経営資源は,一般に物的資源（有形財）,金融資源（金融財）,および無形資源（無形財）から構成され,これらはすべての時代にわたって相互に関連し合いつつ,企業価値を創出していくものである。しかし,企業を取り巻く経営環境の変化に伴い,各時代を背景として焦点が置かれるべき財貨は異なっている。情報やＩＴ,テクノロジー,サービスなど伝統的なハード産業からソフト産業への移行とともに,有形財の相対的重要性は低下し,知識ベースの無形価値の比重が増大するようになった（Croes［2000］,古賀［2005］）。とくに無

形財の重要性は,経営資源や資金の不足に悩むベンチャー企業や中小企業にとって大きく注目されるところとなった (RICARDIS [2006])。

　企業経営者の視点から,企業の持続的競争優位性をもたらし,持続的発展を支えるキーとなる経営資源としての無形価値ないし知的資産の重要性が脚光をあびるようになった (Steenkamp and Kashyap [2010])。文献レビューにおいても,富や価値の中核的クリエーターをなし,組織の将来的稼得能力とイノベーションを引き起こすキー・ドライバーとしての役割を果たすことによって,企業の持続的成長と市場での競争優位性を促進することができる。したがって,知的資産という無形価値をいかに活用し,自社の差別化と競争優位性を高めるかが現代企業における重要な経営課題となる。

　しかも,財務諸表を媒体とした伝統的財務情報は,主として過去的写像を提供するものであり,企業が将来どれほどの利益やキャッシュ・フローをもたらすかについては必ずしも適切に反映するものではない。このような企業の将来利益の稼得能力や持続的成長力をより適切に把握するためには,企業の価値創出源泉,リスクや不確実性に関する質的・将来指向的情報が併せて必要となる。知的資産情報は,このような企業の価値創出プロセスを定性的に表示し,利益数値等の定量的情報と一体となって企業の将来的稼得能力と持続的成長可能性を提示し,広くステークホルダーに資する情報を提供するものである (Gu and Lev [2003];古賀他 [2008])。

第4節　日本の知的資産情報開示の制度的特徴:
北欧型モデルとの比較

　北欧をはじめ,知的資産情報の重要性がますます注目され,いくつかの開示モデルを提示された。日本においても,政府知的財産戦略会議「知的財産戦略大網」(2002年7月) の公表に伴う「知的財産立国」宣言に端を発する日本の知的資産レポーティングの展開は,経済産業省「知的資産経営の開示ガイドライン」(2005年) の公表によって,その制度的基盤を整備してきた。その後,日

本では中小企業の経営力強化や金融機関からの融資を促進するツールとしての知的資産経営報告書が作成され始め，中小企業を中心として知的資産経営報告書を媒体として情報開示が進められつつある。企業の理念や戦略，知的資産のストックとフローとを一貫したストーリー形式での開示を求める日本開示ガイドラインは，前述の MERITUM やデンマークの開示ガイドラインと比較することによって一層明確に特徴づけることができよう。

　その要点は，およそ次のとおりである(経済産業省[2005], Johanson et al. [2006], Johanson et al. [2009])。
① 　レポーティングの対象については，3つのガイドラインともに広くステークホルダーを対象として，経営者（作成者）サイドの視点に立ったマネジメント・ツールとして利用される点では共通している。しかしながら，デンマーク・ガイドラインが消費者・顧客のための商品・サービスの使用価値（value-in-use）の創出に関心が向けられており，日本指針は投資者・株主がとくに意識されているのに対して，MERITUM ガイドラインはより広範囲の不特定多数のステークホルダーが想定されている。
② 　ガイドライン策定の基底をなす理論的前提として，北欧モデルは知識ベース・システム（knowledge-based system）としての企業観を前提とするのに対して，日本指針は開示のあり方についての一般原則に立つプリンシプル・ベース・アプローチである。北欧，とくにデンマーク・ガイドラインは知的資産報告書を企業のナレッジマネジメント戦略の一環として把握し，ナレッジマネジメントがガイドラインと企業理論とを結ぶブリッジをなす。
③ 　北欧ガイドラインでは，知的資産マネジメントに焦点を置き，「戦略目的－重要な知的資産の把握・測定－重要業績指標（KPI）」が意思決定モデルのように直線的フローの形でレポーティングされることを求めている。日本基準も知的資産経営の全体像としてストーリー形式で示す点では同様であるが，「過去から現在」，「現在から将来」といった時間軸を切り口としたストーリー性が重視され，戦略や KPI との連携は北欧型モデルほど明確ではない。
④ 　MERITUM や日本指針は事物の分類が重視されているのに対して，デン

マークのガイドラインは企業のビジネスや戦略を発見するために行為（アクション）を喚起しようとしている。しかも日本指針は将来の期待される効果をビジュアル化しようとする点では「プロセス指向」といえる。したがって，理念型モデルとしての MERITUM が「所有の認識論（"epistemology of possession"）に立つのに対して，実践型モデルとしてのデンマーク・ガイドラインは「実践の認識論（"epistemology of practice"）」として，また，プロセス指向の日本指針は「プロセスの認識論（"epistemology of process"）」として特徴づけられる（Johanson et al. [2006]）。

第5節　新たな展開：
「独立的報告書モデル」対「統合化報告書モデル」

中小企業を主な対象として作成された「知的資産経営の開示ガイドライン」は強制的ではなく，また広く認知されるに至っていない。大企業，とくに上場企業の場合には，自社の強みなど無形的な資源の情報開示は，中小企業と異なる形で行われることが多い。したがって，知的資産レポーティングは，今後，中小企業向け知的資産経営報告書と大企業向け CSR レポーティングの一環としての知的資産情報開示の二極化に分離しつつ展開することが予想されよう。

大企業，とくに上場している大企業を中心として知的資産情報を CSR の一部に組み込み，CSR 報告書として展開する例が見られる。たとえば，スウェーデンの大手電話・通信会社，テリアソネラ社（TeliaSonera）は社会責任報告書（CSR）の中で「ビジョンと戦略」，「リスクと機会」，「リスクマネジメントとガバナンス」，「消費者」，「従業員」，「供給業者」，「環境」とそれぞれの「重要指標」など，知的資産レポーティングの中で取り扱われてきた項目や情報を包含し，開示している（TeliaSonera Corporate Responsibility Report [2009]）。このような CSR の目指すところは，同社の事業の「長期持続的成長」にあり，同社の「高質のネットワークと安全サービス」や「ステークホルダーとの関係」といった知的資産も広く企業の持続的成長に資することが窺えよう。日本にお

いても，上場企業の開示について，独立した報告書を公開している企業は極めて限定されており，それも知的資産より知的財産権など狭義の知的資産の開示を中心にしている。そこではCSR報告書の中で人的資源管理などに係る情報などが記載されている。

大企業の知的資産経営情報とCSR情報との統合化の傾向は，企業の持続的発展可能性の「競争優位性」および社会との「共存共栄」という2つの側面と，その相関関係を反映するものといえる。知的資産報告書はCSR報告書そのものをなすものではなく，CSRと知的資産報告書とは，本来，コインの裏表をなすものである。しかしながら，知的資産報告書のバリューチェーンにおける「社会との共生」や「選択と集中」の視点はCSRとも符合するものであり（経済産業省・産業構造審議会「中間報告」[2005]），両者は一体となって企業の中長期にわたる持続的成長を支えるクリティカルな情報を提供するものである。それゆえ，今後，とくに大企業を中心としてCSR報告書を媒体とした非財務情報の統合化の展開が推進されるのは大いに期待されるところである。

他方，中小企業の場合には，個々の中小企業は社会に対する影響は大企業ほど大きくない。「社会と共存共栄」という社会責任より，自社の存在感を高める「競争優位性」を明らかにし，様々な利害関係者にアピールすることがより重要かもしれない。したがって，中小企業では，知的資産経営報告書そのものを独立の報告書として開示することがより合理的といえるかもしれない。

以上，情報の開示企業の規模などの特徴によって，知的資産情報の開示のあり方は大きく「独立型モデル」と「CSR統合型モデル」との2つの方向へ分岐することが予想されるであろう。

第6節　知的資産経営報告書の実態分析

知的資産情報の開示の方向性を探るために，近年の知的資産情報の開示に関する制度や理論的比較・分析に加えて，その情報開示に対する企業側の認識と開示実態をより明確にすることが必要である。このような意図のもとで，次に

日本の知的資産情報開示の実態についてみてみたい。ここでは，経済産業省近畿経済産業局によって2010年9月に実施された「知的資産経営報告書の評価に関するアンケート調査」から入手された経営者のアンケート回答データを参考に，分析を行った。

(1) 調査分析の内容および対象企業
　調査分析内容については，以下では，知的資産経営報告書の作成実績をもつ企業に対して，開示の目的，内容，効果および信憑性の確保などの問題を取り上げ，統計的な手法を用いて分析した。具体的課題は，次のとおりである。
① 誰が「知的資産経営報告書」を作成開示しているか（作成者）
② 誰を対象に「知的資産経営報告書」を作成開示しているか（目的・対象）
③ 「知的資産経営報告書」の開示にどのような効果があったか（効果）
④ 開示目的を達成するためにどの開示項目を重視しているか（内容）
⑤ 報告書の信憑性を確保するためにどの項目や観点を重視しているか（信憑性の確保）
⑥ 信憑性を確保するためにどの対策を重視しているか（信憑性の確保）
　本調査の対象企業のサンプルは，日本で2010年3月期までに「知的資産経営報告書」を作成開示している企業であり，それゆえに他の企業に比して相対的に知的資産経営に対する意識が高い企業がサンプルとして選択されているといえる。
　アンケートは計116社に対して配布され，有効回答数は71社（有効回答率は61.2%）であった。なお，回答が得られた71社のうち欠損値を持つ5社については本章の分析対象企業からは除外したため，最終的な観測数は66社となった。

(2) 分析結果
　アンケート分析の結果は，以下のとおりである。
① 誰が「知的資産経営報告書」を作成開示しているか
　回答企業の業種に関しては，66社のうち半数以上の37社が製造業であり，非

製造業は29社である。一方，従業員数については，10人以下の極めて小規模な企業が28社であり，全体のおよそ4割を占めている。従業員数が100人よりも大きな回答企業はわずかに12社のみである。このことから中小企業，とくに100人以上の企業よりも100人以下の企業の方が「知的資産経営報告書」を作成する傾向が強いことが窺える。以下では10人以下の企業は「小規模企業」といい，100人以上の企業は「中規模企業」という。

② 誰を対象に「知的資産経営報告書」を作成・開示しているか

図表8-3パネルAは，誰を対象に「知的資産経営報告書」を作成・開示しているかに関して作成・開示の目的の「重視度」を5段階で評価した結果の平均値を業種ごと，従業員数ごとに取り纏めたものである。最も作成・開示の目的において重視されているのは「従業員」であり，その次に「新規開拓の顧客」，「従来からの取引先，協力企業グループ」という順にて重視されていることがわかる。このことより，「知的資産経営報告書」は従業員や従来からの取引先，協力企業グループといった内部利用目的志向で作成・開示される傾向にあることがわかる。

一方，業種間の作成・開示の目的に差については，「地域住民」，「新規開拓の顧客」，「投資家（株主）」，「消費者」そして「学生，入社希望者」の5つの対象で製造業と非製造業の間に統計的に有意な差が存在する。いずれの項目についても，製造業の方が非製造業よりも重視度が高いことがわかる。また，企業規模間では作成・開示の目的に統計的に有意な差はほとんど存在しておらず，中規模企業の方が小規模企業よりも「学生，入社希望者」を重要視する程度が大きいことが確認されたのみである。

(3) 「知的資産経営報告書」の開示にどのような効果があったか

知的資産経営報告書の開示の効果が最も高いのが，「従業員」を主な対象にした開示であり，次に「金融機関」，「取引先や協力グループ」および「新規開拓顧客」という順に開示効果が高い（図表8-3パネルB参照）。しかし，興味深い点として，重視度と効果のポイント差をみると，重視度の高い「従業員」

図表8-3　パネルA　作成・開示の目的および対象

	全体 ($N = 66$)	製造業 ($N = 37$)	非製造業 ($N = 29$)	差	z 値	p 値
新規開拓の顧客向け	3.525	3.765	3.222	0.542	2.452	0.014**
地域住民向け	2.066	2.294	1.778	0.516	2.932	0.003***
投資家（株主）向け	2.164	2.353	1.926	0.427	2.049	0.041**
学生，入社希望者向け	2.967	3.147	2.741	0.406	1.766	0.077*
事業承継（次期経営者）向け	2.295	2.471	2.074	0.397	1.200	0.230
消費者（個人）向け	2.295	2.441	2.111	0.330	1.844	0.065*
従業員向け	3.656	3.765	3.519	0.246	1.110	0.267
従来からの取引先向け，協力企業グループ向け	3.230	3.324	3.111	0.212	1.284	0.199
金融機関向け	3.279	3.088	3.519	-0.430	-1.078	0.281

	全体 ($N = 66$)	中規模企業 ($N = 12$)	小規模企業 ($N = 28$)	差	z 値	p 値
投資家（株主）向け	2.164	2.727	2.240	0.487	0.685	0.493
学生，入社希望者向け	2.967	3.182	2.760	0.422	2.231	0.026**
従業員向け	3.656	3.727	3.440	0.287	0.926	0.354
地域住民向け	2.066	2.091	1.840	0.251	0.219	0.827
事業承継（次期経営者）向け	2.295	2.000	2.120	-0.120	0.418	0.676
新規開拓の顧客向け	3.561	3.583	3.750	-0.167	-0.632	0.528
金融機関向け	3.279	3.091	3.320	-0.229	0.274	0.784
従来からの取引先向け，協力企業グループ向け	3.230	3.000	3.360	-0.360	0.124	0.902
消費者（個人）向け	3.525	3.273	3.840	-0.567	-0.503	0.615

***，**および*はそれぞれ統計的に1％水準，5％水準および10％水準で有意であることを示す。

（−0.115ポイント）、「新規開拓顧客」（−0.246ポイント）の2項目は，効果が重視度を下回った。「地域住民」と「投資家」の重視度と効果の間には5％水準で統計的に有意な差があり，また「新規開拓の顧客」にも10％水準で統計的に有意な差があることが確認されている。

図表 8-3　パネル B　作成・開示の対象ごとの重要度および効果

	重視度 ($N = 66$)	効果 ($N = 66$)	差	z 値	p 値
地域住民向け	2.066	2.475	0.410	2.513	0.012**
投資家（株主）向け	2.164	2.557	0.393	2.036	0.042**
事業承継（次期経営者）向け	2.295	2.623	0.328	1.515	0.130
消費者（個人）向け	2.295	2.541	0.246	1.230	0.219
従来からの取引先向け，協力企業グループ向け	3.230	3.328	0.098	0.458	0.647
金融機関向け	3.279	3.361	0.082	0.139	0.890
学生，入社希望者向け	2.967	3.000	0.033	0.192	0.848
従業員向け	3.656	3.541	-0.115	-1.016	0.310
新規開拓の顧客向け	3.525	3.279	-0.246	-1.802	0.072*

**は統計的に5％水準で有意であることを示す。

（4）開示目的を達成するためにどのような開示項目を重視しているか

　知的資産経営報告書の作成・開示の目的を達成するために，どのような項目や観点を重視して作成・開示しているかを分析した結果（図表8-4参照），質問10項目のうち，最も重視されている項目は「事業実績からの強みの抽出」であり，また，2番目に重視されている項目は「強みの競争優位性，市場性」であり，4番目に重視されている項目は強みを活かした事業計画」であることから，報告書作成・開示の目的を達成するために企業は各社の「強み」を強調することが窺える。

　また3番目および5番目に重視されている項目が「経営理念・社是」および「ストーリー性のわかりやすさ」ということより，経営者が企業価値を向上させるための行動をステークホルダーにわかりやすいストーリーで伝えるという経済産業省によって示された知的資産経営報告書の作成の主たる目的を適えようとする企業の姿勢も見受けられる。

　さらに非製造業よりも製造業の方がより事業実績とKPIの関連性」および

図表 8-4 開示目的達成のための開示内容

	全体 ($N = 66$)	製造業 ($N = 37$)	非製造業 ($N = 29$)	差	z 値	p 値
事業実績と KPI の関連性	3.212	3.378	3.000	0.378	2.184	0.029**
事業計画と KPI の関連性	3.212	3.324	3.069	0.255	1.670	0.095*
経営理念・社是	4.152	4.243	4.034	0.209	1.314	0.189
強みを活かした事業計画	4.045	4.135	3.931	0.204	0.982	0.326
ストーリー性やわかりやすさ	3.939	4.027	3.828	0.199	1.183	0.237
事業実績からの強みの抽出	4.303	4.378	4.207	0.171	0.901	0.368
沿革	3.197	3.270	3.103	0.167	0.777	0.437
強みの競争優位性, 市場性	4.227	4.243	4.207	0.036	0.084	0.934
事業計画の実現可能性	3.697	3.703	3.690	0.013	0.064	0.949
弱みの認識・改善方法	3.348	3.351	3.345	0.007	0.076	0.939

	全体 ($N = 66$)	中規模企業 ($N = 12$)	小規模企業 ($N = 28$)	差	z 値	p 値
事業計画の実現可能性	3.697	4.167	3.643	0.524	2.139	0.032**
経営理念・社是	4.152	4.417	4.000	0.417	1.914	0.056*
強みの競争優位性, 市場性	4.227	4.500	4.143	0.357	1.465	0.143
事業実績からの強みの抽出	4.303	4.500	4.250	0.250	1.193	0.233
沿革	3.197	3.250	3.071	0.179	0.629	0.530
ストーリー性やわかりやすさ	3.939	4.083	3.964	0.119	0.459	0.646
事業実績と KPI の関連性	3.212	3.250	3.143	0.107	0.746	0.456
強みを活かした事業計画	4.045	4.083	4.036	0.048	0.177	0.860
事業計画と KPI の関連性	3.212	3.167	3.143	0.024	0.209	0.834
弱みの認識・改善方法	3.348	3.083	3.393	-0.310	-1.010	0.313

**および*はそれぞれ統計的に5％水準および10％水準で有意であることを示す。

「事業計画と KPI の関連性」の２項目について重視度が高いことがわかる。しかし、２項目ともにそれほど重視されず、また、企業規模の影響を受けない。

一方、企業規模間の差の分析では、「事業計画の実現可能性」と「経営理念・

社是」の2項目で中規模企業と小規模企業の間に統計的に有意な差があり，中規模企業の方がこれら項目をより重要視しているという結果が示されている。

(5) 報告書の信憑性を確保するためにどの項目や観点を重視しているか

知的資産経営報告書の信憑性を確保するために，重要視される度合いが高い上位3項目は「事業実績からの強みの抽出」，「強みの競争優位性，市場性」そして「強みを活かした事業計画」であり（図表8-5を参照されたい），これら3項目は知的資産経営報告書の作成・開示の目的を達成するために重視している項目と一致している。しかし，これらの項目については，業種の差を検定したところ，統計的に有意な差が存在しない。統計的に有意な差が存在することが確認されているのは，「事業実績とKPIの関連性」および「事業計画とKPIの関連性」の2項目である。信憑性を確保するために重視する程度も，やはり製造業の方が非製造業よりも高いことが報告されている。

一方，企業規模間の分析によって，知的資産経営報告書の信憑性を確保するために企業経営者が重視する項目で企業規模間に有意な差が存在する項目は「事業実績とKPIの関連性」，「経営理念・社是」および「強みの競争優位性，市場性」の3項目である。

とくに「事業実績とKPIの関連性」に対する対応については中規模企業と小規模企業の間で顕著に差が見受けられる。重視度と信憑性確保の得点（平均値）の差を信憑性ギャップとして捉えると，中規模企業では重視度が3.250であり，信憑性確保が3.500であるように「事業実績とKPIの関連性」が知的資産経営報告書で果たす役割が大きくかつそれを裏付けようと試みる姿勢が見られる一方で，小規模企業では重視度が3.143であり，信憑性確保が2.964であることより「事業実績とKPIの関連性」の重視度に比して信憑性を確保する対応がとられていないことがわかる。表では示していないが，企業規模間の信憑性ギャップの差の間には統計的に1％水準（z値 = 2.638，p値 = 0.008）で差が存在することが確認されている。

図表8-5 信頼性を確保するための開示内容

	全体 ($N = 66$)	製造業 ($N = 37$)	非製造業 ($N = 29$)	差	z 値	p 値
事業計画とKPIの関連性	3.258	3.432	3.034	0.398	1.907	0.057*
事業実績とKPIの関連性	3.288	3.459	3.069	0.390	1.816	0.069*
強みを活かした事業計画	4.030	4.108	3.931	0.177	0.990	0.322
事業実績からの強みの抽出	4.273	4.297	4.241	0.056	0.057	0.955
経営理念・社是	3.955	3.973	3.931	0.042	0.076	0.940
ストーリー性やわかりやすさ	3.909	3.919	3.897	0.022	0.180	0.857
沿革	3.470	3.459	3.483	-0.023	-0.028	0.978
事業計画の実現可能性	3.864	3.838	3.897	-0.059	-0.351	0.726
強みの競争優位性，市場性	4.136	4.081	4.207	-0.126	-0.763	0.446
弱みの認識・改善方法	3.439	3.378	3.517	-0.139	-0.523	0.601

	全体 ($N = 66$)	中規模企業 ($N = 12$)	小規模企業 ($N = 28$)	差	z 値	p 値
事業実績とKPIの関連性	3.288	3.500	2.964	0.536	1.697	0.090*
経営理念・社是	3.955	4.333	3.821	0.512	1.762	0.078*
強みの競争優位性，市場性	4.136	4.500	4.000	0.500	2.102	0.036**
事業計画とKPIの関連性	3.258	3.333	3.000	0.333	1.437	0.151
事業実績からの強みの抽出	4.273	4.417	4.143	0.274	1.197	0.231
事業計画の実現可能性	3.864	4.083	3.821	0.262	1.095	0.274
沿革	3.470	3.583	3.357	0.226	0.834	0.404
強みを活かした事業計画	4.030	4.083	3.929	0.155	0.648	0.517
ストーリー性やわかりやすさ	3.909	3.917	3.786	0.131	0.267	0.789
弱みの認識・改善方法	3.439	3.333	3.429	-0.095	0.446	0.656

**および*はそれぞれ統計的に5％水準および10％水準で有意であることを示す。

(6) 信憑性を確保するためのどのような対策を重視しているか

信憑性を確保するための対策としては，最も重要と考えられる3項目は「経営理念から価値創造ストーリー展開に一貫性をもたらす」，「各情報間での整合

性」および「作成支援者の支援・関与を得ること」である（図表8-6参照）。業種間ではいずれの項目においても統計的に有意な差は存在していない。しかしながら，製造業は非製造業よりも「自社の強み（知的資産）とKPIとを関連付ける」および「オリジナルのKPIを設定し継続して指標を取る」の項目をより重視しているように，製造業の方がよりKPI指向であることがわかる。一方で，非製造業は「各情報間での整合性（自社の強みと事業実績等）を図る」や「経営理念からの価値創造のストーリー展開に一貫性をもたせる」の項目で製造業よりも高い得点をマークしており，事業活動の内容と自社の強み（知的資産）の具体的関連性や企業価値を向上させる知的資産に関するストーリーといった企業活動の全体を描き出そうとする傾向があることがわかる。

また，企業規模間の比較では，「事業実績と財務数値の整合性を図る」および「経営理念からの価値創造のストーリー展開に一貫性をもたせる」の2項目で差が存在することが確認されている。

第7節　知的資産情報開示の展望

以上，本章では，企業の持続的発展に向けての企業開示のあり方について，とくに21世紀ナレッジ経済の台頭を背景として，知的資産情報の開示問題に焦点を置き論究しようとするものであった。その結果，とくに，次の3点を指摘し，本章の結びに代えたい。

第1に，財務情報と非財務情報との相互連携の重要性である。財務情報と非財務情報とは貨幣評価額による定量情報によるか，それ以外の測定指標や記述定性情報によるかの違いはあるにせよ，両者は相互に密接に連携しつつ，全一体となって企業の持続的発展を支える開示情報をなす。貨幣評価額で表示される財務情報は客観性が高く，情報利用者に受容しやすい反面，今日の複雑な経済事象や経営実態を把握するには著しい限界をもつ。とくにナレッジという無形価値の活用能力が現代経営の盛衰を決する今日，非財務情報の開示の重要性が一層注目されるべきであろう。

図表 8-6　信頼性を確保するための対策

	全体 ($N=66$)	製造業 ($N=37$)	非製造業 ($N=29$)	差	z 値	p 値
自社の強み（知的資産）とKPIとを関連づける	3.545	3.676	3.379	0.296	1.413	0.158
オリジナルのＫＰＩを設定し，継続して指標を取る	3.212	3.324	3.069	0.255	1.133	0.257
報告書を継続して作成する	3.561	3.649	3.448	0.200	0.785	0.433
事業実績と財務数値の整合を図る	3.515	3.568	3.448	0.119	1.023	0.307
作成支援者の協力・関与を得る	3.758	3.784	3.724	0.060	0.168	0.867
事業計画とKPIを関連づける	3.333	3.351	3.310	0.041	0.231	0.818
各情報間での整合（自社の強みと事業実績等）を図る	3.803	3.757	3.862	-0.105	-0.520	0.603
経営理念から価値創造のストーリー展開に一貫性をもたせる	3.985	3.919	4.069	-0.150	-0.546	0.585

	全体 ($N=66$)	中規模企業 ($N=12$)	小規模企業 ($N=28$)	差	z 値	p 値
事業実績と財務数値の整合を図る	3.515	4.083	3.179	0.905	2.912	0.004***
経営理念から価値創造のストーリー展開に一貫性をもたせる	3.985	4.250	3.714	0.536	1.876	0.061*
自社の強み（知的資産）とKPIとを関連づける	3.545	3.750	3.393	0.357	1.173	0.241
事業計画とKPIを関連づける	3.333	3.417	3.071	0.345	1.313	0.189
オリジナルのＫＰＩを設定し，継続して指標を取る	3.212	3.250	3.000	0.250	0.643	0.520
各情報間での整合（自社の強みと事業実績等）を図る	3.803	4.000	3.786	0.214	0.718	0.473
報告書を継続して作成する	3.561	3.667	3.607	0.060	0.046	0.963
作成支援者の協力・関与を得る	3.758	3.833	3.821	0.012	0.369	0.712

***および*はそれぞれ統計的に1％水準および10％水準で有意であることを示す。

第Ⅱ部　日本企業の持続的成長可能性と非財務情報開示のあり方

　第2に，知的資産情報の開示の方向として，「独立開示モデル」と「CSR統合開示モデル」との2つが考えられる。CSRレポーティングというコミュニケーション・ツールを有しない中小企業は独立開示型を指向する傾向にあるのに対して，CSRレポーティングが定着しつつある大企業では，広くCSR情報の一環として知的資産情報やリスク情報が開示される傾向にある。今後，この動向が定着していくかどうか，財務と非財務との統合化レポーティングの動きとも併せて注目していきたい。

　また，ＣＳＲ統合モデルでは，本来，競争力の源泉をなす「競争」の論理に立つ知的資産情報と，環境・社会的責任という「共生」の論理というＣＳＲ情報という異質なものを一括りに取り扱うことには疑問もあり，その場合，両者を包括するものとして「サステナビリイ（持続的発展可能性）」の方が一層実態を反映するであろう。

　第3に，日本中小企業を対象とした知的資産経営報告書の実務実態の分析の結果，北欧の開示モデルでは事業戦略と重要業績指標（KPI）との関連性がとくに重視されているのに対して，日本では事業計画・事業戦略とＫＰＩとの関連性は概して脆弱である。これは，日本では開示企業としての中小企業の多くでは，事業戦略や事業計画が社内全体には必ずしも浸透しておらず，また，KPIを設定するノウハウも蓄積されていないことによるものであろう。このような知的資産経営において，海外とは異なる日本の独自性や文化的特性が存在するかどうかは，今後の興味深い知的資産マネジメントの研究課題として指摘しておきたい。

〈参考文献〉

近畿経済産業局 2010『知的資産経営報告書の評価・認証手法に関する調査研究報告書』。
古賀智敏 2005『知的資産の会計』東洋経済新報社。
　　　 2005「IFRS時代の最適開示制度のあり方」『会計・監査ジャーナル』第22巻第105号，日本公認会計士協会，110-116。
古賀智敏・榊原茂樹・姚俊 2008「知的資産情報と投資意思決定有用性：「ファンドマネージャー」対「ベンチャーキャピタル」」『国民経済雑誌』，第197号第5巻, 1-13。

Croes, M. M., *Data for Intangibles in selected OECD countries;* OECD and Dutch Ministry of Economic Affairs, 2000.

Gu, F. and B. Lev, "Markets in Intangibles: Patent Licensing" in Intangible Assets In *Intellectual and Human Capital*, Canada: University of Ottawa, 2000.

ICAEW (Institute of Chartered Accountants in England and Wales), New Reporting Models for Business, ICAEW, 2004.

ICAEW, *Sustainabiwey: The Role of Accountants*, 2004.

Johanson, U., C, Koga, R. Almqvist, and M. Skoog, "Breaking Taboos' Implementing Intellectual Assets-based Management Guidelines," *Journal of Intellectual Capital*, Vol.10 No.4, 2009, 520-538.

Johanson, U., C. Koga, M. Skoog and J. Henningsson, "The Japanese Government's Intellectual Capital Reporting Guideline. What are the Challenges for Firms and Capital Market Agents?," *Journal of Intellectual Capital*, Vol.7 No.4, 2006.

Lev, B. and P. Zarowin, "The Boundaries of Financial Reporting and How to Extend Them," *Journal of Accounting Research*, Vol.34 No.2, 1999, 353-385.

RICARDIS: Reporting Intellectual Capital to Augment Research, Development and Innovation in SMEs, European Commission, 2006 (http://ec.europa.eu/invest-in-research/pdf/download_en/2006-2977_web1.pdf.)

Steenkamp, N. and V. Kashyap, "Importance and Contribution of Intangible Assets: SME's Managers' Perceptions," *Journal of Intellectual Capital*, Vol.11 No.3, 2010, 368-390.

Telia Sonera Corporate Responsibility Report, 2009 (http://www.teliasonera.com/2009/en/CR/).

第9章　リスク情報開示の意義とあり方

小　西　範　幸（青山学院大学）

第1節　はじめに

　リスク情報は，即座に財務諸表の数値に反映されるとは限らないため，記述的あるいは定性的情報と称されたり，また非財務あるいは非会計情報などと称され，財務諸表を補足，追加，あるいは補完する財務諸表外情報として開示されている。

　財務諸表外情報の重要性は，ディスクロージャー制度の充実と強化を図った結果，また株主よりも広いステークホルダーに対する企業の社会的責任（CSR）が求められるようになった結果，近年，わが国でも高まってきている。

　それらの情報は，アメリカとカナダにおいては「経営者による財務・経営成績の分析（MD & A）」で，また，イギリスやドイツをはじめとする EU 諸国においては「取締役報告書（Directors' Report）」などで開示されている。わが国では，2003年4月1日以降に開始する事業年度から有価証券報告書に「事業等のリスク」，「財政状態及び経営成績の分析」，「コーポレート・ガバナンスの状況」といった項目が新設され，こうした情報の開示が制度化されてきている。この世界的な潮流は，今日では「統合報告書（Integrated Reporting）」の確立へと展開をみせている。

　リスク情報開示の目的は，①実際的な将来予測情報の提供，②リスク・マネジメントの促進，③資本コストの低減，④経営者の受託責任の解除，⑤投資者保護などをあげることができる。リスク情報の積極的な開示の背景には，現代のグローバル社会における経済・経営環境の不安定さの中で，企業の持続的成

第Ⅱ部　日本企業の持続的成長可能性と非財務情報開示のあり方

長可能性を高める上においてリスク・マネジメントの重要性が増してきたことと同時に，その情報開示の有用性によって証券・資本市場の発展が促されることへの社会的な期待の高さをあげられる。その中にあって，国際財務報告基準（IFRS）は，リスク情報を財務諸表の数値に積極的に反映させようとしている開示基準だと特徴づけることができる。

本章では，リスク情報が財務報告と企業の持続的成長可能性にどのように関連しているかについて明らかにし，企業リスクの開示のあり方について検討してみる。

第2節　財務報告の現代的課題

本節では，現代の財務報告の特徴と課題について，リスク／不確実性[1]の視点から，財務諸表の本文（以下，財務諸表），注記および財務諸表外情報に分けて整理してみる。

(1) 認識と測定と評価

定義上では資産あるいは負債の要件が満たされる事象については，①その事象が生じる可能性がより確実（probable）になってから認識し，そして②その事象の測定値がより信頼できるものになって，はじめて財務諸表への計上が決定する。そこでは，リスク／不確実性の評価（リスク基準）を経て，財務諸表に計上される項目が決定されることになる（FASB [1984] pars. 22-23, 44-48.）。

現代の財務報告では，当該事象の生じる可能性がより確実でなくても，その認識に伴うリスク／不確実性が現在割引価値等の公正価値測定の中で調整できれば財務諸表に計上できるようになってきているため，財務諸表に計上できる範囲は拡大している。換言すると，これまで計上されなかったリスク／不確実性の高い事象も財務諸表に計上されるようになってきている。

図表9-1における資産・負債Aと資産・負債Bと資産・負債Cの最頻値と期待値は，どれも70で同じである。しかし，それぞれの見積値の分布は異なり，

第9章 リスク情報開示の意義とあり方

それぞれの資産・負債の見積値から乖離するリスク／不確実性は異なることになる。資産・負債Aからは70のキャッシュ・フローが100％で生じ，資産・負債Bからは70のキャッシュ・フローが80％の確率で生じる。資産・負債Aと資産・負債Bは，最頻値の70こそが認識・測定された後の信頼性のある金額として財務諸表に計上される。

一方，資産・負債Cは，最頻値の70では生じる可能性が18％しかないため，また当該発生確率の分布が広く（一定の許容範囲を超えるため），財務諸表ではこれまで計上されてこなかった。しかし，現代の財務報告では，資産・負債Cの各々のキャッシュ・フローを個々の発生確率で加重平均した期待値をもって将来キャッシュ・フローの70を計算した場合でも，その期待値から乖離するリスク／不確実性（発生確率の分布）を分子（将来キャッシュ・フロー）または分母（割引率）のいずれかに反映させて，財務諸表に計上することができる。

(2) 財務諸表と注記と財務諸表外情報

図表9-2[(2)]では，まず，当該期間に現金の受取り，あるいは支払いを伴った事象が認識され，それは，その実際のキャッシュ・フローによって測定され

図表9-1　認識・測定基準とリスク基準

資産・負債A

	キャッシュ・フロー	発生確率	キャッシュ・フロー×確率
最頻値	70	100%	70
		期待値	70

資産・負債B

	キャッシュ・フロー	発生確率	キャッシュ・フロー×確率
	75	10%	7.5
最頻値	70	80%	56
	65	10%	6.5
		期待値	70

資産・負債C

	キャッシュ・フロー	発生確率	キャッシュ・フロー×確率
	85	12%	10.2
	80	13%	10.4
	75	16%	12.0
最頻値	70	18%	12.6
	65	16%	10.4
	60	14%	8.4
	50	12%	6.0
		期待値	70

第Ⅱ部 日本企業の持続的成長可能性と非財務情報開示のあり方

図表9-2 開示のプロセス

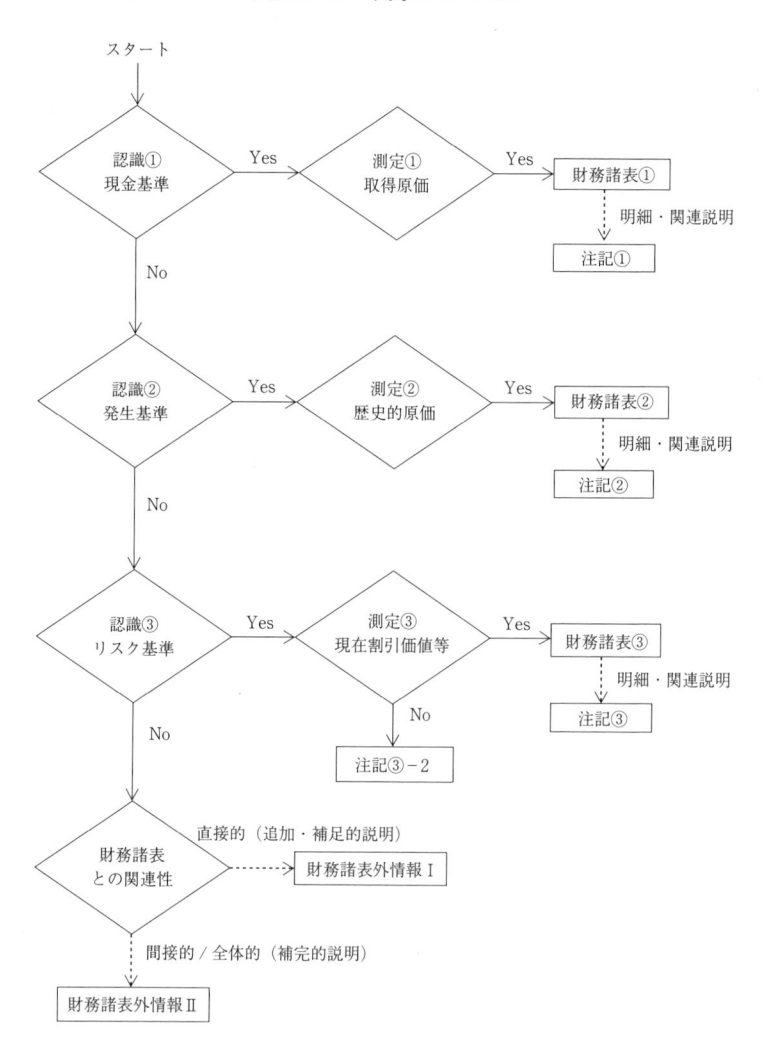

```
スタート
  │
  ▼
┌─────────┐  Yes   ┌─────────┐  Yes   ┌─────────┐
│ 認識①   ├──────→│ 測定①   ├──────→│ 財務諸表①│
│ 現金基準 │       │ 取得原価 │       └─────────┘
└────┬────┘       └─────────┘           │明細・関連説明
     │No                                 ▼
     │                                ┌─────┐
     │                                │注記①│
     │                                └─────┘
     ▼
┌─────────┐  Yes   ┌─────────┐  Yes   ┌─────────┐
│ 認識②   ├──────→│ 測定②   ├──────→│ 財務諸表②│
│ 発生基準 │       │ 歴史的原価│       └─────────┘
└────┬────┘       └─────────┘           │明細・関連説明
     │No                                 ▼
     │                                ┌─────┐
     │                                │注記②│
     │                                └─────┘
     ▼
┌─────────┐  Yes   ┌─────────┐  Yes   ┌─────────┐
│ 認識③   ├──────→│ 測定③   ├──────→│ 財務諸表③│
│ リスク基準│       │現在割引価値等│     └─────────┘
└────┬────┘       └────┬────┘           │明細・関連説明
     │No               │No               ▼
     │                 ▼              ┌─────┐
     │              ┌──────┐          │注記③│
     │              │注記③-2│         └─────┘
     │              └──────┘
     ▼
┌─────────┐  直接的（追加・補足的説明）
│ 財務諸表 ├─────────────────→ ┌──────────────┐
│ との関連性│                    │財務諸表外情報Ⅰ│
└────┬────┘                    └──────────────┘
     │間接的／全体的（補完的説明）
     ▼
┌──────────────┐
│財務諸表外情報Ⅱ│
└──────────────┘
```

「財務諸表①」に計上される（図表9-1の資産・負債Aを参照）。次に，現金の受取りおよび支払いを伴わなかった事象は，例えば，商品が販売あるいは所有権が移転して高い確率で将来にキャッシュ・フローを伴う場合に認識される（図表9-1の資産・負債Bを参照）。これによって，売掛金，支払手形，未払費用，未収収益などの収益未収入項目や費用未支出項目などの債権・債務が認識され，それは，その見積キャッシュ・フローによって測定され「財務諸表②」に計上される。

　注記には，(a)財務諸表項目の明細，(b)当期の財務諸表を理解するために関連性がある記述的説明（その背景や代替的な見解），(c)各計算書における認識の要件を満たしていない項目が記載される。(a)および(b)の明細と関連説明に関しては，「注記①」，「注記②」および「注記③」のそれぞれで記載される。(c)の認識の要件を満たしていない項目とは，認識された事象を現在出口価値で測定する過程で，そのリスク／不確実性の影響を調整できなかったものであり「注記③-2」に含まれる。

　偶発債務のように，生じる可能性がある程度は確実（remote）なもの，換言すれば，発生確率の分布は分かるが，それらの個々の確率がある程度に低いものは，認識に伴うリスク／不確実性の許容範囲に収まっていると言うことができる。しかし，期待値から乖離するリスク／不確実性を測定計算の中で反映させることができない場合には，「注記③-2」で記載されることになる。この場合（図表9-1の資産・負債Cを参照）には，50から85の間というような偶発損失の発生可能な範囲（probability threshold）を設けて注記で記載することができる。

　一方，その調整が測定計算の中で反映できる場合には，その事象は引当金として「財務諸表③」に計上されることになる。「財務諸表③」に計上される項目が生じる可能性は，「財務諸表②」に計上される未払費用や未収収益よりも小さく，換言すれば，引当金に伴うリスク／不確実性は未払費用や未収収益のよりも一般的にはかなり大きいと言える。

　認識に伴う許容範囲を超えるものについては「財務諸表外情報Ⅰ」の事業等

のリスクなどに記載されることになる。事業等のリスクは，財務諸表と注記を補足あるいは追加する情報となっている。例えば，それには調査対象中の訴訟案件や和解済みの情報がある。訴訟案件は，その事象が生じるかどうかが不確定であり，認識に伴うリスク／不確実性の許容範囲を超えているために，偶発債務として「注記③」に記載できないものである。また，和解済みの情報は，財務諸表の引当金と注記の偶発債務に対して追加あるいは補足する情報である。

現代の財務報告では,さらに,認識あるいは測定すること自体が困難な事象,ないしは適さない事象でさえも「財務諸表外情報Ⅱ」として積極的に開示する傾向にある。環境報告書などがその一例で，それは財務諸表の個々の数値とは直接的に関連しない財務諸表を補完するためのものである。つまり，財務報告の範囲は拡大の一途にあるのである。

（3）保証業務の変容

財務諸表の保証業務は，会計監査人に期待されているだけではなく，鑑定人やアクチュアリーなどの存在が必要になってきている。例えば，鑑定人が重要性の高い資産および負債項目を公正価値で測定する必要性がでている。それは，会計監査人が独立性ルールの下では自身が行った業務を保証できないために売掛金を評価することができず，代わって鑑定人に評価を依頼し，鑑定人が重要性の高い売掛金を特定の回収可能価額で評価しなければならなくなる可能性が生じるからである。

財務諸表と注記，並びに注記と財務諸表外情報の境界線は，実務上ではきわめて不明確である。図表9-3は，本節ですでに説明してきたことを，リスク／不確実性の視点から，財務報告を整理してみたものである。そこでは，ある事象に関して，認識と測定に伴うリスク／不確実性の許容範囲に収まるものは財務諸表に計上し，認識のみがリスク／不確実性の許容範囲に収まるものは注記に記載し，その両方ともが許容範囲を超えるものについては財務諸表外情報に記載することを示している。

ある情報が財務諸表に注記されるか，あるいは財務諸表外情報Ⅰとして開示

されるかによって,当該情報が合理的保証業務の対象となるのか,あるいは限定的保証業務の対象となるのかが決定される。また,ある情報が財務諸表外情報Iとして開示されるか,あるいは財務諸表外情報Ⅱとして開示されるかによって,当該情報が保証業務の対象となるかどうかが決定される。このようなことを勘案すると,保証の可能性という観点から,財務諸表,注記,および財務諸表外情報Iが備えるべき要件を考えることが必要になってくる。

　このように,今日では財務諸表外情報にまで及ぶ広範な保証領域が会計監査人に期待されるため,保証業務には保証業務によって得られる異なる信頼性の水準が想定されるばかりではなく,従来の保証業務とは異なる新しい枠組みが必要となってくる。財務報告の拡大化には何らかの歯止めが必要となるが,当該機能はその新しい保証業務に求められるものと考えられる。

図表9-3　リスク情報開示と財務報告

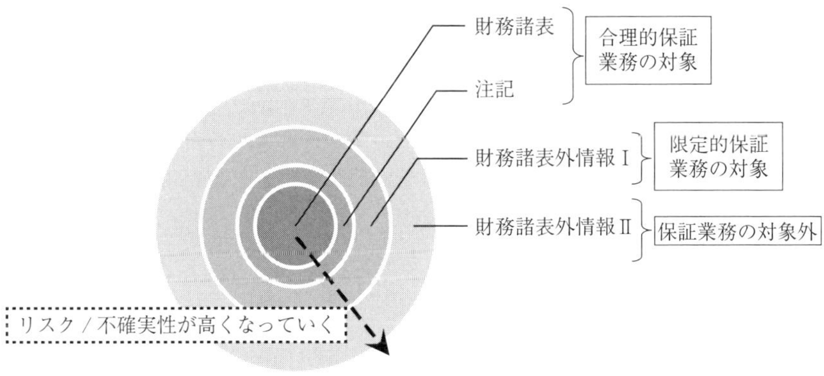

（図：同心円状の領域図。中心から外側へ「財務諸表」「注記」（合理的保証業務の対象）、「財務諸表外情報I」（限定的保証業務の対象）、「財務諸表外情報Ⅱ」（保証業務の対象外）。外側に向かって「リスク／不確実性が高くなっていく」）

第3節　企業リスクと開示

経営者は，企業の成長目標並びに獲得しようとする利益およびキャッシュ・フローの目標値と，これらに関連する企業リスクとの間で最適なバランスをとるように，経営目的や経営戦略を設定する必要がある。その上で，利用できる資源を効率的かつ有効的に配分した場合に企業価値は最大化される。

そこで，本節では，企業の持続的成長可能性にリスク・マネジメントがどのように関連しているかという視点から，企業リスクの開示の意義について検討してみる。

（1）リスク・マネジメント

リスク・マネジメントでは，予想されるプラスもマイナスも含む全ての結果と実際の結果との不一致を減らそうと努める。マイナスのリスクは，何か悪い事が起こりうるのと同じだけの何か良い事が起こらない可能性からも生じる。

図表9-4では，企業リスクとリスク・マネジメントの関係を示している[3]。企業は外的要因である事業環境に影響を受けながら活動を行い，その企業活動は事業組織，例えば事業形態や企業風土によって特徴づけられる。また，その企業活動は経営戦略に大きく左右され，企業が管理するのが困難な外的要因から生じる経営リスクと企業が管理しやすい内的要因から生じる管理リスクを伴うことになる。経営者がこれらのリスクを識別・評価し，そのリスクをどのように受入れ，そしてどのように管理するかは，リスク・マネジメントの考え方次第である。つまり，リスク・マネジメントは，企業がこれらのリスクをどのように経営に生かすかを特徴づける企業全体で共有化された経営者の信念と姿勢の組合せである。

ここでは，同様のリスクに直面している同業種においても企業には異なるリスクの戦略，目的および許容差があるため，個々の企業では異なるリスク・マネジメントを選択するのが通常であることを忘れてはならない。

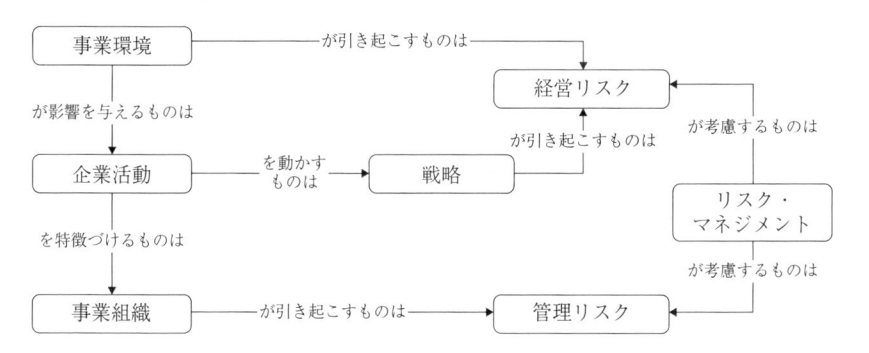

図表9-4　企業リスクとリスク・マネジメント

```
┌─────────┐ ──が引き起こすものは──→ ┌─────────┐
│ 事業環境 │                        │ 経営リスク │
└─────────┘                        └─────────┘
    │                                  ↑
が影響を与えるものは              が引き起こすものは    が考慮するものは
    ↓          を動かす                              
┌─────────┐   ものは   ┌──────┐                ┌──────────┐
│ 企業活動 │ ────────→ │ 戦略 │                │  リスク・  │
└─────────┘            └──────┘                │ マネジメント│
    │                                          └──────────┘
を特徴づけるものは                              が考慮するものは
    ↓                                              │
┌─────────┐ ──が引き起こすものは──→ ┌─────────┐ ←─┘
│ 事業組織 │                        │ 管理リスク │
└─────────┘                        └─────────┘
```

（2）リスクの定義と開示の目的

　イングランド・ウェールズ勅許会計士協会（ICAEW）は，イギリスにおいて，これまでの会計基準設定に一定の重要な役割を果たしてきている。ICAEWでは，企業が直面する企業リスクを企業内外のステークホルダーの視点から議論を重ね，1996年からその一連の成果物を公表してきている。その中では，リスクは次のように紹介されている（ICAEW［1997］, par. 4. 16）。

① 潜在的な利得と損失の両方を含む，企業の便益の金額に関わる不確実性。
② プラスもマイナスも含む全ての可能な結果の割当。
③ ある事象または行動が，経営目標や経営戦略を成功に導くための企業能力に不利な影響を及ぼす可能性のある脅威。
④ 株主価値の減少を導くあらゆる出来事。

　企業は直面するさまざまなリスクを管理して，その企業リスクを開示しようと努める。その開示の目的として，次の5つを挙げることができる（ICAEW［1997］, par. 4. 16）。

① 実際的な将来予測情報の提供
　証券・資本市場では，将来キャッシュ・フローの金額，時期および不確実性が予測できる企業の主要な活動に関する業績を評価できる情報を求めている。

なぜなら，長期的にみて利益とキャッシュ・フローに影響を及ぼす可能性のある要因を適切に示していない歴史的原価を中心とした業績に焦点を当てた財務諸表には，当該意思決定を誤らせる脅威が内在しているからである。

② 資本コストの低減

企業は利用可能な最も有利なレートの資本を獲得しようとしている。資本コストに影響を与える第1の要因は，企業に付随する識別されたリスク情報である。一般水準よりリスクが高いとみなされた企業ほど資本調達により高いレートが適用されることになり，株価収益率は低下する。この関係は，財務アナリストのリスク予測と株価収益率には強い相関関係があることによって証明されている。

③ 良好なリスク・マネジメントの促進

より正確で首尾一貫したリスク情報開示に必要な内部的プロセスを有する企業は，リスク・マネジメントを促進できる見込みをもっている。それは，株主価値に与えるプラスの影響を早い段階で強化することを可能にして，企業が獲得するキャッシュ・フローを増やし，かつ企業経営の不安定さを軽減させる。経営者は，良好なリスク・マネジメントを促進すると同時に当該リスク要因を開示することで，低い資本コストと高い株価収益率を導き，企業価値を高めることができる。

④ 全ての投資者の同等な扱いの保証

全ての投資者は，投資意思決定に際して当該企業に関する同一の情報を享受する資格がある。しかし，各種のアナリストは取締役との面談によるリスク情報を得ていたり，また特定の投資者は，他の投資者では得られない財務諸表に反映されていない豊富な情報を得ていたりするかもしれない。このようなことは，公表財務情報の意思決定の有用性および関連性を阻害する恐れがある。それが，リスク情報開示によって，全ての投資者が利用可能な情報を等しく提

供できる可能性がでてくる。

⑤ 受託責任解除,投資者保護および財務報告の有用性の向上
　リスク情報は,受託責任をどのように経営者が解除しているかを評価するためのより良い証拠を提供することができるため,アカウンタビリティーを高める。また,リスク情報によって,投資者は企業リスクを識別・評価し,投資行動に役立たせられる。この意味において,リスク情報開示は,投資者保護に大きく貢献できると言うことができる。
　さらに,企業リスクについて事前の見識・評価を持つことができる投資者は,この見識・評価の検証に開示されたリスク情報は有用である。より多面的なリスク情報が開示されれば,投資者はその情報とどの財務諸表の数値を関連づければ関心ある諸問題が究明できるかを知る契機となる。

第4節　リスク情報の開示制度

　前節では,企業リスクを経営者がどう識別・評価し,そして管理しているのかについて,また,当該情報を開示する意義について検討してきた。そこで,本節では,そのリスク情報をどのように開示すればよいのかを,日本では「事業等のリスク」を取り上げ,そしてイギリスでは「営業・財務概況（OFR）」を取り上げて,その開示制度を検討することによって考えてみたい。

(1) 日本の「事業等のリスク」
　2002年12月16日に公表された金融庁・金融審議会第一部会の『証券市場の改革促進』において,投資者の信頼が得られる市場を確立するための2つの提言が行われた。まずは,市場参加者である企業がコーポレート・ガバナンスの強化を図ることにより信頼性を確保することとあった。次に,その信頼ある企業に関する情報が正確に,具体的に,かつ分かりやすく開示されるようにディスクロージャーの充実と強化を図るべきとあった。その当時,世界経済の拡大を

背景に日本経済が徐々に立ち直ってきたと言われだしてはいたものの,株式相場の回復基調は一過性のものであり長続きはしていなかった。貯蓄優遇から投資優遇への金融のあり方の転換を踏まえた直接金融重視に移行する環境整備には,また,中小・ベンチャー企業の資金調達や事業再編の円滑化に取り組むには,証券市場のさらなる構造改革の推進が必要であった。

2003年3月31日に「企業内容等の開示に関する内閣府令等の一部を改正する内閣府令(昭和48年1月30日大蔵省令第5号)」(「開示府令」)の一部改正が行われ,有価証券届出書(開示府令第2号様式,第2号の4様式,第2号の5様式及び第7号様式)および有価証券報告書(開示府令第3号様式,第3号の2様式,第4号様式,第8号様式及び第9号様式)において,①リスクに関する事項,②経営者による財務・経営成績の分析(MD&A),③コーポレート・ガバナンスに関する事項についての情報開示が求められた。その結果,2003年4月1日以降に開始する事業年度から,それらの情報の開示が適用されることになった。

「開示府令」の第3号様式「第一部【企業情報】」の「第2【事業の状況】」に「4【事業等のリスク】」が新設され,リスクに関する項目は,有価証券報告書および有価証券届出書において独立した項目,すなわち事業等のリスクに一括して記載することが要求された。そこでは,記載すべき内容に関しては,提出企業の自主的な判断に基づくものの,アメリカにおける登録届出書の記載内容の実例などの国際的な動向を踏まえることが付け加えられている。さらに,投資者が企業の事業の状況や経理の状況について適切な判断ができるように,できる限り幅広く,かつ具体的に記載することが要求されていると同時に,真に重要なリスク情報のみを適切に開示することが要求されている。これらのリスク情報が将来的な事項にまで及ぶ場合には,有価証券報告書等の提出日現在においての将来情報である旨を明記しなければならない。

事業等のリスクには,例えば,①企業が採用している特異な経営方針に係わる情報,②財政状態および経営成績の異常な変動に係わる情報,③キャッシュ・フローの異常な変動についての情報,④取引の継続性が不安定である特定の取引先への高い依存度に係わる情報,⑤特定の製品,技術など将来性が不明確で

あるものへの高い依存度に係わる情報，⑥特有の取引慣行に基づく取引に関する損害に係わる情報，⑦新商品および新技術に係わる情報，⑧特有の法的規制に係わる情報，⑨重要な訴訟事件などの発生に係わる情報，⑩役員，従業員，大株主，関係会社などに関する重要事項に係わる情報，⑪会社と役員または議決権の過半数を実質的に所有している株主との間の重要な取引関係に係わる情報が記載される。

　事業等のリスクの開示内容を実際に調べてみると，意思決定に有用な情報となるための会計情報の質的特性である目的適合性と忠実な表現が十分に備わっているとは言い難いことが明らかになった（小西［2008］）。それは，事業等のリスクの開示の手続きに関して，特にその認識，測定および表示に関する規定や基準が存在しないため，その内容は提出会社の自主的判断に任されているからである。そのために，開示内容の企業間での比較可能性が乏しく，またMD&Aやコーポレート・ガバナンスに関する情報の内容と重複しているため理解可能性にも欠けてしまうという，記述的あるいは定性的情報がもった本質的な問題点が浮きぼりとなっている。

（2）イギリスの「営業・財務概況（OFR）」

　欧州では，株主よりもより広いステークホルダーに対する配慮が図られ，それがCSRの要請につながっている。イギリスもまた同様であり，1990年代から繰り広げられている会社法近代化の議論の中でCSRに関する開示が積極的に求められるようになった。そこでは，将来の企業業績に重要な影響を及ぼすと考えられる企業活動に関する情報の開示に注目が集まるようになった。

　1993年にイギリスの会計基準審議会（ASB）から公表された意見書「営業・財務概況[4]」によって，企業は任意ではあるが年次報告書に営業・財務概況（OFR）を掲載するようになった。そして，OFRを中心にして，企業業績に影響を及ぼす環境要因についての経営者の視点からの分析などの財務諸表にはない情報が，年次報告書の中で説明的に記述されるようになった。

　2000年に入り，会社法の近代化にますます拍車がかかる中で，イギリス政府

は公開企業に対して年次報告書にOFRを開示することを義務づける決定を下し，2004年5月にこの新しい要求を実施するための答申書を公表した。これは，「EU会計近代化指令（EU Accounts Modernisation Directive）」が求めている取締役報告書において営業概況（Business Review）を設けて記載する方法にも合致していると考えられていた。ASBは2004年11月に公開草案「営業・財務概況[5]」を公表し，2005年3月には通商産業省が「1985年会社法（営業・財務概況及び経営者報告等）規則2005」（The Companies Act 1985（Operating and Financial Review and Directors' Report etc.）Regulations 2005）を制定して，すべてのイギリスの公開企業に対して2005年4月1日以降に開始する事業年度からOFRを開示することを求めた。2005年5月にはASBは報告基準第1号「営業・財務概況[6]」を公表してOFRの開示に関する枠組みを示し，提供されるべき主要な情報の1つとして，企業の長期的価値に影響を及ぼす可能性のある資源，重要なリスクおよび不確実性，そして関連性を挙げた。

しかし，当時のブラウン（Brown, Rt.Hon.Gordon）財務相は，2005年11月28日のイギリス産業連盟（Confederation of British Industry）の年次総会でOFRの公表を義務づけることを撤回する見解を示した。この見解に呼応して，通商産業省は2005年12月に「1985年会社法（営業・財務概況及び経営者報告等）（撤回）規則2005」（The Companies Act 1985（Operating and Financial Review and Directors' Report etc.）（Repeal）Regulations 2005）を制定し，OFRの開示の義務化を撤回した。これはイギリス政府がOFRの作成から生じる追加的なコスト負担に産業界が懸念していることに理解を示したものである。

ASBは，これに対応して2006年1月に企業がOFRの開示を自主適用する際のガイドラインに相当する報告意見書「営業・財務概況[7]」を公表し，「EU会計近代化指令」と同様にOFRは取締役報告書の営業概況に記載することが最善の実務（best practice）であるとした。

報告意見書では，OFRは，①事業の本質，②事業の発展および業績，③資源，重要なリスクおよび不確実性，そして関連性，④当期および将来の事業の状況についての情報を開示する。①事業の本質では，(a)事業および事業環境の説明，

(b)事業の目的，(c)経営戦略，(d)主要業績指標（KPIs）の目標値が記載され，②事業の発展および業績では，(a)当事業年度の業績の特徴，(b)将来業績に影響を与える要因分析が記載される。そして③資源，重要なリスクおよび不確実性，そして関連性では，(a)利用可能な資源およびその管理状況の説明，(b)リスク／不確実性の説明とその対応策，(c)利害関係者との重要な関係，(d)株主との取引の説明が記載され，④当期および将来の事業の状況では，(a)財政状態，(b)キャッシュ・フロー，(c)流動性が記載される。

報告基準第1号「営業・財務概況」からの主な記載内容に関する変更点としては，企業にとって著しい不利益が生じる場合には将来情報の開示の免責規定と免除規定が導入されたことと，KPIsとしては環境関連情報と従業員情報が含まれていればその他の開示は任意とされたことなどがある。

第5節　リスク情報開示に向けて

経営者は，リスク選好と経営戦略を適切に組合せて，業務全般にわたってリスク・マネジメントを推進し，複数のリスクに対する統合的な対応策を選択していかなければならない。その結果，業務上の予測できないマイナスの結果が逓減し，あるいはプラスの結果が逓増して財務業績を向上させることができるようになって，企業の持続的成長可能性が高まっていく。また，新たな事業機会をもたらす取引・事象を識別することも可能になり，効率的かつ有効的な資源の配分が実現されるようになって，企業の持続的成長可能性が高まっていく。

これらの企業リスク情報を開示することによって，経営者の受託責任が解除できると同時に，個々の投資行動にも等しく役立つために投資者保護が期待でき，結果的には財務報告の有用性が増して証券・資本市場の発展を促すこととなる。

わが国では，2004年度の決算期より，証券・資産市場の信頼性と透明性を高める目的で，事業等のリスク情報は，MD＆Aおよびコーポレート・ガバナンスに関する情報とともに有価証券報告書において独立した一項目として開示

されるようになった。しかし，事業等のリスク情報の開示内容は，提出会社の自主的判断に任された結果，意思決定に有用な情報となるためには，比較可能性や理解可能性に問題があり，また目的適合性と忠実な表現の質的特性も十分に備えているとは言い難い。その理由は，保証業務の対象外情報として開示されているからに他ならない。

イギリスでは，1990年代から繰り広げられている会社法近代化の議論の中でCSRに関する開示が積極的に求められるようになり，経営者の視点から企業業績に影響を及ぼす環境要因などを分析した説明的な記述に注目が集まるようになった。その一括した記載がOFRに求められ，年次報告書に一旦はOFRの掲載が義務づけられた。しかし，追加的な作成負担に懸念を示す企業の反対によってすぐに撤回され，OFRは自主的に開示する際のガイドラインによって規制されるようになり，それらの情報は取締役報告書における営業概況などで記載されるようになった。そこでは，リスク情報が備えるべき重要な質的特性の1つであった将来情報の開示は任意となってしまった。

リスク情報は，IFRSで押し進めるように，積極的に財務諸表の数値に反映させることが必要である。しかし，リスク情報は，企業の長期的価値に影響を及ぼす可能性のある資源，重要なリスク／不確実性，および重要な利害関係者との関係を中心とした企業の経営活動全般に係わる情報であるため，即座に個々の財務諸表の数値に反映されるとは限らない。したがって，財務諸表の数値からは直接的に読み取ることが困難な企業の経営活動を説明的に記述し，財務諸表の補足的，追加的，あるいは補完的機能を果たすことが，リスク情報開示には求められている。

これまでの議論を踏まえ，リスク情報開示のあり方について，図表9-5を用いて次の3点を提言して結びとしたい。

① 有価証券報告書においては，包括的なリスク情報を一括して開示するため，また，その情報の目的適合性と忠実な表現，あるいは比較可能性と理解可能性を高めるために，開示規定を設ける。
② リスク情報は，2つのカテゴリーに分けて開示する。財務諸表外情報Ⅰで

第9章　リスク情報開示の意義とあり方

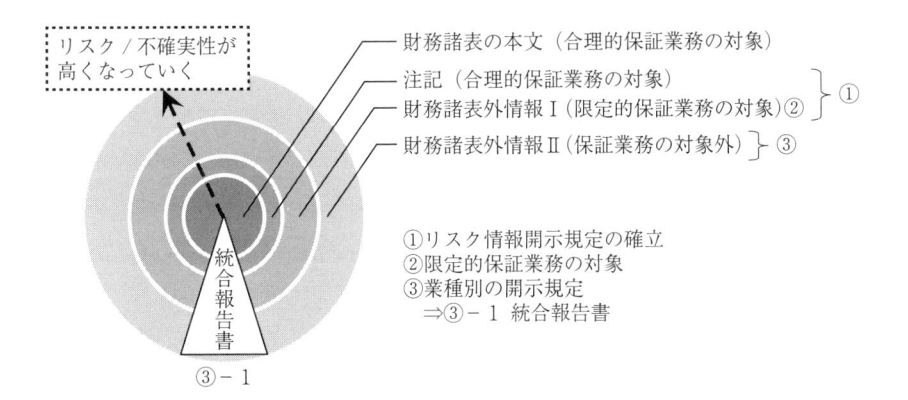

図表9-5　リスク情報開示に向けての3つの提言

```
リスク／不確実性が
高くなっていく
```

― 財務諸表の本文（合理的保証業務の対象）
― 注記（合理的保証業務の対象）
― 財務諸表外情報Ⅰ（限定的保証業務の対象）② ｝①
― 財務諸表外情報Ⅱ（保証業務の対象外）｝③

統合報告書
③-1

①リスク情報開示規定の確立
②限定的保証業務の対象
③業種別の開示規定
　⇒③-1　統合報告書

は，財務諸表の数値と直接的に関連するものを追加・補足し，財務諸表の数値と一体的な説明を加える。そして，財務諸表とは異なる保証水準での業務対象とする。

③　財務諸表外情報Ⅱに関しては，業種別に開示する報告書を定める。ここでは，財務諸表の数値と間接的に，あるいは経営活動と全体的に関連するものを開示し，保証業務の対象とはしない。電力会社や病院には環境報告書の作成を課し，広範なステークホルダーに対するCSRを果たさせるようにする。先般の東日本大震災に際しては，東京電力（株）には，(a)復興と賠償の資金調達の方法，(b)賠償金をいくら払う必要があるのか，また福島原発周辺の住民が引き続き住むことができるのかといった説明も含む放射能漏れの長期的な影響の評価などの株主価値の回復を導く統合報告書を作成させる。

【付記】　本研究は,平成23年度の日本学術振興会科学研究費補助金（基盤研究（C）課題番号：21530465）の助成を受けた研究の成果の一部である。

注
（1）リスクとは発生確率の分布が明確なものであり，他方，その分布が不明確なものを不確実性とする場合もあるが，ここでは，リスクと不確実性を明確に区分してはいない。
（2）ここでの説明は，原初認識時における測定に限定しており，フレッシュ・スタート測定については別の機会で説明することとする。また，説明上の都合により，財務諸表と注記を①〜③に分けてある。
（3）Raval, Vasant and Fichadia, Ashok, *Risks, Controls, and Security -Concepts and Applications-*, Wiley, 2007. の p.6の図表1．2の一部を修正している。
（4）ASB (Accounting Standards Board), Operating and Financial Review, *Statement*, ASB, 1993.
（5）ASB, Reporting Standard 1: Operating and Financial Review, *Reporting Exposure Draft*, ASB, 2004.
（6）ASB, Operating and Financial Review, *Reporting Standard* 1,ASB, 2005.
（7）ASB, Operating and Financial Review, *Reporting Statement*, ASB, 2006.

〈参考文献〉
加藤盛弘 2006『負債拡大の現代会計』森山書店。
古賀智敏・河﨑照行編著 2003『リスクマネジメントと会計』同文舘出版。
小西範幸 2008「財務報告におけるリスク情報開示の基本的枠組み」蟹江章編著『会社法におけるコーポレート・ガバナンスと監査』所収，日本監査研究学会リサーチシリーズⅥ，同文舘出版。
小西範幸 2008「事業等のリスク情報の開示とその信頼性」友杉芳正・田中弘・佐藤倫正編著『財務情報の信頼性 —会計と監査の挑戦—』所収，日本会計研究学会特別委員会報告，税務経理協会。
小西範幸 2010「財務報告における注記の位置づけ —財務諸表と財務諸表外情報の区分の観点から—」山崎秀彦編著『財務諸表外情報の開示と保証』所収，日本監査研究学会リサーチシリーズ，同文舘出版。
財務会計基準機構 2004『有価証券報告書における「事業等のリスク」等の開示に関する検討について（中間報告）』FASF。
永見尊 2011『条件付監査意見論』国元書房。
Department of Trade & Industry, *Narrative Business Reporting: A Consultation on Narrative Reporting Requirements for Companies*, 2006.
Financial Accounting Standards Board, Recognition and Measurements in Financial

Statements of Business Enterprises, *SFAC No5*, FASB, 1984.（平松一夫・広瀬義州共訳 2002『FASB財務会計の諸概念』中央経済社）

Konishi, N. and Ali, M. A., Risk Reporting of Japanese Companies and its Association with Corporate Characteristics, *International Journal of Accounting, Auditing and Performance Evaluation*, Vol.4 No.3, 2007, 263-285.

ICAEW (The Institute of Chartered Accountants in England and Wales), *Business Risk Management*, ICAEW, 1996.

ICAEW, *Financial Reporting of Risk: Proposals for a Statement of Business Risk*, ICAEW, 1997.

ICAEW, *No Surprises: The Case for Better Risk Reporting*, ICAEW, 1999.

ICAEW, *Internal Control: Guidance for Directors on the Combined Code*, ICAEW, 1999.

ICAEW, *Implementing Turnbull - A Boardroom Briefing*, ICAEW, 1999.

ICAEW, *No Surprises: Working for Better Risk Reporting*, ICAEW, 2002.

第10章　非財務情報開示における XBRL 導入の現状と課題
── GRI と WICI の取り組みを題材として──

坂　上　　学（法政大学）

第1節　は じ め に

　XBRL（eXtensible Business Reporting Language）とは,「財務情報の作成・流通・利用が容易となるように, XML（eXtensible Markup Language）を用いて標準化された財務報告・事業報告用のコンピュータ言語」（XBRL Japan 監修［2003］）であり，わが国の EDINET やアメリカ SEC の EDGAR といった電子開示システムに導入され，事実上の世界標準としてその地位を確立しつつある。

　XBRL は「事業報告」（Business Reporting）という名称が示すように，単に財務情報のみを視野に入れたものではない。当初から非財務情報も含む広範な情報を取り扱うことのできるように開発が進められており，柔軟性に富み，巧妙に作り込まれた仕様を持っている。それゆえ，どのような情報を XBRL 化できるかという問いについては，おそらく，ありとあらゆる情報を XBRL 化することができる，と回答することが可能である。

　しかしながら XBRL は技術的な難解さもあり，その仕組みが十分に理解されず，さまざまな神話（myth）が存在しているように思われる。財務情報・非財務情報を XBRL によって記述するということは，それらの情報に対する XBRL タクソノミを作成することを意味する。しかし，XBRL タクソノミを作成できることと，そのタクソノミに従って作成される XBRL 形式のデータが十分に活用できることとは，同じではない。情報を単に XBRL 化しただけで

は目的を達することはできないからである。「どのような」情報をXBRL化するのか，また，その情報を「どのように」XBRL化するのか，ということが十分に吟味されなければ，おそらく十分な成果を得られることはないであろう。それどころか，無駄なコストが増えるだけで，誰もその恩恵を受けることができないといった本末転倒の結果がもたらされるおそれすらある。

そこで本章では，非財務情報開示におけるXBRLの意義について，XBRLの基本的な仕組みを示しながら，非財務情報として「何を開示すべき」なのかについて近年のGRIやWICIなどの動向と統合的レポーティング（Integrated Reporting）の取り組みなどを参照しながら検討することにしたい。これらの検討を踏まえた上で，非財務的価値を財務的価値と結びつけた企業情報開示を進めるための課題を示すことにしたい。

第2節　非財務情報開示とXBRLへの期待

冒頭にも述べたように，XBRLは当初から非財務情報を含む広範な企業情報の開示を意図して開発されている。その淵源をたどればアメリカ公認会計士協会（American Institute of Certified Public Accountant：以下AICPA）が1994年に公表した『ジェンキンズ報告書』（AICPA［1994］）にたどり着く。本報告書では，事業報告の包括モデルとして以下の10の要素を提示している。

【財務データおよび非財務データ】
1. 財務諸表および関連する開示
2. 経営者が企業経営に利用する高度の営業上のデータおよび業績測定値

【財務データおよび非財務データについての経営者の分析】
3. 財務，営業および営業関連データの変動の理由および主要な動向の実態および過去の影響

【将来指向的情報】
　4．主要な動向の結果生じたものを含む事業機会およびリスク
　5．重要な成功要因を含む経営者の計画
　6．実際の企業の業績と以前開示された事業機会，リスクおよび経営者の計画との比較
【経営者と株主に関する情報】
　7．取締役，経営者，報酬，主要な株主ならびに関係当事者間の取引および関係
【企業の背景】
　8．広範な目標と戦略
　9．事業と所有資産の範囲と説明
　10．産業構造が企業に及ぼす影響

　このジェンキンズ報告書が公表された当時は，まだXBRLは開発されておらず，Webを記述するために用いられるHTML（Hyper Text Markup Language）あるいはそのメタ言語であるSGML（Standard Generalized Markup Language）といった一般用途のためのマークアップ言語しか存在していなかった。この包括モデルにもとづくWebベース開示の具体例として，FauxCom Inc.という架空企業を仮想的に設立し，包括モデルのすべての要素を網羅した開示をおこなったが，これはすべてHTMLを用いて記述されたものであった。

　このFauxComプロジェクトはその後，財務会計基準審議会（Financial Accounting Standards Board：以下FASB）に引き継がれることになるが，当時の国際会計基準委員会（International Accounting Standard Committee：以下IASC）が1999年に公表した討議資料『インターネット上での事業報告』（IASC［1999］）において議論されているように，HTMLは「表示のための言語」（presentation language）であって，「データを記述するための言語」（data description language）ではないことが問題点として指摘されている。そして，

より望ましいのは，当時登場したばかりの XML ベースの言語を用いることであり，AICPA によって開発が進められていた XFRML（eXtensible Financial Reporting Markup Language）への期待が述べられている。この XFRML こそが XBRL の前身であり，2000年にその名称を現在の XBRL へと変更し，今日に至っているのである[1]。

ジェンキンズ報告書が示した事業報告の包括モデルは，その後 EBR（Enhanced Business Reporting）という形で継承され，2003年に AICPA の中に特別委員会が設置された。2年間の議論の後，2005年には EBR コンソーシアム（EBRC）が発足し，2006年には新たな報告モデルとして，以下のような EBR フレームワーク（Version 2.1）が提示されている[2]。

A. 事業の概観
　事業概況の要約，経済，産業分析，技術動向，政治，法律，環境，社会

B. 戦略
　企業の戦略の要約，見通しとミッション，強み，弱み，機会，脅威，目標と目的，企業の戦略，事業単位の戦略，事業ポートフォリオ

C. 資源とプロセス
　資源とプロセスの要約，資源の形態（金融資本，物的資本，関係（社会的）資本，組織（構造的）資本，人的資本），主たるプロセス（見通しと戦略の策定，内部資源の管理，製品・サービスの管理，外部関係の管理，ガバナンスとリスクの管理）

D. 業績
　業績の要約，GAAP ベース指標，GAAP 派生指標，産業別指標，企業特有の指標，資本市場ベースの指標

わが国では，ジェンキンズ報告書や EBR フレームワーク等の事業報告モデルのうち，いくつかは制度会計の枠組みの中に取り入れられている。2004年3月期決算の有価証券報告書より，「事業等のリスク」，「財政状態および経営成

績の分析」,「コーポレートガバナンスの状況」といった項目についての開示が求められており,前述した事業報告モデル示されている非財務情報のうち,かなりのものが制度として取り入れられていることが分かる。

このことから分かるのは,明確な形で制度化されておらず,企業が自主的に開示している非財務的情報として残されているのは,いわゆる「サステナビリティ情報」と「無形資産情報」の2つに大別されることになる。

サステナビリティ情報の開示については,GRI (Global Reporting Initiative)による取り組みが知られており,2006年には『サステナビリティ・リポーティング・ガイドライン』第3版が公表されている (GRI [2006])。サステナビリティ報告書の取り組みは,近年,財務報告との統合を目指した「統合レポーティング」(Integrated Reporting) という形で継承され,世界中の公的機関をメンバーとする IIRC (International Integrated Reporting Committee) が発足し,統合化への取り組みが続けられている。

また無形資産情報の開示については,主として知的財産経営に焦点を当てた議論がなされており,わが国では経済産業省による『知的資産経営の開示ガイドライン』(経済産業省 [2005])が公表されている。この取り組みはその後,OECD を事務局とし世界中の民間機関と公的機関をメンバーとして2007年に発足した WICI (World Intellectual Capital/Assets Initiative) へと引き継がれており,2008年には WICI Framework とこのフレームワークに対応した XBRL タクソノミが公表されている[3]。この WICI フレームワークは,前述の EBR フレームワークとの統合が予定されており,精力的な議論がなされている。

以上のような流れは,議論の主眼がサステナビリティ情報にあるのか,それとも知的財産を中心とする無形資産にあるのか,といった違いはあるものの,いずれも財務情報と非財務情報の統合を目指したものであるという点で共通している。また,両者とも開示方法として XBRL 技術の活用が謳われている点も共通している。

WICI では,そのフレームワークの公表と同時に XBRL タクソノミもまた公表されているが,現在のところ,この WICI タクソノミを使って非財務情報を

開示した事例というのは,寡聞にして知らない。GRI も XBRL タクソノミを公開しているが[4],Radley Yeldar と GRI が共同で実施した2009年の調査 (Radley Yeldar and Global Reporting Initiative [2009]) では,CSR 情報について XBRL を活用して開示した事例はゼロであることが報告されている。

このことから,非財務情報の開示において,その開示フレームワークを策定している側からは XBRL の活用が不可欠であることが認識されている一方で,実際に非財務情報を開示する側から見ると,せいぜい Web 上で HTML ベースの開示(表示に主眼を置いた開示)にとどまっているという実態が浮かび上がってくるのである。これはサステナビリティ情報や知的財産情報等の非財務情報の開示が強制開示の対象となっていないことや,XBRL の持つ技術的な敷居の高さ等が主たる要因と思われる。非財務情報の開示において XBRL への期待は大きいものの,実態はまだ伴っていない,というのが現状なのである。

第3節 非財務情報の XBRL 化のアプローチ

非財務情報の XBRL タクソノミの実際を検討する前に,非財務情報の XBRL 化,すなわち XBRL タクソノミの開発に対するアプローチについて,定量的な情報と定性的な情報とでは,当然ながら異なるアプローチを採用することになる。以下,定量情報と定性情報との差異を考慮しながら,XBRL 化のアプローチについて検討することにしよう。

(1) 定量情報と定性情報

一般に,非財務情報は,定量情報と定性情報とに大別することができる。非財務情報における定量情報の例としては,たとえば「温暖化効果ガスの CO_2 換算量」や「特許の取得件数」等を挙げることができるだろう。これに対し,経営者による将来の見通し等叙述的な情報(narrative information)等は,基本的に数字に置き換えることは困難であるので,文字情報をそのまま開示せざるを得ない場合が多い。

第10章　非財務情報開示における XBRL 導入の現状と課題

　定量情報として明確に認識できる情報については，「データ型」（data type），「コンテキスト」（context），「単位」（unit）をどのように設定するかといった多少技術的な問題があるが，それさえクリアできれば，比較的容易にタクソノミを開発することができるだろう。

　定性情報についても，データをどのような形で記述するのか，単に文字情報をそのまま記述すればよいのか，それとも後述するようにカテゴリカル・データの形に落とし込めるように何らかの工夫を施すのかといった多少技術的な問題はあるものの，叙述的な内容をそのままの形で開示せざるを得ないような情報の場合であれば，比較的単純にタクソノミ開発を進められるはずである。

　ただ定性情報の中には，「大きい・小さい」や「多い・少ない」といった程度を示すようなものも存在し得るし，「ある・なし」や「はい・いいえ」といった２値で表現可能なものも存在し得る。あるいはいくつかのカテゴリに分類して表現することも可能なものもある。このようにある種の「カテゴリカル・データ」に落とし込めるようなものについては，その扱いが少々悩ましく，タクソノミを開発する際に特別の考慮が必要となるだろう。

（２）カテゴリカル・データに落とし込める定性情報

　タクソノミを開発する際に，工夫が必要となるのが，カテゴリカル・データに落とし込めるような内容を持った定性情報である。定性情報をうまくカテゴリカル・データに落とし込むことができれば，最終的な情報の利用者の利便性は高まる可能性が高い。その一方で，人間にとっての可読性が損なわれる可能性がある等，一長一短がある。

　たとえば「○○を導入している」といった内容の情報について，この内容をそのまま文字情報として開示するのか，それとも「○○の導入」という内容を表すタグを用意し，その値として「１」ならば「導入している」を表し，「２」ならば「導入していない」を表すという形で標準化できるのであれば，情報開示をしている企業のうち「○○を導入している」企業を簡単に識別し，カウントすることができるようになる。それに対し，叙述的な内容のまま文字列で開

示した場合，言葉の表現には多少の揺らぎがつきものであるため，前述のような分析が困難である。もちろんテキストマイニング技術が飛躍的に向上し意味解析が可能になれば，このような問題はある程度解決されるのかもしれないが，現時点においては実用化の目処は立っておらず，現実的ではない。叙述的な内容を文字情報として開示する一方で，別途タグを用意するという方法もあるが，情報作成の手間が増えるといった問題もある等，一概にどの方法が優れているといったことが言えない。

　どのように XBRL 化を進めるべきかは，結局は利用者の視点が重要となる。叙述的な情報はそのままにして，いくつかの代表的な事項についてはフラッグを立てられるように別途タグを用意するというのが理想的であるが，どの事項について XBRL タグを用意したらよいかについては，何らかのオープンな議論の場での検討が必要となるだろう。

（3）階層構造の記述

　タクソノミの開発にあたって問題となるのは，前述したことの他に，階層構造をどのように記述したらよいかということである。これには2つの意味がある。1つ目は文字通り「項目をどのような階層構造を持つものとして記述したらよいか」という問題である。そして2つ目は「階層関係をどのようなものとして表現するか」という問題である。タクソノミを開発するということは，いわば開示項目の関係を階層構造の中に落とし込むという作業であり，それは「タクソノミ」（taxonomy：分類学といった意味）という言葉が本源的に持っている意味からすれば当然でもある。

　1つ目の問題は，情報の利用者にとって理解しやすい構造，探し出すことが容易な構造を持たせるためには，十分な検討の下になされるべきであるが，開示項目を階層構造への落とし込むという作業は，それほど単純な話しではない。たとえば，どのレベルまで階層化するのか，大きな見出しレベルの階層構造にとどめるのか，もう少し小さな見出しレベルで階層化するのか，それともインスタンスで表現される内容を更に細分化してより詳細なレベルで階層化をする

のか，といった議論が必要となる[5]。より詳細なレベルでタクソノミ化をすることにより高度な分析は可能になるかもしれないが，人間にとってのインスタンスの可読性はそれに伴って難しくなり，何らかのツールを使わない限りうまくハンドルできないデータとなる可能性もある。

　また2つ目の問題は，多少技術的な問題とも関連しているが，項目間の関係としてどのようなものとして表現するか問題である。たとえば貸借対照表の階層構造を考えてみた場合，「貸借対照表」という概念の下には，「資産・負債・資本（純資産）」といった主要項目を示す概念が置かれ，たとえば「資産」という概念の下には「流動資産・固定資産」といった概念が続く。さらに「流動資産」という概念の下には「現金・預金・売掛金…」といった項目が置かれることになる。

　このような階層構造の記述において，最初の「貸借対照表」→「資産・負債・資本（純資産）」の関係と，「資産」→「流動資産・固定資産」の関係は同じではなく，区別されなければならない。この区別は，「〜は，〜である」（IS_A 関係）という表現を使う関係なのか，それとも「〜は，〜の一部である」（PART_OF 関係とか HAS_A 関係という）という表現を使う関係なのかによって，簡単に識別することができる。一般に階層構造は IS_A 関係によって記述することができる。「流動資産は資産である」と言うことはできるし，さらに「現金は資産である」とも言える。しかしながら，「資産は貸借対照表である」とは言えない。貸借対照表と資産との関係は，通常の ISA_A 関係とは異なる関係，すなわち PART_OF 関係（HAS_A 関係）ということになる。

　このような階層構造の関係の違いを把握しておくと，XBRL 化の段階において色々と有益なことが多い。これらの項目間の関係を記述するにあたって，標準的なリンクロールを使うこともできるが，よりきめの細かい機能を実現するためには十分ではないかもしれない。そのような場合は新たなリンクロールを設定することになるが，項目間の関係をしっかりと把握できていなければ，その議論すらできないことになる。

第4節　サステナビリティ情報とGRIのXBRLタクソノミ

　まずはサステナビリティ情報の開示に関連して，XBRL化がどのように進められているかを，GRIのXBRLタクソノミを題材に検討してみることにしよう[6]。GRIのG3ガイドラインのXBRLタクソノミは，ベータ版（正式リリース前のサンプル版としての位置付けがなされているもの）として公表されており，タクソノミをダウンロードしてその中身を見てみると，g3というフォルダー以下の4つのファイルが置かれている。

- g3-12-05.xsd（タクソノミ・スキーマ）
- g3-2006-12-05-label.xml（名称リンクベース）
- g3-2006-12-05-presentation.xml（表示リンクベース）
- g3-2006-12-05-reference.xml（参照リンクベース）

　このようにG3ガイドライン用のXBRLタクソノミでは，定義リンクベースが存在せず，計算リンクベースも存在しない。定義リンクベースが存在しないのは，定義リンクベースの中で定義されるべき情報，すなわち項目の階層構造（親子関係）はすべて表示リンクベースの中で定義されているため冗長性を排するために省かれているというのが，その理由であろう。現時点でサステナビリティ情報は強制的に開示されるものではないのにもかかわらず参照リンクベースが設定されているのは，その項目を開示すべきとした根拠となる文献を参照できるようにするための工夫であろう。

　タクソノミ・スキーマには，対象名前空間として http://www.grig3.org/XBRL/2006/ が宣言されており，これに対して gri-core という名前空間プレフィックスが定義されている。つまり gri-core というプレフィックスがついた要素が，このGRIのG3タクソノミで定義されている項目ということになる。

　GRIのG3タクソノミで特徴的なのは，いくつかの項目について単純な item 型ではなく，tuple 型の要素が定義されていることである。たとえば DMAEconomic（Disclosure on Management Approach の Economic Performance

第10章　非財務情報開示における XBRL 導入の現状と課題

に関する記述箇所）という要素には，子要素として以下の3つの要素がタプルとして連なることが complexType を使って定義されている。

- DMAGoalsPerformanceEC 要素
- DMAPolicyEC 要素
- DMAAdditionalContextualInformationEC 要素

このようなタプルとして表現される要素は，この他にも以下のようなものがある。

- DMAEnvironmental 要素
- DMALabor 要素
- DMAHumanRights 要素
- DMASociety 要素
- DMAProduct 要素

それぞれについて，Goals Performance, Policy, Organizational Resposibility, Training Awareness, Monitoring Follow Up, Additional Contextual Information といった内容を記述するための要素がタプルで表現されることになる。

それ以外の部分についてはいたって普通であり，タクソノミの理解や利用については特に難しい点はなく，なぜG3タクソノミを利用したサステナビリティ情報の開示が進まないのかは不明である。

第5節　無形資産情報と WICI の XBRL タクソノミ

続いて無形資産情報，とりわけ知的財産情報の開示に関連して，XBRL がどのように進められているかを，WICI の XBRL タクソノミを題材に検討してみることにしよう。WICI の XBRL タクソノミは，GRI に比べると格段に複雑で多層的な構造を持っている。タクソノミをダウンロードしてその中身を見てみると，wici というフォルダ以下に6つのフォルダと6つのファイルが置かれており，以下のような構造をしている。

- dvfa/

205

第Ⅱ部　日本企業の持続的成長可能性と非財務情報開示のあり方

- ebr/
- gartner/
- mda-bp/
- wicijp/
- wiki-kpi/
- types-2008-09-30.xsd
- wici-2008-09-30.xsd
- wici-2008-09-30-def.xml
- wici-2008-09-30-lab.xml
- wici-2008-09-30-pre.xml
- wici-entry-point.xsd

　wiciタクソノミは，wici-2008-09-30.xsdを中心に，定義リンクベース，表示リンクベース，名称リンクベースが用意されている。計算リンクベースが存在しないのは，非財務情報の項目同士を集計することがないからであり，参照リンクベースが存在しないのは，開示を要求する法令・規則が基本的に存在しないからである。

　wiciタクソノミのタクソノミ・スキーマには，対象名前空間としてhttp://www.wici.org/が宣言されており，これに対してwiciという名前空間プレフィックスが定義されている。ここで定義されている要素は極めて少数であり，図表10-1のような内容のみとなっている。

　WICIフレームワークで開示することが提言されている項目は，もちろんこれだけではない。その他の項目については，wiciフォルダ以下に存在する6つのサブフォルダ，すなわちdvfa，ebr，gartner，mda-bp，wicijp，wiki-kpiの中に定義されており，これらを参照するためのエントリ・ポイント（wici-entry-point.xsd）が提供されている。サブフォルダの命名等からも分かるように寄せ集めの印象を否めず，ある程度体系化された構造を持った包括的なタクソノミの開発が望まれるところである。

　上記のwici-2008-09-30タクソノミに定義されている23の要素に対し，名称リ

第10章　非財務情報開示における XBRL 導入の現状と課題

図表10-1　wici-2008-09-30タクソノミに定義されている要素名

要　素　名
CorporateOverviewAbstract
VisionAndMissionOrganization
VisionAndMissionIndustry
VisionAndMissionBusinessDomain
VisionAndMissionBusinessSegmentation
VisionAndMissionSegmentationOrder
VisionAndMissionDurationAndResultsPerBusinessUnit
VisionAndMissionBusinessCyclePerBusinessUnit
VisionAndMissionBusinessModelOverview
VisionAndMissionSegmentInformationByRegion
VisionAndMissionCompetitiveAdvantage
VisionAndMissionBusinessAndManagementPlan
CorporateOverviewTable
BusinessSegmentAxis
BusinessSegmentDomain
DomesticMember
NonDomesticMember
GeographicBusinessSegmentDomain
GeographicBusinessSegmentAmericasMember
GeographicBusinessSegmentEuropeAfricasMember
GeographicBusinessSegmentAsiaPacificMember
CorporateOverviewLineItem
GeographicAxis

ンクベースにおいて英語（en-US）および日本語（ja）のラベルが用意されているが，2008-09-30版タクソノミの日本語ラベルには文字コードのエンコーディングのミスに起因する文字化け等の不具合が存在したままとなっており，その完成度は低いと言わざるを得ない。日本において開発された wikijp フォルダ以下に格納されている部分については，このような不具合は存在していないことを考えると，各関係者の取り組みについて，技術的なフォローその他に濃淡があったことが窺える。

WICI タクソノミはあくまでも議論の途中経過において開発された実験的・暫定的なものであり，現時点において WICI タクソノミを利用して開示をおこなうということは，以上のような問題点があるため，あまり現実的ではないと言えるだろう。

第6節　統合レポーティングへの対応のアプローチ

近年，財務情報とサステナビリティ情報とを統合した統合レポーティング（Integrated Reporting）という形での情報開示が議論されるようになっているが，財務情報部分のタクソノミと，非財務情報部分のタクソノミの開発について，どのように開発するかという問題は悩ましい問題をはらんでいる。現時点において世界には3大タクソノミと呼べるものが存在しているが[7]，電子開示システムにおいて活用されているものは実質的にそのうちの2つ，すなわちアメリカ SEC が運用している EDGAR で用いられている US-GAAP タクソノミとわが国の金融庁が運用している EDINET で用いられている EDINET タクソノミであるが，統合レポーティングの議論は進んでいないのが現状である。一方，現在の統合レポーティングの取り組みにおいては，IFRS タクソノミとの統合を推し進めている。

財務情報と非財務情報を統合して情報開示を推進するというのは，いわゆる情報パースペクティブに依拠するならば，フル・ディスクロージャーが実現されるという意味において極めて有用なことであろう（Scott［2006］）。XBRL を

採用することによって，財務情報のみならず非財務情報も絡めた高度な分析ができるようになり，近年減少傾向にあると言われる会計情報の有用性が再び増大し，情報利用者の意思決定を大きく向上させることになるかもしれない。

しかしながら現行の電子開示システムにおいて，非財務情報を含む統合レポーティングを実現するためには，いくつか乗り越えなければならない問題があり，それはどのように統合レポーティングを実現するかというアプローチによっても大きく異なる。

現在のEDINETでは，企業別拡張層と呼ばれるレイヤーがあり，このレイヤーに対応する拡張タクソノミとペアとなって，企業の報告インスタンス，すなわちXBRL形式データの財務情報が提出されることになっている。ここで問題となるのが，アーキテクチャの異なるタクソノミを複数指定することができないという現時点でのシステム上の制約であろう。したがって，個別財務諸表は国内基準で作成し，連結財務諸表はIFRSで作成する場合は，EDINETタクソノミに対応した報告インスタンスとそれに対応する企業別拡張層タクソノミとは別に，IFRSタクソノミ対応した報告インスタンスとそれに対応する企業別拡張層タクソノミを作成し提出しなければならないという形で表れる。

2010年度よりEDINETではIFRSを適用した報告インスタンスの提出を認めたことにより，企業別拡張層タクソノミからエントリ・ポイントを介して，IFRSタクソノミを利用することが可能となった。2011年度からはエントリ・ポイントを介さずに直接IFRSタクソノミを利用することができるようになったが，IFRSタクソノミを利用する場合は，EDINETタクソノミを利用することができない。EDINETに提出する報告インスタンスの作成ガイドラインでは，使用する会計基準が異なれば，報告インスタンスのファイル命名規則も異なるため，提出するファイル群も2種類に分かれてしまうのは致し方ないのであるが，仮にファイルの命名規則上の制約がなかった場合，技術的にはエントリ・ポイントを介してEDINETタクソノミとIFRSタクソノミの両方をインポートし，1つの報告インスタンスファイルの中に，個別財務諸表と連結財務諸表を混在させることも可能になるのではないかと思われる。もしそれが可能

であるならば，これを敷衍し，EDINET タクソノミとは別に，サステナビリティ情報の開示項目を定義したタクソノミをインポートして利用するといった使い方もできるのではないか。既に GRI の G3 ガイドライン用タクソノミがあるのだから，GRI タクソノミを取り込むためのエントリ・ポイントを用意し，EDINET タクソノミを組み合わせることで統合レポーティングを実現するという方向性も見えてくる。これはまた，WICI の知的財産情報について日本が取りまとめた WICIJP タクソノミの活用を模索する上でも，同様のアプローチが考えられる。

しかしながら，現時点においては財務情報の一部とみなされる注記情報のタクソノミ化すら実現できていないのが現状である。まずは注記情報のタクソノミ化が何よりも優先され，非財務情報のタクソノミの問題を扱うに至るまでには，もう少し時間が必要となるであろう。

第7節　非財務情報開示のあり方の総括

以上のように非財務情報開示に対する技術的な課題として XBRL を中心に議論してきたが，ここで非財務情報開示のあり方全体について第6章から第9章において議論された内容も含めて総括をしてみたい。

非財務情報とひとくちに言っても多種多様で，企業統治に関する情報，企業戦略や事業機会および事業リスク情報等経営者の判断，社会環境を中心とするサステナビリティ情報，知的資産を中心とする無形資産情報といったものが代表的なものとして挙げられる。これらの非財務情報のうち，わが国においては2004年3月期決算より，有価証券報告書の中で「事業等のリスク」，「財政状態および経営成績の分析」，「コーポレートガバナンスの状況」といった項目についての開示がなった。したがって，非財務情報のうち明確な形で開示制度が確立していないのは「サステナビリティ情報」と「知的資産情報」の2つが残されているという状況にある。

これらの非財務情報の開示が求められる背景を考えてみると，第1に，将来

指向情報へのシフトにより財務報告に多くの見積りや判断が入り込むようになり，財務数値について不確実性が増大する傾向にあるため，それを補うために非財務情報の重要性が増していることが挙げられる。また第2に，過度の投資家指向に対する修正として幅広いステークホルダーに対して情報開示すべきであるという観点から，GRIのサステナビリティ報告原則に見られるような環境や従業員に関連する社会環境情報（いわゆるサステナビリティ情報）の開示が求められるようになっていることを挙げることができる。第3には，ナレッジ指向経営へのパラダイムシフトにより，競争優位の源泉としての知的資産の有効な活用が求められるようになっていることが挙げられる。最後に，経済のグローバル化による競争激化とさまざまな環境変化はより一層のリスク情報に関する開示の要求をもたらし，各種の引当金の設定等財務諸表本体における情報開示を超えて，不確定かつ定性的な情報開示の拡大が求められるようになっている状況も挙げることができる。

　このような背景の下で，非財務情報はさまざまな内容と媒体を通じて，さまざまな国において実践がなされてきたが，第6章および第7章においてはサステナビリティ情報について，第8章においては知的資産情報について，そして第9章においてはリスク情報のそれぞれについて，これまでどのような取り組みがなされてきたかについて検討するとともに，本章において，その開示手段の技術的な側面としてXBRLの活用を中心に検討を行った。これらの検討を通じて得られた結論を，以下に述べたい。

　サステナビリティ情報や知的資産情報といったこれまで制度的に開示対象とされていなかった非財務情報については，企業の自主的な開示に委ねられてきたが，サステナビリティ情報についてはこれまでも大企業を中心に多くの自主的開示がなされてきた実績を鑑み，いたずらに証券規制の強化や会社法改正といった強制開示を追及するのではなく，アニュアルレポートの拡充化を促進するという方向性を追及することである。財務パフォーマンスと社会環境パフォーマンスとを関連づけ，事業戦略とサステナビリティの統合を企業目標や戦略の中に明確に位置づけることで，企業のリスクが軽減され，結果として企

業の持続的発展可能性を高めることが理解されるようになれば，やがては企業のアニュアルレポートは自ずと統合レポーティングへと変容していくことになるはずである。

　知的資産情報については，現状として中小企業における積極的な開示が見られるように，企業の競争優位の源泉として知的資産情報の活用が期待される。この部分に関しては積極的に開示の推進が求められるが，企業の自主性に委ねるだけでは限界もあるため，何らかの制度的な手当てが必要であろう。投資家向けの情報開示が既に制度的に充実しているのに比して，株主への報告書類における情報開示は極めてプアーである現状を鑑みると，株主への情報提供の拡充の一環として会社法の改正により拡充化を図るという方向も模索する価値があるかもしれない。

　XBRLの活用については，財務情報と非財務情報との統合的なタクソノミの開発が，情報の有効活用のためには不可欠である。このためには，現在のEDINETにおいては財務諸表本体のみがタクソノミ化されているが，注記情報についても早々にタクソノミ化を進めるとともに，サステナビリティ情報や知的資産情報等についても合わせてタクソノミ化することが求められる。なお，非財務情報開示の拡充は，ともすると拡大の一途をたどりがちである。それに一定の歯止めをかけるための仕組みとして開示情報に対する「保証」を求めるということも，将来においては検討する必要があろう。そのためには新たな保証の概念を確立する必要もあり，今後とも継続的な議論が必要となる。

第8節　ま　と　め

　本章では非財務情報の開示について，まず現時点での状況について検討し，制度として開示要求されていない情報として，サステナビリティ情報と，知的財産情報を中心とする無形資産情報の2つを識別した。サステナビリティ情報に関してはGRIの取り組みがその代表的なものであり，また知的財産情報を中心とする無形資産情報についてはWICIの取り組みが代表的なものであろ

う。いずれにおいても XBRL の活用が謳われており，開示フレームワークの策定のみならず，XBRL タクソノミの開発もなされている点が共通している。

　GRI タクソノミについて見てみると，その構造は単純ではあるが無難なものとなっており，その利用において大きな障害はないものと思われる。しかしながら，少なくとも2009年における調査時点において XBRL を用いた情報開示はなされていない。

　これに対し WICI タクソノミの全体を見てみると，参画団体がそれぞれ別々に開発したタクソノミを単に寄せ集めただけの実験的・暫定的な印象が否めないものとなっており，日本がとりまとめた WICIJP タクソノミ部分を除くと，その完成度は決して高くない。このため，WICI フレームワークのタクソノミを用いて情報開示を推進するというのは，現時点においては現実的ではないと言える。

　両者に共通するのは，仮に非財務情報を XBRL データ形式で開示したとしても，それを有効に使えるツールが存在しないことである。ツールがないから XBRL データが開示されないのか，XBRL データが開示されないからツールが開発されないのか，という「鶏が先か卵が先か」といった循環論に陥ってしまうことになるが，非財務情報の XBRL データを安価で手軽に使えるツールが登場しないことには，せっかくの XBRL データも有効に活用されることはないであろう。

　また財務情報と非財務情報の両方を取り入れた統合レポーティングを推進する動きが見られるが，既存の電子開示システムであるわが国の EDINET においては，現時点においてアーキテクチャの異なる複数のタクソノミを同時に利用することができないというシステム上（あるいはポリシー上）の制約があるため，直ちに実現することは現状のままではできない。

　実現するためのアプローチとしては，エントリ・ポイントを介して複数のタクソノミを取り込み，それらを利用できるように EDINET のシステムを対応させる方法が考えられるが，財務情報の一部とみなされる注記情報のタクソノミ化がまだ実現していない現状を鑑みれば，実現はまだまだ先のことになるも

のと予想される。

　しかしながら財務情報と非財務情報を統合し，ワンストップで高度な分析ができるようになれば，いわゆる情報パースペクティブの立場からはフル・ディスクロージャーが推進されることを意味し，その結果として，会計情報を中心とする企業情報のディスクロージャーの有用性がより一層高まることが期待される。それを実現するためのツールとしてXBRLの活用が期待されており，またXBRLはその期待に十分に応え得る技術的な素性の良さを持っている。適切にXBRLといった技術を活用することができるのであれば，無駄な社会的コストを負担することなく，企業情報開示システムの最適設計に大いに寄与することとなるだろう。

注
（1）　XBRLの原型がCharles Hoffmanによって開発されたのは1998年4月であり，XFRMLプロジェクトを経てXBRLへと展開していった過程は，XBRL International Inc.のWebページ「XBRL's History」（http://www.xbrl.org/history.aspx）に詳しい。
（2）　EBRフレームワークのVersion 2.1が公表された当時は，EBR360というEBRCのWebサイト（http://www.ebr360.org/）上で公開されていたが，本稿の執筆時点ではAICPAのサイト内のEBR Consortiumのページ（http://www.aicpa.org/InterestAreas/Accounting AndAuditing/Resources/EBR/Pages/EBRFramework.aspx）に移動している。
（3）　WICIによる知的財産を中心とする非財務情報の開示への取り組みとXBRLの活用については，花堂［2008］に詳しい。またWICIフレームワークに対応したXBRLタクソノミはWICIのWebサイト（http://www.wici-global.com/taxonomies.php）よりダウンロードすることができる。
（4）　GRIのガイドライン（第3版）に対応したXBRLタクソノミは，GRIのWebサイト（http:// www.globalreporting.org/NR/rdonlyres/56BCB12C-BC1F-4C56-97BC-FE96796FCE3A/0/XBRLTaxonomyG3BetaVersion.zip）よりダウンロードできる。
（5）　現在，EDINETでは財務諸表の注記情報についてタクソノミ化されていないが，注記項目についてのタクソノミ開発においても，同様の問題が存在している。たとえばXBRL Japan監修［2009］のpp. 62-65の議論を参照されたい。
（6）　XBRLタクソノミを読み解くためには，ある程度のXBRL技術の基礎について知って

いなければならない。タクソノミ・スキーマには財務諸表上で使用する項目（語彙）の定義のほか，項目間の関係やリソースの場所を定義するリンクベースの設定情報，対象名前空間の宣言，名前空間プレフィックスの宣言，使用するリンクロールの宣言，等々が記述される。またリンクベースには定義リンクベース，表示リンクベース，計算リンクベース，名称リンクベース・参照リンクベースの5つがあり，それぞれ項目間の階層構造（定義），項目の表示順序（表示），項目の集計方法（計算），項目の言語ごとの表示ラベル（名称），項目の開示根拠となる会計基準・規則等（参照）が定義される。これらの基礎知識については，たとえば坂上［2011］等を参照されたい。

(7) ここでいう3大タクソノミとは，IFRSタクソノミ，US-GAAPタクソノミ，そして日本のEDINETタクソノミである（XBRL International Inc.［2009］）。

〈参考文献〉

XBRL Japan監修，坂上学・白田佳子編 2003『XBRLによる財務諸表作成マニュアル』日本経済新聞社。

XBRL Japan監修，白田佳子・坂上学編 2009『XBRLが拓く会計情報開示―IFRS対応の切り札―』中央経済社。

坂上学 2011『新版 会計人のためのXBRL入門』同文舘出版。

花堂靖仁 2008「非財務経営報告の世界的潮流とXBRLの活用―World Intellectual Capital/Assets Initiativeは何を行おうとしているのか」『経済産業構造審議会新成長政策部会経営・知的資産小委員会資料』(URL:http://www.meti.go.jp/committee/materials/downloadfiles/g80404b04j.pdf)。

American Institute of Certified Public Accountants, *Comprehensive Report of the Special Committee on Financial Reporting: Improving Business Reporting-A Customer Focus*, AICPA, 1994.（八田進二・橋本尚共訳 2001『アメリカ公認会計士協会・ジェンキンズ報告書 事業報告革命』白桃書房）

Global Reporting Initiative, *Sustainability Reporting Guideline Version 3.0*, GRI, 2006. (URL: http://www.globalreporting.org/NR/rdonlyres/ED9E9B36-AB54-4DE1-BFF2-5F735235CA44/0/G3_GuidelinesENU.pdf)

International Accounting Standards Committee, *Business Reporting on the Internet*, IASC, 1999.

Scott, W. A., *Financial Accounting Theory 4th Edition*, Prentice Hall, 2006.（太田康広・椎葉淳・西谷順平共訳 2008『財務会計の理論と実証』中央経済社）

Radley Yeldar and Global Reporting Initiative, *Trends in Online Sustainability Reporting*,

第Ⅱ部　日本企業の持続的成長可能性と非財務情報開示のあり方

Radley Yeldar, 2009.(http://www.sustainabilityreportingonline.com/)
XBRL International Inc., *Comparison Framework for EDINET, IFRS, and US GAAP XBRL Taxonomies 0.05 (Public Working Draft 31 March 2009)*, XBRL International Inc, 2009.(URL:http://www.xbrl.org/TCF-PWD-2009-03-31.html)

第Ⅲ部

内部統制・監査の論点と課題

第11章　内部統制報告制度の有効性と課題

橋　本　　尚（青山学院大学）

第1節　は じ め に

　内部統制報告制度は,平成20年4月1日以後開始する事業年度から導入され,平成23年4月からは導入4年目に入ったところである。本来,内部統制は,企業経営者が自らの合理的な経営管理の観点から自主的に企業内部に設けるものであり,公的規制の入り込む余地のない企業の私的自治の問題である。にもかかわらず,内部統制報告制度が導入されたのは,財務報告に係る内部統制の有効性を確保することによって,当該プロセスを経て作成された財務諸表の適正性が確保され,ひいては,ディスクロージャー制度全体の信頼性がより有効かつ効率的に確保されると考えられるからである。すなわち,内部統制報告制度はそもそも適正な財務報告を作成するために企業の内部管理体制を評価することにより,企業自身としても適正な財務報告を効率的かつ効果的に作成することができるようになり,財務諸表を監査する監査人にとっても有効な内部統制に依拠することにより効率的効果的に監査が行われることを通じて,ディスクロージャー制度全体の信頼性の確保がより効率的効果的に行われるとの趣旨で導入されたものである。したがって,本来,この制度は,財務報告の信頼性を確保・向上するために,企業等に過度のコスト負担をかけることなく身の丈にあった創意工夫の下に有効かつ効率的な内部統制を整備することを目指して導入されたものであり,これまでも効率的かつ有効な制度となるように関係者の努力が払われてきた。また,「具体的に内部統制をどのように整備し,運用するかは,個々の企業等が置かれた環境や事業の特性,規模等によって異なるも

のであり，一律に示すことは適切ではなく，経営者には，それぞれの企業の状況等に応じて，内部統制の機能と役割が効果的に達成されるよう，自ら適切に創意工夫を行っていくことが期待されている。」（2頁）[1]との意見書の文言に端的に示されているように，細則主義による画一的な規制よりも原則主義に基づく規制になじむ領域であり，その有効性と効率性を最大限に享受するためには，経営者が適切に対応していくことが肝要といわれている。

内部統制報告制度については，平成19年12月21日に公表された「金融・資本市場競争力強化プラン」[2]においても，「内部統制報告制度（確認書制度を含む）導入後，同制度のレビューを適時に行い，その結果を踏まえ，必要に応じ，内部統制の評価及び監査の基準・実施基準の見直しや更なる明確化等を検討する。」ことが謳われており，制度導入後，実際に内部統制報告制度を実施した経験を踏まえた企業等からも，制度の円滑な実施へ向けてさまざまな意見や要望が多数寄せられていたところである。これらを踏まえて，平成22年5月21日には企業会計審議会・内部統制部会が約3年ぶりに再開され，内部統制報告制度の運用の見直しを図ることが検討されることとなった。折しも平成22年6月18日に閣議決定された「新成長戦略 ～『元気な日本』復活のシナリオ～第3章 7つの戦略分野の基本方針と目標とする成果 成長を支えるプラットフォーム (7)金融戦略」においても，次のように明記された[3]。

「ユーロ市場と比肩する市場を我が国に実現するため，プロ向けの社債発行・流通市場を整備するとともに，外国企業等による我が国での資金調達を促進するための英文開示の範囲拡大等を実施する。あわせて，中堅・中小企業に係る会計基準・内部統制報告制度等の見直し，四半期報告の大幅簡素化など，所要の改革を2010年中に行う。」

すなわち，わが国の資本市場をユーロ市場と比肩するものとするという目標のために，市場整備を行う一環として，わが国の上場規制として，欧州にない，又は，厳格な規制がとられているとされる四半期報告および内部統制報告について，金融戦略の一環として規制緩和を行う，という方針が示されたことで，軌を一にして見直しの動きが本格化することとなり，平成23年3月30日，企業

会計審議会より「財務報告に係る内部統制の評価及び監査の基準並びに財務報告に係る内部統制の評価及び監査に関する実施基準の改訂について（意見書）」[4]が公表された。併せて同年3月29日には「財務計算に関する書類その他の情報の適正性を確保するための体制に関する内閣府令」の一部を改正する内閣府令および改正同ガイドラインが公表され、また、同年3月31日には金融庁公表の「内部統制報告制度に関するQ&A」[5]が改訂されるとともに、「内部統制報告制度に関する事例集」[6]が金融庁から新たに公表された[7]。改訂基準及び実施基準は、平成23年4月1日以後開始する事業年度における内部統制の評価及び監査から適用することとされている。

　本章では、最近のこれらの展開を踏まえて、わが国内部統制報告制度の有効性と課題を明らかにしたい。

第2節　わが国内部統制報告制度の実態

　内部統制報告書の「評価結果」の記載状況[8]を見ると、平成22年6月から平成23年3月の内部統制報告書提出会社数3,506社に対して、重要な欠陥があり、内部統制は有効でないと記載した会社が33社（0.9％）あり、平成21年6月から平成22年5月の提出会社数3,785社のうち、重要な欠陥があると記載した92社（2.4％）に比べてさらに減少している。アメリカでは開示初年度に16％を超える重要な欠陥（Material Weakness）が開示されたこと（その後、2007年には7.9％に減少）に比べてもきわめて少ないといえる。なお、内部統制の評価結果を重要な欠陥とした会社は上記33社の外に、訂正報告書によって「有効」から「重要な欠陥」に訂正した会社が14社（うち4社は平成20年度分の訂正）ある。

　また、「重要な欠陥」と判断された理由は、①全社的な内部統制、②決算・財務報告プロセス、③重要な業務プロセス（売上高や仕掛品に係る重要な修正、工事受注に係るプロセス上の問題、債権の評価に係る問題など）の大きく3つに分けられる。

　このようにわが国内部統制報告制度における「重要な欠陥」の開示例が導入

初年度からかなり少ないという点については，果たしてわが国財務報告に係る内部統制の現状の評価として妥当といえるかという観点とは別の視点の「重要な欠陥」という用語自体の問題という形で見直し議論の中でも取り上げられた。すなわち，重要な欠陥という用語の響きが，あたかも重要な欠陥を開示すると当該企業が「欠陥企業」であるかのような印象を与えることとなり，レピュテーション上，多大な悪影響を及ぼすとか，そもそも「欠陥」という用語は，Material Weaknessの訳語であったことから，監査実務において用いられていた用語を踏襲したにすぎないものであるが，工業製品等の製造者責任等の議論に見られるように，「欠陥」という用語は，法的責任の追及を避けられないものである，との見解もある。さらには，企業の内部統制担当者が，欠陥があるなどといった報告をすると，自らの職責を果たしていなかったとして社内的な責任を問われかねないとの声も聞かれていたところである。そうしたことから，今回，次節に示すように，この用語の見直しが図られることとなった。

第3節　わが国内部統制報告制度の見直しの主な内容

　わが国内部統制報告制度は，トップダウン型のリスク・アプローチの活用，内部統制の不備の区分を2区分に簡素化，ダイレクト・レポーティングの不採用，内部統制監査と財務諸表監査の一体的実施，内部統制監査報告書と財務諸表監査報告書の一体的作成，監査人と監査役・内部監査人との連携により，内部統制の有効性の評価についての検証は，「監査」の水準としつつも，評価・監査に係るコスト負担が課題とならないようさまざまな配慮がなされてきたところであり，こうした趣旨は数回にわたる「内部統制報告制度に関するQ＆A」の公表によって周知徹底されてきたところである。

　今般の制度の運用の見直しの議論は，こうした経緯を踏まえて行われたものであり，企業会計審議会内部統制部会から，平成22年12月22日付けで，「『財務報告に係る内部統制の評価及び監査の基準並びに財務報告に係る内部統制の評価及び監査に関する実施基準の改訂について』（公開草案）が公表された。こ

れに対して，112件のコメントが寄せられ，さらに検討を重ねた結果，上述のように改訂意見書が公表された。

今般の内部統制報告制度の見直しの主な内容は，以下の通りである。

内部統制報告制度の見直しの主な内容

(1) 企業の創意工夫を活かした監査人の対応の確保
○経営者が創意工夫した内部統制の評価方法・手続等について，監査人の理解・尊重
○中堅・中小上場企業に対する監査人の適切な「指導的機能」の発揮
○内部統制監査と財務諸表監査の一層の一体的実施を通じた効率化
(2) 内部統制報告制度の効率的な運用手法を確立するための見直し
○企業において可能となる評価方法・手続等の簡素化・明確化
　(例) 毎年，各業務プロセスごとに行われている評価手続のローテーション化
○「重要な欠陥」の判断基準等の明確化
○中堅・中小上場企業に対する評価方法・手続等の簡素化・明確化
　(例) 必ずしも，組織内における各階層で内部統制の評価を行わないことができること等を明確化
(3)「重要な欠陥」の用語の見直し
○「重要な欠陥」の用語は，企業自体に「欠陥」があるとの誤解を招くおそれがあるとの指摘があり，「開示すべき重要な不備」と見直し
(4) 中堅・中小上場企業向けの効率的な内部統制報告実務の「事例集」の作成
○中堅・中小企業向けを中心とした，運用ルールの簡素化・明確化のための分かりやすい事例集の作成

改訂意見書の前文においても，(1)企業の創意工夫を活かした監査人の対応の確保，(2)内部統制の効率的な運用手法を確立するための見直し，(3)「重要な欠陥」の用語の見直し，(4)効率的な内部統制報告実務に向けての事例の作成が主な改訂内容として示されている（2-5頁）。このうち，内部統制の基準・実施基準の改訂に関わるものは(1)～(3)である。(4)については，中堅・中小上場企業等における効率的な内部統制報告実務に向けて，COSOの『中小規模公開企業

向けガイダンス』に比肩しうるものとして,実務の参考に供するべく公表されたものである。

(1) 企業の創意工夫を活かした監査人の対応の確保
① 経営者が創意工夫した内部統制の評価方法・手続等について,監査人の理解・尊重

　内部統制報告制度は,上場企業の財務報告に係る内部統制を強化し,もってディスクロージャーの信頼性を確保することを目的としている。この目的を達成するために,具体的に内部統制をどのように整備し,運用するかは,個々の企業等が置かれた環境や事業の特性,規模等によって異なるものであり,一律に示すことは適切ではなく,経営者には,それぞれの企業の状況等に応じて,内部統制の機能と役割が効果的に達成されるよう,自ら適切に創意工夫を行っていくことが期待されている。

　しかしながら,実態としては,監査人に企業独自の内部統制の手法を尊重してもらえない,といった意見が企業側から寄せられたところである。こうしたことから,「監査人は,内部統制の基準・実施基準等の内容や趣旨を踏まえ,経営者による会社の状況等を考慮した内部統制の評価の方法等を適切に理解・尊重した上で内部統制監査を実施する必要があり,各監査人の定めている監査の手続や手法と異なることをもって,経営者に対し,画一的にその手法等を強制することのないよう留意する」(96頁)ことが実施基準上,明記された。

② 中堅・中小上場企業に対する監査人の適切な「指導的機能」の発揮

　一方で,事業規模が小規模で,比較的簡素な組織構造を有している組織等の場合には,当該組織等の内部統制の構築や評価における経営資源配分上の制約から,監査人に対して効率的な内部統制対応に係る相談等を行うことがある。こうした際に,独立性の観点から,監査人の立場として経営者からの相談等に応じていない場合が見受けられたことから,今般の改訂においては,このような相談等に対しては,監査人として適切な指摘を行うなどいわゆる指導的機能

の適切な発揮に留意することとされた (96頁)。ただし, これは内部統制の有効性を保つためのものであり, 必ず相談しなければならないといった企業に過度の負担を求めるものではない。

③ 内部統制監査と財務諸表監査の一層の一体的実施を通じた効率化

内部統制監査と財務諸表監査の一層の一体的実施を通じた効率化を図る観点から, 監査人は, 「経営者による内部統制の整備並びに運用状況及び評価の状況を十分理解し, 監査上の重要性を勘案しつつ, 内部統制監査と財務諸表監査が一体となって効果的かつ効率的に実施する必要があることに留意する」(97頁) こととされた。また, 「経営者が行った内部統制の評価の検討に当たっては, 監査人は, 財務諸表監査の実施過程において, 一定の監査証拠を入手していることが通常であると考えられ, その場合には, その利用が可能であることに留意する」(97頁) ことによって一層の一体的実施が求められる。

(2) 内部統制の効率的な運用手法を確立するための見直し
① 企業において可能となる簡素化・明確化
イ. 全社的な内部統制の評価範囲の明確化

評価対象外とできる「財務報告に対する影響の重要性が僅少である事業拠点」について, 売上高で全体の95％に入らないような連結子会社を例示するなど明確化した。ただし, その判断は, 経営者において, 必要に応じて監査人と協議して行われるべきものであり, 特定の比率を機械的に適用すべきものではないことに留意するとされている (67頁)。

ロ. 全社的な内部統制の評価方法の簡素化

全社的な内部統制の評価項目 (財務報告の信頼性に特に重要な影響を及ぼす評価項目を除く) のうち, 前年度の評価結果が有効であり, かつ, 前年度の整備状況に重要な変更がない項目については, その旨を記録することで, 前年度の運用状況の評価結果を継続して利用することができること, これにより, 全社的な内部統制の評価項目の運用状況の評価について, 一定の複数会計期間内に

一度の頻度で実施されることがあることが明確化された（72-73頁）。
ハ．業務プロセスに係る内部統制の整備及び運用状況の評価範囲の更なる絞り込み

　前年度の評価範囲に入っていた重要な事業拠点のうち，前年度の評価結果が有効であり，整備状況に重要な変更がなく，重要な事業拠点の中でも，グループ内での中核会社でないなど特に重要な事業拠点でないことを確認できた場合には，当該事業拠点を本年度の評価対象としないことができることとされた。その場合，結果として，売上高等の概ね3分の2を相当程度下回ることがありうる（68頁）。

　また，評価範囲となった重要な事業拠点のうち，事業目的に大きく関わる勘定科目に至る業務プロセスで，評価対象外とできる影響の重要性が僅少である業務プロセスが明確化された。例えば，売上を「企業の事業目的に大きく関わる勘定科目」としている場合において，売上に至る業務プロセスの金額を合算しても連結売上高の概ね5％程度以下となる業務プロセスを，重要な事業又は業務との関連性が低く，財務報告に対する影響の重要性も僅少なものとして評価の対象からはずすといった取扱いはありうるものと考えられる。なお，この「概ね5％程度」については機械的に適用すべきでないことに留意するとされている（68-69頁）。

ニ．業務プロセスに係る内部統制の評価手続の簡素化・明確化

　全社的な内部統制の前年度の評価結果が有効である場合には，財務報告の信頼性に特に重要な影響を及ぼすものを除き，整備状況に重要な変更がないときには，運用状況についても前年度の評価結果を継続利用することが可能であることが明確化された。これにより，業務プロセスに係る内部統制の整備状況及び運用状況に評価について，一定の複数会計期間内に一度の頻度で実施されることがあることに留意することとされた（76-77頁）。

　なお，現行の実施基準では，経営者の決定した評価範囲が適切でないと監査人が判断した場合に，監査人は評価対象の見直しなど追加的な作業を必ず求めるとの理解が一般になされていた。これに関しては，監査人は，財務報告に対

する影響の程度等に応じ，追加的な対応を求めるものであり，監査人は経営者に対し，追加的な対応を常に求めるものではないということが明確化された。

ホ．サンプリングの合理化・簡素化

　経営者が行ったサンプリングのサンプルを監査人が自らのサンプルとして利用できる範囲を拡大するとともに，経営者による評価結果についても，評価方法等の妥当性を検証し，経営者による作業結果の一部について検証した上で，経営者の評価に対する監査証拠として利用することができることが明確化された（107頁）。

ヘ．持分法適用となる関連会社に係る評価・監査方法の明確化

　持分法適用となる関連会社については，他の支配株主の存在等によって，子会社と同様の評価が行えないことが考えられるところであり，そうした場合には，全社的な内部統制を中心として，当該関連会社への質問書の送付，聞き取りあるいは当該関連会社で作成している報告等の閲覧等適切な方法により行う必要があるとされてきたところである。ただし，特に，海外の関連会社等のうちには，そうした方法すら取ることが困難との指摘もあることから，特段の事情がある場合には，当該関連会社等に対する投資損益の把握などの管理プロセスを確認することも適切な方法に含まれることが明確化された（64頁）。

　上記イ～ヘのほか，ITに係る全般統制及び業務処理統制の評価手続の簡素化・明確化も図られている。

② 「重要な欠陥」（改訂後は「開示すべき重要な不備」。以下同じ）の判断基準等の明確化

イ．「重要な欠陥」の判断基準の明確化

　金額的重要性について，過去の一定期間の平均値等の使用や特殊要因の除外等があり得ることが，（注1）及び（注2）を追加することにより明確化された（63頁）。

ロ．M＆A等により，新たにグループ会社に加わった会社等に対する内部統制の評価・監査の方法等の明確化

他企業を買収又は合併したこと，災害が発生したこと等の事由が生じたことにより，通常要する期間内に評価手続を実施できない場合など「やむを得ない事情」がある場合には，内部統制報告書にその旨を記載した上で，評価範囲から外すことができることになっているが，現状では，そうした事由が期末日直前に発生したときとされている。今回の改訂においては，「やむを得ない事情」の生じた時期として「下期」を例示するとともに，合理性が認められる場合には，「下期」に限られないとされた（87頁）。

③ 中堅・中小上場企業に対する簡素化・明確化
イ．業務プロセスの評価手続の合理化
　事業規模が小規模で，比較的簡素な構造を有している組織等の内部統制の運用状況の評価においては，特に，それぞれの組織の状況等に応じ，評価方法を工夫して効率的に実施できることとし，具体的には，一律に，通期あるいは組織内の各階層（例えば，部長レベル，担当者レベル等）において必ず評価が求められるものではないことが明確化された（77頁）。

ロ．代替手続の容認
　事業規模が小規模で，比較的簡素な構造を有している組織等においては，経営者が直接行ったモニタリングの結果や監査役が直接行った棚卸の立会の結果などを内部統制監査において利用可能であることが明確化された（107頁）。

ハ．評価手続等に係る記録及び保存の簡素化・明確化
　事業規模が小規模で,比較的簡素な構造を有している組織等においては,様々な記録の形式・方法をとりうるとし，利用できる社内作成書類（当該会社の経営者からの社内への通達等，当該会社の作成している経営者から組織の内外の者に対する質問書，各業務の業務内容を前任者から後任者に伝達するための文書等，販売担当者が受注の際に作成した文書等，ソフトウェアのマニュアル，伝票や領収書などの原資料，受注入力後販売管理システムから出力される出荷指図書などの業務指示書等）を例示するとともに，監査人も当該記録が利用可能であることが明確化された（88頁，106頁）。

（3）「重要な欠陥」の用語の見直し

　「重要な欠陥」とは，財務報告に重要な影響を及ぼす可能性が高い内部統制の不備をいうとされている。したがって，内部統制に「重要な欠陥」が存在する場合には，それが財務報告に重要な影響を及ぼす可能性があるということであり，直ちに当該企業の有価証券報告書に記載された財務報告が適正でないことを意味するわけではない。また，期末日において「重要な欠陥」が存在する場合には，経営者は内部統制報告書において，その内容及びそれが是正されない理由を記載することとされているが，これは，投資者等に対して，有価証券報告書に記載された財務報告の内容を利用する際に留意すべき事項として，財務報告に係る内部統制について「今後改善を要する重要な課題」があることを開示することに意義がある。

　この「重要な欠陥」の用語については，制度上，基準上の用語として既に定着しているとの指摘もある一方で，企業自体に「欠陥」があるとの誤解を招くおそれがあるとの指摘があり，「開示すべき重要な不備」と見直すこととされた。ただし，そうした経緯から用語を置き換えたものであり，用語の定義や「開示すべき重要な不備」の判断基準は変わらないこと，財務諸表監査において使用されている「重要な不備」とは異なること等に留意が必要である。また，英文表記（Material Weakness）の変更もない。

　このほか，平成22年3月29日の「監査基準の改訂に関する意見書」の公表により財務諸表監査に係る監査報告書の記載区分及び記載内容の見直しが行われたが，財務諸表監査と内部統制監査の監査報告書は合わせて作成することとされていることから，内部統制監査の監査報告書についても，財務諸表監査の監査報告書と同様に，記載区分を現行の3区分（内部統制監査の対象，実施した内部統制監査の概要，内部統制報告書に対する監査人の意見）から4区分（内部統制監査の対象，経営者の責任，監査人の責任，監査人の意見）に変更する[9]とともに，それぞれの記載区分における記載内容の整理も行われている（25-28頁）。

(4) 効率的な内部統制報告実務に向けての事例の作成

　内部統制報告制度において，内部統制の構築・評価・監査に当たっては，企業の状況等に応じた工夫を行い，内部統制の有効性は保ちつつも，当該企業の実態にあった，効率的な内部統制が整備・運用されることを目指している。

　事業規模が小規模で，比較的簡素な組織構造を有している組織等の場合には，当該組織等の内部統制の構築や評価における経営資源配分上の制約から，必ずしも効率的な内部統制報告実務を行えない場合が想定される。そこで，制度導入後2年間にわたり，基準・実施基準に基づいて内部統制報告制度が実施されてきた中で，事業規模が小規模で，比較的簡素な構造を有している組織等が，資源の制約等がある中で，さまざまな工夫を行ったことにより，内部統制の有効性を保ちつつも，効率的に内部統制の評価等を行っている事例を企業・監査人等から集めた事例集が今般，金融庁において作成され，実務の参考に供することとされた。この事例集には，以下のように6つの柱に区分されて，計21の事例が収録されており，今後適宜，追加される予定である。

事例集に収録されている事例一覧

1．全社的な内部統制
　（事例1-1）全社的な内部統制の評価
　（事例1-2）全社的な内部統制の評価項目の調整
2．決算・財務報告プロセスに係る内部統制
　（事例2-1）決算・財務報告プロセスの内部統制
　（事例2-2）決算・財務報告プロセスの評価方法
　（事例2-3）決算・財務報告プロセスにおけるチェック・リストの活用
3．業務処理統制に係る内部統制
　（事例3-1）評価対象業務プロセスの削減
　（事例3-2）リスクの分析と評価
　（事例3-3）統制上の要点の選定
　（事例3-4）僅少な業務プロセスの評価範囲
　（事例3-5）業務プロセスに係る内部統制の整備状況の評価

> （事例3-6）業務プロセスにおけるサンプリングの範囲
> （事例3-7）業務プロセスにおけるサンプリング方法
> （事例3-8）統制の組み合わせによる内部統制の実施
> （事例3-9）運用状況の評価の実施時期
> （事例3-10）規模の差異を考慮した直接的なモニタリングの実施
> 4．ITを利用した内部統制
> （事例4-1）IT統制の本社（親会社）への集中
> （事例4-2）ITを利用した内部統制の整備状況評価におけるチェック・リストの活用
> （事例4-3）ITに係る業務処理統制の評価
> 5．評価範囲の制約
> （事例5-1）下期に追加された重要な事業拠点の評価
> 6．内部統制の記録及び保存
> （事例6-1）決算・財務報告プロセスに係る内部統制の記録
> （事例6-2）業務プロセスに係る内部統制の記録

　各事例は、基本的に、概要、事例、参考（関係する基準・実施基準等。以下同じ）により構成されており、これらの事例については、以下の点に留意が必要であるとされている。

① 異なる前提条件が存在する場合、関係法令及び基準・実施基準等が変更される場合などには、考え方が異なることもあること
② 基本的には、事業規模が小規模で、比較的簡素な構造を有している組織等における事例であるが、事業規模が小規模でない場合であっても比較的簡素な構造を有している組織等においては参考にできる場合もあること
③ 事例中の計数の表示は必要最小限のものにとどめている。いずれにせよ、計数は各事例の理解に資するようにするためのあくまでも参考であり、当該計数に縛られるものではないこと

第4節　むすび：わが国内部統制報告制度の有効性の確保へ向けて

　今般の内部統制基準・実施基準の見直しは，内部統制報告制度が本来の趣旨に沿って実施されるよう，過度な対応や，制度の趣旨にそぐわない理解等を補正する意味合いのものであると解されている。もちろん，過度な規制は避けなければならないが，今般の内部統制報告制度の見直し，さらには，四半期報告制度の大幅な簡素化は，いかなる開示制度が望ましいのかといった議論に先立って，経済環境の低迷する中，上場企業側の要請を受けて，まず，財務諸表作成者側のコスト削減ありきで始まったようにも見受けられるところである。その意味では，われわれには，今一度，会計インフラのあり方を含めて，検討することが求められているといえよう。

　ともあれ，今般の見直しによって，内部統制報告制度に対するいわゆる緩和措置については，できうる限りの対応が図られたものと考えられ，仮に，さらなる制度の変更を検討する場合には，他の財務報告制度や開示制度一般との関係性を含めて，全面的な制度の見直しが必要ではないかと思われる。それまでの間は，今般の改訂基準及び実施基準の定着を図るとともに，残された有効性に関する問題をはじめとして，さらなる検討を図っていくことが肝要であろう。一方，内部統制部会の審議の過程でも幾度か議論があったように，現在の内部統制報告制度が，形式的な評価に陥ってしまっていて，本来の趣旨とは異なる制度対応が図られているのではないか，との懸念の方が，今後の重要な課題として俎上に載せられるように思われる。

　すなわち，内部統制報告制度は，効率的と有効性という2つの軸で考えることが基本である。効率的の観点からは，基準に求められていない実務対応を整理すること，より効率的な実施を図ることができるように各企業の経験を集積し共有することなどが考えられる。有効性の観点からは，訂正内部統制報告書の背景等を分析し，不十分な評価を行い，後日，問題が生じたならばその時に訂正すれば良いといった安易な評価姿勢を抑制することが必要である。また，

欧州型のガバナンス報告書への統合を目指すのであれば、会社法の内部統制関連規定との関係を整理するとともに、会社法において内部統制の構築責任等に関する明文規定を置くことが必要であろう。今後の見直しに際しては、そもそも何のためにこの制度を導入したのかという原点に立ち返って考えるべきであろう。このように、内部統制報告制度の効率化の措置は概ね対応が図られたものの、制度の有効性を確保するための措置については、まだ検討の余地があると解されるのである。

　将来的にはわが国上場企業も連結財務諸表上、国際財務報告基準（IFRS）に準拠して財務報告を行うことが十分想定される。IFRSに移行した際にも耐えうる内部統制報告の構築、整備、運用が今まさに求められている。内部統制報告制度が導入されている下でのIFRS導入は、欧州では未経験の実務であり、わが国が世界で初めて経験するものである。

　原則主義の下に実質優先思考を重視するIFRSでは、取引の実態を正しく分析する能力が必要とされる。IFRSは形式的な判断基準や数値基準が少なく、原理原則に照らした専門家としての実質的な判断が必要とされる場面が多いので、取引の経済的な実質を正確に把握することは、原則主義に基づく的確な判断を下す上での生命線といえる。こうした取引実態の把握に際しては、現場担当者などとの協議や対話の機会も多くなるものと想定されるので、経理担当者のコミュニケーション能力を高める必要がある一方で、現場担当者に対してある程度の会計知識が求められる場面も増大していく傾向にあろう。

　また、原則主義のIFRSでは、個別の取引・事象への適用に際して、原則の趣旨に基づく「判断」が求められるケースが増えるため、基準そのものに対する理解や取引の経済的実態に対する正しい理解に加えて、実務の場におけるIFRSの適用能力を身につけることも重要になってくる。会計基準適用能力は、IFRSの適用に求められるスキルセットの中で最も早期に身につけることが難しいといわれるものであり、日本基準のような細則主義の下ではほとんど必要とされてこなかったスキルでもある。しかも、実務適用能力が十分に発揮されるためには、会計基準の十分な理解と取引実態の正確な把握が前提条件となる。

IFRSの導入により，企業には自らの会計判断の正当性について根拠を示して立証することがこれまで以上に求められることになるであろう。IFRSに移行した際にも耐えうる内部統制報告の構築，整備，運用が今まさに求められている。

　さらには，例えば，IFRSの初度適用に当たっては，初めてIFRSベースの開示を行う年度（移行年度）よりも前の期間の準備を必要とする点にも留意が必要である。IFRSへの導入を決めたらできるだけ早めに準備に取りかかることが推奨される理由の1つも，これらのIFRSの初度適用の取扱いにある。内部統制報告制度が導入されている下でのIFRS導入は，欧州では未経験の実務であり，導入後も次のような課題が山積している。

　第1に，アライメント・メンテナンスにおける内部統制の改善・システム対応に関しては，初年度財務諸表を作成した結果を受けてプロセスやツールの改善を行うことになるが，識別された内部統制上の弱点については，手続やシステムの見直し，追加的なガイダンスの発行，担当者に対する研修等により改善・補強を図る必要があるので，IFRSへの移行年度以降は，IFRSに基づく財務報告に係る内部統制を確立しておくことが，日本の内部統制報告制度への対応上も重要になる。

　第2に，次年度以降の財務諸表の継続作成に関しては，確立した内部統制の下で，次年度以降の財務諸表をルーチンベースで作成していくことになるが，将来的にもIFRSの改訂が続くことには留意が必要である。

　第3に，一般的に，IFRSへの移行により業務プロセスの変更があった部分については，関連する内部統制の見直し，再検討が必要になる。とりわけ，関連する統制の有効性の確保と記録の保存，経営者評価と外部監査への対応について，十分に考慮に入れておく必要がある。

　以上の点を踏まえて，わが国財務報告制度の全般的な最適設計の一環として内部統制報告制度のあり方を検討することが必要となるであろう。とくに，第3の点については，本章のテーマに関連する問題である。

　当該問題については，金融庁からIFRSの議論に関連して平成22年4月13日

に公表された「国際会計基準（IFRS）に関する誤解」[10]において，「10. これまでとは全く異なる内部統制を新たに整備しなければならないのか」との表題の下，「IFRSになると，これまでとは全く異なる内部統制を新たに整備しなければならない」というのは誤解であり，「IFRSになったからといって，内部統制を全面的に見直す必要はない」，「財務報告に係る内部統制は，財務諸表が適正に作成されるための社内の体制であり，IFRSを適用するために必要な範囲で，体制の見直しを行えばよい」とされている。しかしながら，この説明こそ，誤解を招くものであろう。たしかに，従来の業務プロセスによってIFRSの財務報告が行われる範囲においては「IFRSを適用するために必要な範囲で，体制の見直しを行えばよい」ということができるが，そもそも，上記の第1及び第2の点とも関連して，IFRSの下では，財務報告の前提となる業務自体の変更が必要となる可能性があるのであり，また，IFRSの適用において，前述の通り，原則主義の適用を受けて，従来に比べて格段に大量の注記が必要とされることから，業務プロセスの過程での各種の判断を適時，適切に文書化していくことが求められるのである。そのような意味では，IFRSが適用されることによって，内部統制は，必然的に見直しないし再構築を求められることになるであろう。

　具体的には，細則主義ルールベースから原則主義プリンシプルベースへの移行により，ルールに従っているか否かをチェックすることに主眼を置いた内部統制から経営者が自らの判断で主体的に企業の経済的実態を示す会計処理を選択することに主眼を置いた内部統制に移行し，質の異なる内部統制が求められることになると考えられる。特に，内部統制報告のための文書化作業は，原則主義のIFRSの適用時には，会計判断をある程度詳細に記録，保存していくものとなることから，経営者のイニシアティブの下に戦略的な視点に立って，IFRS適用を見据えた記録・保存のあり方，業務プロセスの変更への対応方法，情報システムの変更に対応したIT統制のあり方などを考えるべきであろう。その意味では，上記で指摘したように，内部統制報告制度の効率化の措置は概ね対応が図られたものの，制度の有効性を確保するための措置については，ま

だ検討の余地があると解される。

　しかしながら，そうした事態は，必ずしも悲観すべきことばかりではない。第1に，わが国では，内部統制報告制度を平成20年度から適用することを通じて，企業内に内部統制という概念を浸透させ，業務プロセスの文書化作業を試行してきたと考えられるからである。こうした企業社会を挙げての取組みは，IFRSの導入とそれへの対応に当たって，確固たる基礎として機能するに違いない。また，第2には，将来のIFRSの導入のタイミングこそが，内部統制報告制度のより本質的な，あるいは制度の趣旨に沿った適用への再改定のタイミングと捉えることもできるのである。IFRSの下で，企業の経営者が下した判断を適時，適切に文書化するとともに，それに沿う形で，より一層トップダウン型のリスク・アプローチの適用が徹底された内部統制の評価・報告が実施される制度が志向され，同時に，IFRSの導入に伴って，さまざまな財務報告制度が再検討を求められる中で，内部統制報告制度も，それらの制度とともに，適正な財務報告の一環として位置づけられることが期待されるのである。

注
（1）　http://www.fsa.go.jp/singi/singi_kigyou/tosin/20110330/01.pdf。本章においては，本改訂意見書からの引用については，末尾に通し頁を付している。
（2）　http://www.fsa.go.jp/policy/competitiveness/01.pdf。
（3）　http://www.kantei.go.jp/jp/sinseichousenryaku/sinseichou01.pdf。「新成長戦略」が，ユーロ市場に比肩する市場をわが国に実現することを目標とするのは，IFRSの議論に見られるように，国際社会における欧州のプレゼンスの高まりがあるほか，日本の企業社会の風土として，アメリカ市場の制度よりも，欧州各国における市場の制度の方が親和性が高いとの判断によるものであろう。しかしながら，四半期報告や内部統制報告，さらにはIFRSについて異論を唱える向きにあっては，規制の緩いところを求めて，従来のアメリカ志向から「ユーロ市場に比肩」といった政策目標が掲げられているかのような印象さえ受ける。
　　一方，欧州には，アメリカや日本のような内部統制報告制度を実施している国はないが，欧州では，内部統制構築責任に関しての法制化は進んでいるし，また，内部統制にとどまらず，ガバナンスに関する報告制度が非常に充実しているといえよう。さらには，

第11章　内部統制報告制度の有効性と課題

　アジアにおいても，中国や韓国において，内部統制報告制度が導入されてきている。
（４）　http://www.fsa.go.jp/singi/singi_kigyou/tosin/20110330/01.pdf。
（５）　http://www.fsa.go.jp/news/22/sonota/20110331-11/02.pdf。
（６）　http://www.fsa.go.jp/news/22/sonota/20110331-10/01.pdf。
（７）　平成22年６月25日に公認会計士・監査審査会から公表された「審査及び検査の基本方針―監査の品質の一層の向上のために―」も平成23年３月30日に改正され,同審査会は，当期（平成22年４月～平成25年３月：第３期）においては，監査の品質の一層の向上のために，以下の視点及び目標を基本として，審査及び検査を実施することとするとしている。
　【視点】
　　審査会が実施する審査及び検査においては,常に国民の視点という公益的立場に立ち,審査会の有する権能を最大限に発揮して，新たな法令諸基準等の監査業務への反映，その定着に留意し，監査の品質の確保・向上を積極的に図っていくこととする。また，国際的動向に積極的に対応するとともに，内外に対する情報発信に努めることとする。
　【目標】
　　審査会が実施する審査及び検査は，個別監査意見そのものの適否を直接主眼とするのではなく，協会による品質管理レビューの一層の機能向上を公益的立場から促していくとともに，監査事務所及び外国監査法人等における業務の適正な運営の確保を図っていくこととする。
（８）　古澤知之「新しい内部統制基準―何が変わるのか何が変わらないのか」一般財団法人会計教育研修機構特別講演会資料，平成23年６月３日，１－２頁。
（９）　監査人は,内部統制監査報告書に,内部統制監査の対象,経営者の責任,監査人の責任,監査人の意見を明瞭かつ簡潔にそれぞれ区分をした上で，記載しなければならない。ただし，意見を表明しない場合には，その旨を内部統制監査報告書に記載しなければならない（25頁）。
（10）　http://www.fsa.go.jp/news/21/sonota/20100423-2/01.pdf。

第12章　原則主義と監査人の判断形成

古　賀　智　敏（同志社大学）

池　田　公　司（甲南大学）

嶋　津　邦　洋（神戸大学）

　IFRS導入の最も大きな影響の1つは，細則主義会計から原則主義会計への重点シフトである。細則主義が明確な数値基準や詳細な個別ルールに焦点を置くのに対して，原則主義は抽象的な包括規定に焦点を置く。原則主義は適切に運用されれば，取引その他事象の経済的実質を反映した財務報告を促進することができる反面，作成者・監査人の判断に一層大きく依存し，財務報告の比較可能性を損なう可能性もある。したがって，財務情報作成者・監査人の判断の分散をいかに改善し，IFRS財務報告の比較可能性を高めるかが，原則主義時代の企業開示の中核課題をなす。

　具体的には，原則主義をめぐる経営者の裁量的判断の合理性をいかに確保し，開示を通じて企業の説明責任を果たすかが問われなければならない。このような課題に対して，監査の理論と制度の枠組みの中でいかに把握し，対応するかというのが，本章の意図するところである。

第1節　原則主義とソフト情報の監査の課題

　IFRS原則主義会計の導入は，経営者の主観的判断や見積りの監査という新たな問題を提起することになった。原則主義が抽象的な包括規定に焦点を置くのに対して，細則主義は具体的数値規準など詳細規定に焦点を置く。たとえば，有形固定資産の減価償却について，期間中の経済的価値の下落を最適に反映す

べしとの規定は原則主義に立つのに対して，取得原価の10パーセントを償却すべきとの明確な数量指針を設ける規定は細則主義に立つとされる (AAA [2003]; 古賀 [2008])。この場合，どのような減価償却手続きが有形固定資産の期間中の経済的価値の下落を最も的確に反映するかの判断は，広く経営者の主観的判断に委ねられることになる。その結果，経営者の判断について企業間の比較可能性や期間相互間の首尾一貫性を損なう可能性が増大するのみならず，経営者の裁量行動の機会をも提供することになる (Nelson et al. [2002])。このように，IFRS原則主義会計の大きな特徴の1つは経営者の主観的判断なり将来の見積りの比重が増大するという点である。このようなソフト情報の監査が監査人にとって大いに注目されるところとなった。

　経営者の意図や将来的見積りに依存するソフト情報は，既に発生した取引事実に基づくハード情報とは本来的に相違するものであり，ソフト情報の監査に求められる証拠資料は，必然的にハード情報のそれとは異なったものとならざるを得ない。ソフト情報は不確実性の高い主観的評価や見積り値に基づくため，それを裏付ける証拠資料もハード情報において得られるような「確信的 (convincing)」証拠ではなく，「説得的 (persuasive)」証拠に依存せざるを得ない (Ramos and Delahanty, [1998]; 古賀 [2000])。したがって，その結果得られるソフト情報監査の保証レベルは，通常，財務諸表監査によって得られる保証レベルを下回らざるを得ない。この場合，ソフト情報監査についてどの程度の保証レベルを，いかにして保証するかが解明されなければならない。

　ソフト情報監査は，その特性上，アウトプットとしての情報の信頼性よりも，情報の作成上の諸仮定（インプット）や情報の作成プロセスの信頼性の評価に監査上の焦点が置かれなければならない。ソフト情報の信頼性が確保されるためには，見積りの基礎となる諸仮定の合理性と計算プロセスの信頼性が裏付けられなければならない。基礎的諸仮定の合理性を評価するためには，まず，ソフト情報の作成の基礎をなすキーとなる諸仮定を識別し，経営者がその過程を形成するために用いた情報源が十分に適合性あるかどうか，これらの諸仮定が相互に矛盾していないかどうか，また，それが経営者の予定する計画等と合致

第12章 原則主義と監査人の判断形成

しているかどうか，利用された情報がその時点で利用可能な最善の情報であるかどうか，監査人は検討しなければならない。

とくに計算モデルを適用する場合，将来キャッシュ・フローの予測や割引率の設定にあたって，経営者は過度に楽観的な仮定に依拠する傾向をもつ。したがって，監査人は，事後の監査証拠によって裏付けられた最善の見積り金額と，経営者が作成した見積り金額との差額が「合理的」であるかどうか判断しなければならない。その場合，合理性の範囲をどのように決定するかが問題になる。

以上の議論を要約し，ソフト情報の監査の方法論的フレームワークを提示したのが，図表12-1である。

図表12-1　ソフト情報監査の方法論的フレームワーク

ソフト情報のフロー

見積りを要する事象取引
→ **ソフト情報の監査の特性**
・経営者の意図や将来事象を裏付けるのに用いられた証拠資料は，既発生の取引の裏付けに要するものとは質的に異なる。
・財務諸表に含まれる金額の測定額は，不正確である。
・基礎的諸仮定の合理性の評価には，特殊な専門的能力を要する。

基礎的諸仮定の設定
→ **基礎的諸仮定の質の評価**
・ソフト情報作成の基礎をなすキーとなる諸仮定を把握する。
・モデルに組み込まれた隠された諸仮定の認識（例．昨年度と同じとする仮定等）
経営者の諸仮定の裏付けの評価
・諸仮定について十分な適合性をもった情報源が考慮されたか。
・諸仮定が，その形成の基礎となった情報源と合致するか。
・諸仮定が相互に合致するか。
・諸仮定が経営者の計画と合致するか。
・諸仮定を設定するのに用いた情報が信頼し得るものであるか。
・諸仮定を裏付けるデータと併せ考えて，論理的議論または理論が合理的であるか。

見積りプロセス
→ **信頼し得るプロセスの質の評価**
・情報は，誠意をもって作成されたか。
・情報は，適切なモデルを用いて作成されたか。
・使用された情報は，その時点で合理的に利用可能な最良の情報であったか。

ソフト情報
→ **ソフト情報に係る監査証拠の収集の方法**
①後発事象・取引の利用（例．決算日後の事象・取引の把握による保証引当額の評価など）
②見積区間の利用（例．特殊備品に係る将来キャッシュフローの区間表示など）
③代替的アプローチの採用

（出典）　M.Ramos・Delahanty［1998］, chp.1, chp.3の説明文を参考に，筆者が作成（古賀［2000］の第5図の一部加筆・修正）。

第2節　ソフト情報の監査と合理的な保証水準

(1) 保証水準の多様化と保証の連続帯モデル

　伝統的に，監査論においては「監査は監査である」(audit means audit) という考え方があり，監査人が付与する保証の水準は，正規の監査による積極的保証として理解されてきた。しかしながら，1980年代に入ると，アメリカにおいて監査の保証水準の多様化を巡る議論が展開されるようになった(古賀[1990])。

　すなわち，「図表12-2」に示したように，監査人の保証業務は，監査 (audit or examination)，レビュー (review)，およびコンピレーション (compilation) の3つから構成されるようになった。図の右側にそれぞれの保証業務の監査手続きを示しているが，正規の監査を手続き面で多少簡略化したものがレビューである。レビューでは，積極的保証ではなく，消極的保証が付与される。

　また，コンピレーションでは，監査人が作成プロセスに関与することから，独立性の要件が満たされないために，正式には無保証になる。しかしながら，専門家が関与することで暗黙の保証が付与される側面も認められるので，監査論の通説では保証業務の中に含められている。

　今日では，レビューやコンピレーションも，報告書の用途や利用目的に応じて使われており，たとえば，北欧の企業が知的資産経営報告書に対するレビュー業務を Deloitte & Touche に依頼しているケースや，わが国の中小企業が知的資産経営報告書の作成支援（すなわち，コンピレーション業務）を専門家に依頼しているケースがある。これらのケースから，監査人の提供する保証業務は正規の監査のみでなく，レビューやコンピレーションも企業やステークホルダーに役立っていることが分かる。

(2) ソフト情報監査の保証レベル

　図表12-2の右側にハード情報の監査で実施される監査手続きを示しているが，ソフト情報には将来事象に対する仮定が含まれることから，監査手続きに

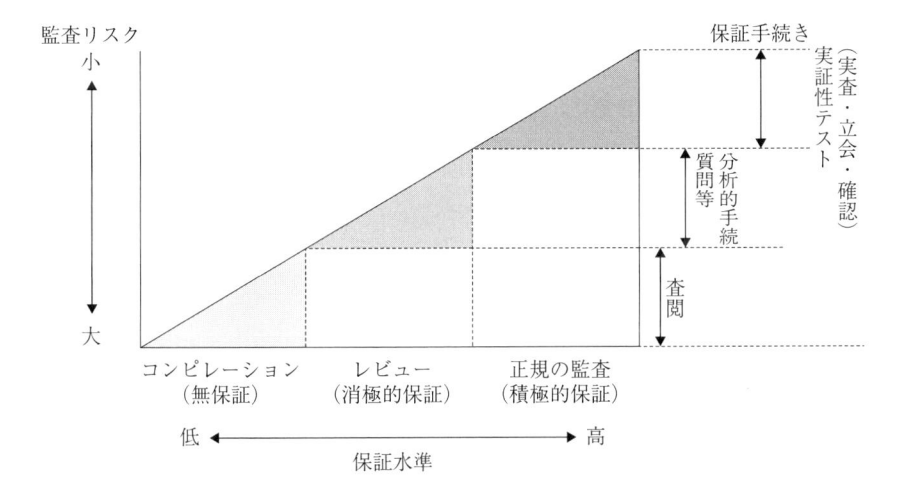

第12章 原則主義と監査人の判断形成

図表12-2 ソフト情報の制約と保証の3形態

（縦軸）監査リスク 小←→大
（横軸）保証水準 低←→高

コンピレーション（無保証）／レビュー（消極的保証）／正規の監査（積極的保証）

保証手続き：査閲／分析的手続・質問等／実証性テスト（実査・立会・確認）

制約を受けることになる。すなわち，将来キャッシュ・フローの見積り額に基礎を置くソフト情報に対しては，実査・立会・確認のような実証性テストは適用できない。

しかしながら，次のような事項を確認することで，ソフト情報の監査においても保証レベルを高める工夫ができると考えられる。詳細は，本章の第3節で議論する。

① 経営者の見積り額を監査人の見積り額と比較して，経営者の予測や見積りの精度を確認する。
② クライアントの担当者が，見積りの対象に関して，適切な経験や知識を有するかを確認する。
③ クライアントにおいて，予測や見積りに関する内部統制手続きが整備され，遵守されているかを確認する。
④ クライアントにおいて，予測や見積りに用いられたデータやモデルが文書化され，適切な形で保管されているかを確認する。

第3節　経営者の判断・見積りの諸形態と監査方法

(1) 会計上の見積りの複雑化と専門化

　図表12-3は，国際監査基準と米国監査基準における会計上の見積りの監査への対応を時系列で整理したものである。経営者の判断や見積りに対する監査上の対応は，1988年に公表された米国の監査基準書第57号「会計上の見積りの監査」によって端緒が開かれた。図表12-3から，こうした監査問題への取り組みは，米国が先行している。

　図表12-3の流れをみると，米国の監査基準が制定されていく経緯において，会計上の見積りが1990年代の半ばから複雑化・専門化していることが理解される。このことは，1994年に公表された監査基準書第73号「専門家（specialist）の利用」に顕著に現れており，2004年には国際監査基準においても「専門家（expert）の利用」が制定されている。

　このような見積り方法の複雑化や専門化は，1990年代の半ばから急速に拡大を始めたデリバティブ取引の影響が大きいと考えられる。米国公認会計士協会

図表12-3　国際基準と米国基準における会計上の見積りの監査

発行年度	国際監査基準	米国監査基準
1988年4月		SAS 57 会計上の見積りの監査
1992年4月		SAS 70 サービス組織
1994年7月		SAS 73 専門家（specialist）の利用
2000年9月		SAS 92 金融商品，ヘッジ活動，および有価証券投資の監査
2001年3月	IAPS 1012 デリバティブ金融商品の監査	SAS 92号の監査ガイド
2003年1月		SAS 101 公正価値測定および開示の監査
2004年12月	ISA 540 会計上の見積りの監査 ISA 545 公正価値測定および開示の監査 ISA 620 専門家（expert）の利用	
2008年2月	ISA 540号の改訂および再起草	

（AICPA）においても，2000年に公表された監査基準書第92号「金融商品，ヘッジ活動，および有価証券投資の監査」や，2001年公表された監査基準書第92号の監査ガイドにおいて，活発な取引市場が存在しない場合の公正価値の見積り額（理論価格）の監査方法が重要なテーマになっており，入念な検討が行われている。

　FASBの会計基準は細則主義であるが，金融商品の公正価値評価に関しては，原則主義的な内容であったといえる。すなわち，市場相場が存在する場合には市場相場を用いなければならないが（客観的公正価値），活発な取引市場が存在しない場合には任意の評価モデルによって理論価格を用いることができる（主観的公正価値）。ブラックショールズ・モデル（Black Scholes Model）のような金融工学ベースの会計測定が一般に利用されるようになった。会計上の見積りは，ファイナンスの手法のウェイトが大きくなり，将来キャッシュ・フローの獲得能力に着目するインカム・アプローチが主流となった。

　こうしたことから，報告企業においても評価の専門家（appraiser or valuator）を用いるようになり，Liu Ping（Secretary General, China Appraisal Society）は，2007年5月に北京で開催されたInternational Network of Auditors & Accountants（INAA）において，次のようなスピーチを行っている。

　「今日のグローバルなビジネス環境の拡大によって，財務情報に責任を有する総ての専門職が協力し，相互に依存することが求められるようになっている。会計担当者，監査人，および評価人（appraiser or valuator）は，企業のステークホルダー，すなわち，経営者，株主，債権者，および規制当局が，信頼できる最新の財務情報を受け取り，それぞれの義務や責任を果たせるように正しい意思決定ができるようにしなければならない。…（中略）…会計担当者と監査人の役割は，多くの結論に基礎を提供する評価人と調和するようになっている。」（Catty et al.［2010］, xi）

　Liu Pingは，China Appraisal Societyの代表者であると同時に，自らもCPAであり，会計における見積りの複雑化と専門化に適切に対処するには，評価の専門家の果たす役割が重要であると主張している。

また，Liu Ping のスピーチが掲載されている Catty et al. [2010] は，研究者と U.S.CPA の共著であるが，U.S.CPA のほとんどが CPA/ABV の資格を有している。ここに，ABV とは，AICPA が2002年から U.S.CPA を対象に実施している評価能力の認定資格（Accredited in Business Valuation; ABV）の制度である [AICPA 2002]。こうしたことからも，原則主義的な会計基準の下でソフト情報の監査を適切に実施するには，監査人にも新たな資格要件が求められているといえるであろう。

　図表12-4と図表12-5は，細則主義の会計基準におけるハード情報の監査と，原則主義の会計基準におけるソフト情報の監査を対比したものである。

　ソフト情報の監査では，最初に述べたように，「確証的な証拠」ではなく「説得的な証拠」に基づいて監査判断を形成し，監査意見を表明することになる。評価対象の専門性が高い場合，報告企業も評価人を利用するので，報告企業のアサーション（見積り額）について説得力のある検証を行うには，監査人に豊富な知識と経験が求められるであろう。

（2）ハード情報の監査における確証的な証拠

　わが国でもアメリカでも，伝統的な会計基準においては取得原価（歴史的原価）が用いられてきた。したがって，財務諸表項目の金額は，過去の取引に遡って検証することができる。監査人は，取引の実在性や金額の正確性を過去の事実に基づいて確実に検証することが可能であり，この意味においてハード情報の監査では確証的な証拠に基づいて監査判断を形成することができる。

　また，本章の冒頭で指摘したように，細則主義の会計基準では減価償却費の計算方法に代表されるように，測定方法に制度的な制約が課せられており，報告企業は一般に認められた会計原則（定額法，定率法等）の中から1つの測定方法を選択し，その測定方法を注記において重要な会計方針として開示するとともに，継続して適用することが求められる。このことから，伝統的な監査においては，報告企業が何らかの理由によって測定方法を変更した場合に，「会計方針の変更」について変更理由の正当性を検証することが監査上の主たる問

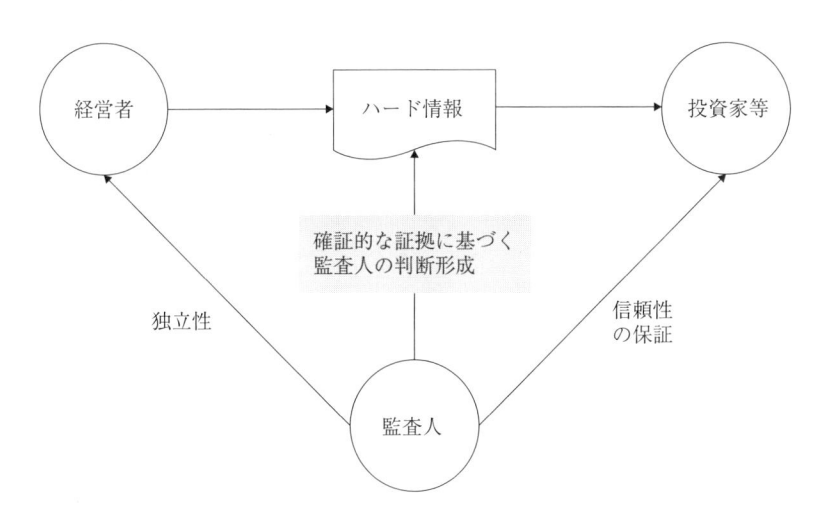

図表12-4　細則主義の会計基準におけるハード情報の監査

経営者 → ハード情報 → 投資家等

確証的な証拠に基づく
監査人の判断形成

独立性　　　信頼性
　　　　　　の保証

監査人

題であった。

　もとより，伝統的な会計においても見積りを伴う要素はあった。しかしながら，細則主義の下では，経営者の裁量による見積りが財務諸表の重要な虚偽表示に結びつくほどの監査リスクはなかった。

(3) ソフト情報の監査における説得的な証拠

　本章の第1節において，ソフト情報の監査は確信的な証拠ではなく，説得的な証拠に依存せざるを得ないと述べた。この確信的な証拠と説得的な証拠の違いは，実証性手続きにおける監査証拠の収集の仕方にある。

　既に述べたように，アメリカにおいても，デリバティブの公正価値評価は原則主義的な性格を有していた。活発な取引市場があり，市場相場を利用できる場合には，客観的な公正価値で評価される。しかしながら，活発な取引市場がなく，市場相場を利用できない場合には，デリバティブの経済的実質を忠実に表現できるモデル価値（主観的な公正価値）で評価される。

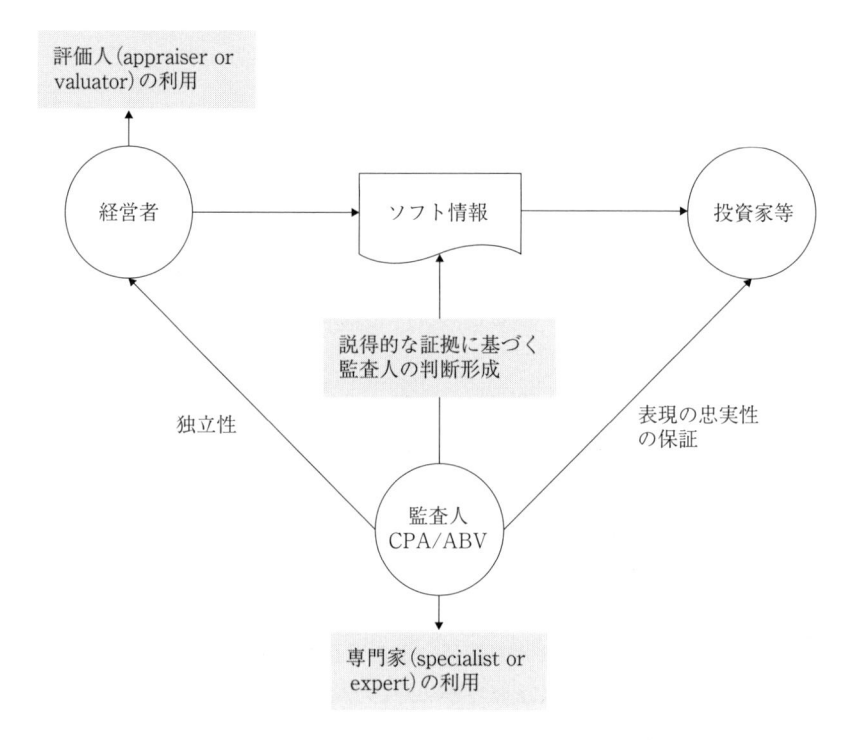

第Ⅲ部　内部統制・監査の論点と課題

図表12-5　原則主義の会計基準におけるソフト情報の監査

[図：評価人 (appraiser or valuator) の利用／経営者／ソフト情報／投資家等／説得的な証拠に基づく監査人の判断形成／独立性／表現の忠実性の保証／監査人 CPA/ABV／専門家 (specialist or expert) の利用]

　このようなレベル3の公正価値の監査方法に最初に取り組み，実証性手続きを具体的な形でマニュアル化したのはAICPA［2001］である。

　図表12-6は，AICPA［2001］に掲載されているブラックショールズ・モデルの監査方法である。AICPA［2001］は，デリバティブの監査基準書であるSAS第92号（AICPA［2000］）のために作成されたAICPAの公式監査ガイドである。AICPAの歴史においても，特定な監査基準書のために大部な監査ガイドが作成されたことは前例がない。このことからも，ソフト情報に対する監査証拠の収集の仕方が，専門化・複雑化しており，伝統的な監査の実証性手続きとは性格が異なることが理解されるであろう。

第12章 原則主義と監査人の判断形成

　デリバティブの監査は，固有リスクの評価，統制リスクの評価，およびリスク評価に基づく実証性手続きの設計という手順になる。AICPA［2001］は，実証性手続きについて詳細な解説を行っているが，ここではレベル3の見積り方法として最も一般的なブラックショールズ・モデルの監査方法を取り上げる。図表12-6は，5つのパラグラフから構成され，意義，用途，重要な仮定，ボラティリティの詳細，およびブラックショールズで計算した公正価値の監査方法が説明されている。「説得的な証拠」の意味は，パラグラフ5の記載内容を伝統的な監査の実証性手続きと比較することで明らかになるであろう。

図表12-6　ブラックショールズ・モデルによる公正価値計算とその評価

1．意　義

　1.1　ブラックショールズ・モデルのオプション評価モデルは，オプション価格を見積るための数学モデルである。このモデルは，公正価値の見積りに以下の5つの変数を用いる。
- オプションの権利行使日までの期間（time to expiration of the option）
- オプションの権利行使価格（exercise or strike price of the option）
- リスクフリーの金利（risk-free interest rate）
- 原証券の価格（price of the underlying stock）
- 原証券の価格のボラティリティ（volatility of the price of the underlying stock）

2．用　途

　2.1　ブラックショールズ・モデルは，オプション価格を見積るための唯一のモデルではないが（モンテカルロ・シミュレーションや二項モデル等も挙げられる），最もよく知られており最も広く用いられている。このモデルはコンピュータで広範に用いられており，事実上，オプションをトレードするどのようなブローカーも入手できる。

3．重要な仮定

　3.1　厳密には，ブラックショールズ・モデルは，配当のないヨーロピアン・スタイルのオプション（オプションの買い手は権利行使日にのみオプションを行使

できる）にのみ適用される。モデルを修正することにより，他の状況も扱うことができる。

3.2 このモデルで用いられている5つの変数のうち，最初の3つ（権利行使日までの期間，行使価格，およびリスクフリーの金利）は裏付けが容易である。第4の変数である原証券の価格も，当該証券が公開でトレードされているならば検証が容易であろう。当該証券が公開でトレードされていないならば，その価格を見積る必要がある。

3.3 通常は，第5の変数である原証券のボラティリティが最も主観的であり，5つの変数の中で最も見積りが難しい。

4．ボラティリティの詳細

4.1 価格のボラティリティは，釣り鐘型の曲線として描くことができる。釣り鐘型の曲線において，母集団の平均とメジアンは頂点にある。標準偏差が曲線の形状を表しており，正規分布の約68％は平均から±1の標準偏差の範囲内，95％は±2の標準偏差の範囲内，そして99.7％は±3の標準偏差の範囲内にある。標準偏差は2つの要因を表している。すなわち，データの分散の仕方と任意の結果が指定された標準偏差の範囲内に入る確率を表している。標準偏差が大きくなるほど釣り鐘型の曲線は扁平になり，データの分散の仕方も大きくなる。

4.2 ボラティリティとは証券価格の標準偏差を表しており，通常は株価のパーセンテージで示される。例えば，XYZ社の株式が＄40でトレードされ，そのボラティリティが20％であると仮定しよう。年度内にこの株式がトレードされる価格の範囲は，期間の約68％においては，現在の価格の20％の範囲内に収まると予測される。すなわち，期間の約68％においては，この株式は＄32から＄42の範囲でトレードされる。標準偏差を2倍にとると，期間の95％において，＄24から＄56の範囲でトレードされる。

4.3 年次のボラティリティは日次のボラティリティに修正することができる。ブラックショールズ・モデルでは，年次のボラティリティをトレーディングの日数の平方根で除することによって行う。1年には，約256日の取引日（週末と休日を除く）があり，256の平方根は16である。年次のボラティリティを日次に変換するには，16で除すればよい。従って，年次のボラティリティが20％であるな

らば，日次のボラティリティは20％÷16で求められ，1.25になる。1株当たり＄40でトレードされているXYZ社の株式の場合，初日の標準偏差は＄0.50（＄40×1.25％）である。初日のトレーディングが引けた時点では，約68％の確率で，株価が＄39.50から＄40.50の範囲内にある。

5．ブラックショールズで計算した公正価値の監査方法

　5.1　監査人は，5つの変数がストックオプションの見積り値にどのような影響を及ぼすかを理解しなければならない。影響をまとめると次のようになる。

変　数	コール		プット	
	変数が	オプション価格が	変数が	オプション価格が
権利行使日までの期間	増加	増加	増加	増加
権利行使価格	増加	減少	増加	増加
リスクフリーの金利	増加	増加	増加	減少
原証券の価格	増加	増加	増加	減少
ボラティリティ	増加	増加	増加	増加

　5.2　もし，ブラックショールズ・モデルに何らかの修正が加えられている場合には，変更点を理解しなければならない。また，変更点の基礎となる重要な仮定を識別しなければならない。

　5.3　モデルに用いられている仮定で，客観的な証拠が存在するものをテストする。

　5.4　株式が公開でトレードされていない場合，株価は見積られることになる。したがって，この場合には，こうした見積りに用いられたプロセスと方法をテストしなければならない。見積り値が適切に裏付けられるかを決定しなければならない。できれば，見積られた株価を比較可能な企業と比較する。

　5.5　設定されているボラティリティの合理性を評価する。原証券が公開でトレードされているならば，ボラティリティは当該証券の歴史的な株価変動と相関するはずである。すなわち，株価の約68％はメジアンから標準偏差1つ分の範囲に収まるはずである。監査人は，歴史的な株価変動を参照しつつ，ボラティリティに関する仮定の再計算を検討すべきである。原証券が公開でトレードされていな

い場合には，設定されているボラティリティを同一産業の他社と比較する方法がある。FASB基準書第123号は，従業員ストックオプションの評価に用いたボラティリティの開示を企業に要求しているので，これらのディスクロージャーも情報源になるであろう。

　5.6　ボラティリティの変化に対する公正価値の感応度を決定しなければならない。クライアントに対してモデルによる再計算を実行するように要求し，他の総ての変数を一定にした状態でボラティリティレートのみを変化させてみる方法がある。これによって，ボラティリティの仮定に対する見積り値の感応度を知ることができる。重要性の観点から，このテストの結果を評価する。例えば，ボラティリティの大きな変化が財務諸表に重要な影響を与えるものでなければ，監査人は監査リスクを受け入れ可能なレベルにまで引き下げることができ，他の監査上のテストを最小限にすることができる。

　5.7　これらの監査手続きの代替案として，監査人が適切と考える別なモデルや仮定を用いてオプション価格を再計算することもできる。

（出所）　AICPA［2001］, par.6.29.

　図表12-6のパラグラフ2に記載されているように，ブラックショールズ・モデルは，オプション価格を見積るための唯一のモデルではなく，モンテカルロ・シミュレーションや二項モデル等も用いられている。すなわち，測定方法には制度的な制約がなく，報告企業は任意の評価モデルを利用できる。また，パラグラフ5.2に記載されているように，ブラックショールズ・モデルに何らかの修正が加えられている場合もある。したがって，測定方法の選択に制度的な制約が課せられていない上に，測定方法に修正を加えることも許されている。こうした点が，細則主義における会計測定と決定的に異なっている。

　パラグラフ3.3に記載されているように，ブラックショールズ・モデルに用いられている5つの変数のうち，原証券のボラティリティ（通常はσとして表記される）が最も主観的で，見積りが難しい。パラグラフ5.5に記載されているように，監査人はボラティリティの見積り額につき，その合理性を評価する。

合理性の評価に際しては，パラグラフ5.6に記載されているように，公正価値の感応度分析（sensitivity analysis）を実施する。他の4つの変数を一定にした状態で，ボラティリティの値のみを変化させ，ボラティリティの変化が財務諸表に及ぼす影響を重要性の観点から評価する。または，パラグラフ5.7に記載されているように，監査人が独自の見積りを行って経営者の見積りと比較する方法もある。

以上のAICPA[2001]で述べられている実証性手続きから理解されるように，ソフト情報の監査では，感応度分析を行って財務諸表に及ぼす影響を検証する監査手続きや，監査人による独自の見積り額と経営者の見積り額とを比較する監査手続きを実施して，仮定や見積りが「合理的」であることを説得する形で監査証拠を収集する。このような監査アプローチの違いがハード情報の監査と異なっている。

監査人がパラグラフ5.7に記載されているように独自の見積りを行っても，評価の特質から，経営者の見積りと正確に一致することはあり得ないであろう。監査人の許容範囲に収まれば，合理的な見積りと判断することになる。こうしたことから，ソフト情報の監査では，見積りの正確性ではなく，見積りの合理性ないし妥当性を検証することになる。

最後に，図表12-5に示したように，報告企業においても見積りの複雑化や専門化に対応するために評価の専門家（appraiser or valuator）を用いるようになり，それに対応する形で国際監査基準や米国監査基準でも専門家（specialist or expert）の利用が認められている。また，AICPAは2002年からABV（Accredited in Business Valuation）の資格制度を導入し，監査人にも評価や見積りの能力に関する要件が求められるようになっている。

（4）見積りの形態と監査方法

上で述べたように，ソフト情報の監査が重要な研究テーマとなった発端は，ブラックショールズ・モデル等を用いたデリバティブの理論価格について，その合理性や妥当性をいかにして検証するかという問題であった。

しかしながら，IFRSのような原則主義会計の導入は，このようなレベル3の公正価値の見積りに代表される量的な側面にとどまるものではない。原則主義の導入による経営者の裁量の拡大は，質的な側面にも影響を及ぼすであろう。たとえば，連結の範囲に関する経営者の判断が挙げられる。

今後のIFRSの導入が進むと，経営者の主観的な判断や見積りが，質的および量的に拡大することが予測される。私見では，レベル3の公正価値の監査方法（量的な側面）についても，残された研究課題が多いと考えている。今後，質的な側面も含めて，具体的な事例に関する理論的・実証的な研究を蓄積していく必要がある。

第4節　監査人の判断形成と心理学的バイアス

ソフト情報監査においては，アウトプットとしての情報の信頼性よりも，情報作成上の諸仮定や情報作成プロセスの信頼性の評価に監査上の焦点が置かれる。そのために，経営者が作成した見積り金額と，監査人の事後の監査証拠によって裏付けられた最善の見積り金額との差額に対して「合理性」が判断されることになる。このような2つのステップを含めた監査人の判断形成プロセスを示したものが，図表12-7である。しかしながら，監査人の判断には心理学的なバイアスが混入することがある。

本節では，それぞれのステップにおいて，心理学で提示されている代表的な理論として，スキーマ理論，プロスペクト理論およびフレーミング効果を挙げつつ，そこから生じるであろうと考えられるバイアスについて検討していくことにする。

(1) 情報作成上の諸仮定や情報作成プロセスの評価

情報作成上の諸仮定の評価と，それらの諸仮定をもとにした見積りプロセスの評価に当たっては，既に発生した取引事実に基づくハード情報よりもむしろ，監査人がそれまでの経験で蓄積してきた知識や情報をもとに，クライアント企

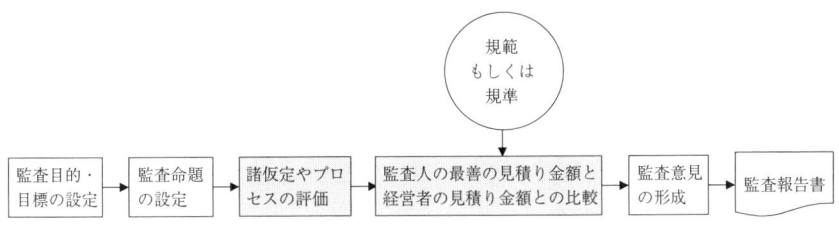

図表12-7　ソフト情報監査における監査人の判断形成プロセス

```
                          ┌─────┐
                          │ 規範 │
                          │もしくは│
                          │ 規準 │
                          └──┬──┘
                             ↓
┌──────┐  ┌──────┐  ┌──────┐  ┌──────────┐  ┌──────┐  ┌──────┐
│監査目的・│→│監査命題│→│諸仮定やプロ│→│監査人の最善の見積り金額と│→│監査意見│→│監査報告書│
│目標の設定│  │の設定 │  │セスの評価 │  │経営者の見積り金額との比較│  │の形成 │  │      │
└──────┘  └──────┘  └──────┘  └──────────┘  └──────┘  └──────┘
```

(出典) 古賀［1985］に若干の加筆・修正を加えたものである。

業でその他の利用可能な情報を得て，判断のために情報の再考慮および統合がなされ，評価が行われることになる。

　Belkaoui［1990］は心理学におけるスキーマ理論[(1)]に基づいて，(1)意思決定者による会計の事象観察，(2)会計事象に関するスキーマの形式化または構築，(3)スキーマの構成または記憶，(4)刺激によって引き起こされる注意および認識プロセス，(5)判断決定に必要である貯蓄情報の検索，(6)新たな情報と共に検索された情報の再考慮と統合，(7)判断プロセス，(8)決定／行動反応，という事象の認識から意思決定へのプロセスを提示しており，そのプロセスではこのような新しい情報と過去の知識や情報の再考慮および統合が行われる際に様々なバイアスの影響を受けることが提示されている。すなわち，彼は，(1)ネガティブな情報のような特定の情報に大きな比重を置く傾向にあるか，(2)基準点（ベースレート）またはコンセンサス情報（特定の事象とその他の事象に共通して役立つ情報）について活用が不十分または比重があまり置かれないか，もしくは(3)ヒューリスティクスに起因する様々なバイアスが生じることを指摘している。これらのバイアスのうち，監査人のヒューリスティクスについての例として，次のような実験研究が挙げられる。

　Salterio and Koonce［1997］は，収入を当期に認識するか，将来期間にわたって繰延べて収入へと償却するかの判断を要するシナリオを用いて，経済的実質についての質的判断を監査人がどのように行うかについて調査を行っている。彼らの研究は，監査人が信頼できる基準が存在しない会計状況における先例の

説得性をどのように判断するのかに焦点を当てた。その結果によると、監査人は、実験で提示された先例のインプリケーションが一貫している場合には、先例に従って経営者の主張の説得性を判断するが、先例が一貫していない場合には経営者の主張を受け入れる傾向にあることを発見した。また、監査人はそのような判断の基礎となる先例の数については考慮を行わないということも提示している。このように、Salterio and Koonce [1997] の研究では、経済的実質という質的判断において、監査人は経営者の説得性について代表性ヒューリスティクス[2]によって判断を行い、「サンプルサイズの無視」[3]のバイアスが生じていることを報告している。

また、Frederick and Libby [1986] は、監査人が量的判断においても見積りを誤る可能性を指摘する研究として、次のような実験を行っている。すなわち、彼らは監査人に、内部統制の弱さが原因で起こりそうな2つの事象（A, Bとする）と内部統制とあまり関係なく起こりそうな1つの事象（Cとする）、そしてAとBが両方起こる場合とAとCが両方起こる場合を提示し、それぞれの事象が起こり得る可能性の大きさを判断させるというものである。確率論的に、AとBが両方起こる可能性は、AまたはBが単独で起こる可能性より低いが、経験豊富な監査人がもつ内部統制の弱さと会計数値の誤りとの間の関係の知識によって、監査人はAとBが両方起こる可能性を高く見積るという「連言錯誤」[4]のバイアスを報告している。彼らは、学生を被験者として同様の実験を行ったが、学生は内部統制の弱さと会計数値の誤りとの間の関係の知識が欠如しているためにそのバイアスが認められなかった。

さらに、Asare [1992] は、情報に対する判断の順序および性質によって監査人の判断が異なるかどうかについて、実験によって調査を行っている。彼は、監査人に対して、監査前に、クライアントのゴーイング・コンサーンに関する信念とその可能性を数値で示すよう求め、それを初期値として扱った。その後、証拠が提示されることで初期値の調整が行われていく際に、その証拠の提示される順序または性質によって、調整の大きさに差があるかどうかを検証した。

監査人が確証バイアス[5]をもっているならば、提示される順序に関係なく、

自信の最初の信念に対する確証情報に対して大きな調整を行い，反証情報に対しては小さな調整しか行わないことになる。しかし，確証情報と反証情報に影響されることなく，一定の調整を行えば，確証バイアスはないことになる。

　彼らが発見したことは，監査人は提示される証拠に対して，確証バイアスは働いていなかったということである。しかし，新たに提供される証拠に対して，前に提供された情報よりも大きな調整を行うという利用可能性ヒューリスティクス[6]における「新近性効果（recency effect）」の影響を受けていることが明らかになった。

　このように，Asare [1992] の研究では，監査人は，情報の性質に対してはバイアスがなく中立な立場で判断するが，新しく提示された情報に対しては量的に大きく見積る傾向にあることが示されている。

　以上のようなバイアスは実験研究によって発見されているものであり，実験研究は特定のシナリオまたはケースを提供することで条件を限定することができるので，心理的バイアスが発生するかどうかの検証を行うことができるというものである。また，実験研究の被験者は概ね個人であるが，監査はチームで行われることが一般的である。したがって，実験研究の結果を直ちに監査人全体の判断に対して一般化できるというものではない。しかし，心理学では一般的にバイアスが生じることが実証されているので，それらのバイアスが監査人にも生じるのかどうかを検証することが重要となる。

（2）経営者の見積り金額の合理性に対する監査人の判断

　合理的な見積り金額は，確率に基づいた期待値が算定されれば明確である。しかしながら，人間の心理的側面を考慮した場合，意思決定に際してはそのような期待値に基づいた合理性からの逸脱も起こる傾向があることが示されている。このような逸脱を Tversky and Kahneman [1981] は，プロスペクト理論とフレーミング効果（framing effect）として提示している。プロスペクト理論とは，利得と損失の名目単位に対応する効用単位としてS字形をした価値関数によって資産のポジションの変化は評価され（図表12-8），そこでの利得ま

たは損失は，問題のフレームミングのされ方あるいは表示のされ方によって劇的に変わるために，意思決定者は利得に関してはリスクを避け，損失に関してはリスクを追求する傾向にあるというものである（Bazerman, [1998]）。

したがって，たとえば，2,000万円を失う経済的危機に対して，ビジネスプランとして，1,000万円を確実に保持できる計画と，2,000万円を50%の確率で保持できる計画の選択肢を提示された場合には，経営者は前者を選ぶ傾向にあることになる。他方，これらのビジネスプランが1,000万円を確実に失う計画と，2,000万ドルを50%の確率で失う計画とフレーミングされれば，後者が選ばれる傾向にあることになる。この例の場合は，いずれの選択を行っても，期待値は同等であるので，合理的であると言えるかもしれない。

しかし，Tversky and Kahneman [1981] はさらに各問題について，2つの選択肢から1つを被験者150人に選ばせる次のような一連の実験を行っている。

問題1　a. 確実な240ドルの利得

　　　　b. 25%の確率で1000ドルを獲得し，75%で何も得られない

問題2　c. 確実な750ドルの損失

　　　　d. 75%の確率で1000ドルを失い，25%で何も失わない

この実験の結果として，プロスペクト理論で示されたように利得に関しては危険回避的になるので，問題1では84%の被験者がaを選択した。しかし，期待値に基づけばbの方が優れており，これに類似する状況での経営者の判断が合理的であるかどうかについて，監査人の評価は難しくなる。また，問題2についてもプロスペクト理論で示された通り，損失に対しては危険追求的になるので，87%の被験者がdを選択し，aとdを合わせて選んだ被験

図表12-8　プロスペクト理論における仮説的価値関数

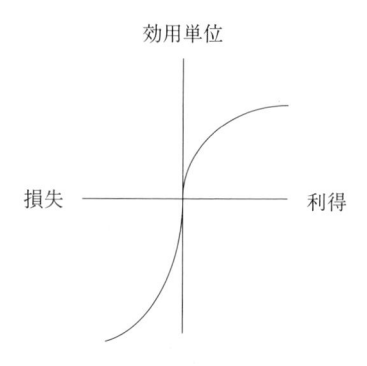

（出典）Bazerman [1998] および Tversky and Kahneman [1981]

者は73％であった。

　次に，Tversky and Kahneman [1981] は別の被験者86人に対して，次の問題を提示し，選択肢を選ばせた。

問題3　e．240ドル獲得する確率が25％，760ドル失う確率が75％
　　　　f．250ドル獲得する確率が25％，750ドル失う確率が75％

　この実験の結果は，明らかにｆの方が優れているため，すべての被験者がｆを選択した。ここで重要なのは，問題1および2の選択肢においてａとｄを合わせたものが問題3のｅであり，ｂとｃを合わせたものがｆであるという点である。すなわち，問題1および2において個別で考えられた場合と，問題3で結合して考慮された場合において，選ばれる選択肢が一貫しないということである。

　実際の企業活動においては，相互に連結しているが別々に意思決定が行われる状況は少なくないので，見積りを行う際に，それらを別々なもの，あるいは結合したものとフレーミングするかまたは判断するかによって合理性の評価が異なる可能性があることに注意しなければならない。とりわけ，一連の企業活動を，経営者はそのときそのときの状況で考慮しなければならないのに対して，監査人は事後的に評価するので，フレーミングの仕方が異なる可能性が高いといえる。

　このようなフレーミング効果が監査人の判断に影響を与えるかを調査したものに Johnson et al. [1991] が挙げられる。彼らは，経営者が不正な財務諸表を表示するために意図的に成長企業を装い監査人に対してフレーミング効果を生み出したケースと，経営者が意図的に行ったわけではないが内部統制システムの問題から重要性に関わる誤謬が存在するケースという2つのケースを用意し，被験者に監査実務経験20年以上の経験豊富な監査人と監査実務経験11年から13年のそれほど経験豊富でない監査人を用いて，監査人がフレーミング効果の影響を受けるかを調査した。

　これらの結果は，経営者が意図的にフレーミング効果を生み出したケースでは，すべての監査人が最初はフレーミング効果の影響を受けたが，そのクライ

第Ⅲ部　内部統制・監査の論点と課題

アントと同じ産業の監査経験がある監査人は監査実務に従事した年数にかかわらず,最終的に不正を発見した。しかし,同一産業の監査経験がない監査人は,監査実務に従事した年数にかかわらず,限定付適正意見もしくは無限定適正意見を表明した。

　他方,内部統制システムの問題から重要性に関わる誤謬が存在するケースでは,内部統制システムが設計上は適切に構築されていたために,監査実務に従事した年数の少ない監査人はフレーミング効果の影響を受け,限定付適正意見もしくは無限定適正意見を表明したが,監査実務に従事した年数の長い監査人は内部統制システムが機能していないために誤謬があることを示した。

　以上のように,監査人がそれまで経験してきた監査実務とその長さによって,監査人は心理的なバイアスを受け,経営者の主張に対する合理性の判断を誤る可能性があることが指摘されている。

　このような研究も特定のシナリオに,基づいて行われているので,この結果が直ちに一般化され得るとは限らないが,経営者の意図によって監査人の判断が歪められる可能性が示唆されていることは重要である。ソフト情報監査は,経営者の意図によって作成された見積り金額に対する合理性を判断するので,このようなフレーミング効果の心理的バイアスにも留意する必要性があるだろう。

第5節　ソフト情報監査のゆくえ

　第3節でAICPA［2001］の監査マニュアルを取り上げたが,図表12-6で説明されているような監査手続きを実施すると,個々の監査人の判断にバラツキが生じるであろう。通常,監査はチームで実施するので,チームにおける監査判断のバラツキは監査の品質にも影響を及ぼすことになる。

　ソフト情報監査の品質管理には,監査チームにおける集団的なレビューを実施することが有効であると考えられる。監査チームの責任者は,年間を通して次のような取り組みを行うべきである。

(1) AICPAが実施しているABVのような制度を参考にして，ソフト情報の監査に必要な知識や技能を整理し，監査判断の同質性を担保できるようなツールを開発する。また，ソフト情報の監査には，見積りに関する豊富な経験と知識を有する監査人を配置し，そのツールを用いた研修を監査チームに対して事前に実施する。
(2) 監査の実施プロセスにおいても，継続的な品質管理体制を維持する。見積りに関する豊富な経験と知識を有する監査人は，ソフト情報監査の実施において何らかの問題が発生していないかを継続的にモニタすると同時に，監査チームによる集団的なレビューを実施する。
(3) 監査の終了後，種々の形態の見積りに対して監査法人がどのように判断したかを類型化・文書化して，ナレッジ・データベースを構築する。ソフト情報監査は，知識集約型の監査である。したがって，監査法人に属する総ての監査人がそのナレッジ・データベースを共有し，改善すべき問題点を洗い出し，ソフト情報監査の保証水準を向上させる努力を続ける。

注
（1） 人は新しい事柄を記憶するときに自分のもつ記憶構造に関係づけて記憶し，その記憶構造のことをスキーマという。スキーマはものや事象や行為，あるいは事象や行為の系列について作りあげられた一般化された知識のかたまりである（御領,菊地,江草[1993], 159-160）
（2） Tversky & Kahneman [1974]によれば，代表性ヒューリスティクスとは，AがBである確率をAがどれほどBを代表しているもしくは類似しているかの程度によって評価する判断方法である。
（3） このバイアスは，「人はサンプルの情報の信頼性を評価する場合，しばしばサンプルの大きさのもつ役割を見落としてしまうBazerman [1998]」というものである。Tversky & Kahneman [1974]の例を用いると，「ある町に病院が2つあり，大きな病院では毎日45人の赤ちゃんが誕生し，小さい病院では毎日15人の赤ちゃんが生まれている。周知のように生まれる赤ちゃんの約50％が男の子である。しかし日々の実際のパーセンテージは異なっている。どちらの病院も男の子が生まれた割合が60％以上の日を記録してきた。どちらの病院の方がその日数は多いと思うか」という質問に対して，この

実験の被験者のほとんどがどちらの病院も同じくらいだと答えている。統計学によれば小さなサンプルの場合の方がこのことは観察されやすい。
（4） このバイアスは，「人は誤って，連言（２つの事象が同時に生起する）の確率を，その連言がサブセットになっている，より範囲の広い事象の集合よりも大きいと判断するというものである Bazerman［1998］」というものである。Tversky & Kahneman［1983］は，（1982年7月に）専門家たちは1983年中に米国とソ連の外交関係が完全に停止する可能性は，1983年中にロシアがポーランドへ侵入し，米国とソ連の外交関係が停止するよりも低いと評価することを発見した。米国とソ連の外交関係が完全に停止するという部分集合は，ロシアがポーランドへ侵入し，米国とソ連の外交関係が停止するという部分集合を完全に含んでおり，後者が前者より大きな集合であるということはない。
（5） 確証バイアスとは，「人は自分が本当だと思っていることを確かめるための情報は探すが，反証となるような証拠を探すことを無視する傾向がある（Bazerman［1998］）」というものである。
（6） Tversky and Kahneman［1974］によれば，利用可能性ヒューリスティクスとは，ある出来事の頻度や確率を，その出来事の例や発生が記憶からどの程度利用しやすいかによって評価する判断方法である。

〈参考文献〉

古賀智敏 1984,「監査人の行動的意思決定研究の現状と課題」,『龍谷大学経済経営論集』, 第23巻, 第4号, 105－117頁。

古賀智敏 1985,「財務諸表監査と保証水準―監査意見決定の概念モデルの考察を中心として―」,『龍谷大学経済経営論集』, 第25巻, 第2号, 40－55頁。

古賀智敏 1990,『情報監査論』同文舘出版。

古賀智敏 2000,「金融リスク環境と新監査モデル―継続的監査アプローチの適用可能性と課題―」,『現代監査』, 第10号, 日本監査研究学会, 63－76頁。

古賀智敏 2008,「経済的実質主義会計の認識基点」,『商経学叢』, 第55巻, 第1号, 53－60頁。

古賀智敏, 與三野禎倫, 嶋津邦洋 2010,「『原則主義』対『細則主義』と監査人の判断形成」,『国民経済雑誌』, 第201巻, 第4号, 1－16頁。

御領謙, 菊池正, 江草浩幸 1993,『認知心理学への招待―心の働きとしくみを探る―』サイエンス社。

AAA Financial Accounting Standards Committee, "Evaluating Concept-Based vs. Rules Based Approaches to Standards Settmg," *Accountmg Honzons*, Vol.17, No.1, 2003, pp.73-89.

American Institute of Certified Public Accountants (AICPA), Auditing Accounting

第12章　原則主義と監査人の判断形成

Estimates, *Statement on Auditing Standards* No.57, New York, NY: AICPA, 1988.
American Institute of Certified Public Accountants (AICPA), Auditing Derivative Instruments, Hedging Activities, and Investments in Securities, *Statement on Auditing Standards* No.92, New York, NY: AICPA, 2000.
American Institute of Certified Public Accountants (AICPA), *Auditing Derivative Instruments, Hedging Activities, and Investments in Securities*, AICPA Audit Guide, New Edition as of March 15, 2001, New York, NY: AICPA, 2001.
American Institute of Certified Public Accountants (AICPA), *ABV (Accredited in Business Valuation) Credential Candidate Handbook*, A Guide to Obtaining and Maintaining the AICPA ABV Credential. New York, NY: AICPA, 2002.
American Institute of Certified Public Accountants (AICPA), Auditing Fair Value Measurements and Disclosures, *Statement on Auditing Standards* No.101, New York, NY: AICPA, 2003.
Agoglia, Christopher P., Timothy S. Doupnik, and George T. Tsakumis, "Principles-Based versus Rules-Based Accounting Standards: The Influence of Standard Precision and Audit Committee Strength on Financial Reporting Decisions," *Accounting Review*, Vol.86, No.3, 2011, pp.747-767.
Bazerman, M., *Judgment in Managerial Decision Making, Fourth Edition*, John Wiley and Sons, 1998, (兼広崇明訳 (1999), 『バイアスを排除する経営意思決定』東洋経済新報社)
Belkaoui, A., *Judgment in International Accounting: A Theory of Cognition, Cultures, Language and Contracts*, Quorum Books, 1990.
Catty, James P., Dita Vadron, and Andrea R. Isom, *Guide to Fair Value under IFRS*, John Wiley & Sons, 2010.
Frederick, D. M. and Libby, R., "Expertise and Auditor's Judgments of Conjunctive Events," *Journal of Accounting Research*, Vol.24, 1986, pp.270-290.
Johnson, P. E., Jamal, K. and Berryman, R. G., "Effects of Framing on Auditor Decisions," Organizational Behavior and Human Decision Processes, vol.50, No.1, 1991, pp.75-105.
Libby, R., "Availability and the Generation of Hypotheses in Analytical Review," *Journal of Accounting Research*, Vol.23, 1985, pp.648-667.
Nelson, M. W., Elliot J. and Tarpley, R., "Evidence from Auditors about Managers' and Auditors' Earnings-Management Decisions," *Accounting Review*, Vol.77, 2002, pp.175-202.
Ramos, Michael J. and Linda C. Delehanty, *Auditing Estimates and Other Soft Accounting Information*, New York, NY: AICPA, 1998.

Salterio, S. and Koonce, L., "The Persuasiveness of Audit Evidence: The Case of Accounting Policy Decisions," *Accounting, Organization and Society*, Vol.22, 1997, pp.573-587.

Tversky, A. and Kahneman, D., "Judgment under Uncertainty: Heuristics and Biases," *Science*, Vol.185, 1974, pp.1124-1131.

Tversky, A. and Kahneman, D., "The Framing of Decisions and the Psychology of Choice," Science, Vol. 211, No. 4481 (Jan. 30, 1981), pp. 453-458.

Tversky, A. and Kahneman, D., "Extensional versus Intuitive Reasoning: The Conjunction Fallacy in Probability Judgment," *Psychological Review*, Vol.90, 1983, pp.293-315.

第13章　予測情報監査の開示と保証形態

浦　崎　直　浩（近畿大学）

第1節　産業構造の変化と会計測定

　金融の自由化・グローバル化によって1980年代から1990年代へかけて実物経済から金融経済へ移行したことが多くの論者によって主張された（小川・北坂［1998］）。わが国でも，1980年代以降，金融システムが市場重視型のシステムへと移行する中で，企業の資金調達の手段が多様化し，銀行借入に依存する間接金融から直接金融へと資金調達の手段も変化していった。そのような企業環境の変化は個別企業の貸借対照表構成比率にも大きな変化をもたらした。

　筆者が1985年から2001年について東証・大証の3月決算会社を対象に行った財務諸表分析の結果，次のような特徴を明らかにすることができた（浦崎［2002］, 32-36）。

① 自己資本比率の全業種平均値は，1985年に28.5％であったものが2001年には42.2％となり，当該比率がこの間に逓増傾向を示していること。
② 金融資産比率は，バブル期に全業種平均値が61.8％まで上昇するが，バブル期を除くと当該比率は56.2％から58.6％の間を推移していること。
③ 金融負債比率の全業種平均値は，1985年には57.2％であったものが2001年には45.9％となり，当該比率がこの間に逓減傾向を示していること。
④ 金融負債比率を構成する社債・転換社債比率と借入金比率の全業種平均値を比較すると，前者は1985年には5.8％しかなかったが1994年に18.2％となるまで逓増し，これと反対に後者は逓減傾向を示し1985年に37.2％であったものがバブル期以降30.6％から34.9％の幅で推移していること。

上記の結果から，間接金融から直接金融へと資金調達の手段がシフトしたことが，貸借対照表のデータからも読み取ることができる。つまり，日本的経営の特徴であったメインバンクから資金調達するという間接金融依存の経営体質が変化し，株主から直接資金調達を行う方法に変わったという全体的な傾向を貸借対照表のデータから読み取ることができる。このような資金調達の変化を受けて株主重視の経営やキャッシュ・フロー経営が当時華やかに主張されていた。

　さらに，2001年3月決算期の金融資産比率を業種別にみてみると，33業種の平均は56.2%である。さらに，業種特性により金融資産比率の小さい「不動産」（27.0%），「ガス」（24.5%），「鉄道バス」（17.9%），「電力」（8.2%）を除いた29業種の金融資産比率の平均は56.6%となり，総資産のおよそ6割が金融資産ということになる。償却対象有形固定資産比率の全産業平均値の17.1%と比較をしても，総資産に占める金融資産の割合の相対的な重要性を認識することができるであろう（浦崎［2002］，38）。

　これまでの分析からわかるように，日本の上場企業の総資産に占める金融資産の保有割合は，平均で5割を超え，この比率が6割を超える業種は全業種の3分の1近くまで達している。また，製造業であっても金融資産比率が80%を遙かに超える企業が存在する。例えば，2001年3月期の電気機器137社のうち，金融資産が7割を超える会社は48社で51.8%である。そのうちこの比率が8割を超える会社は13社で業種全体の9.5%に及んでいる。

　総資産に占める金融資産比率の高さを前提として，企業の経済実態を把握するという観点から企業の資産評価問題を論じる場合，企業の金融資産をいかに認識するかということが資産会計の重要な課題であることが容易に理解できるであろう。それでは，そのような状況において企業の真実な経営成績，財政状態，キャッシュ・フローの状況はどのようにすれば把握することができるのであろうか。指摘するまでもなく，伝統的な取得原価主義会では，総資産のおよそ6割をしめる金融資産の経済的実態が把握されない。

　さらに，伝統的な取得原価主義会計では，金融の自由化・グローバル化によっ

て顕著になった為替リスク,金利リスク,価格リスク等の減殺を目的としたヘッジ取引の実態を把握できない。企業の経営成績は,投資者への投資意思決定への役立ちという観点から考慮するならば,経営者が指揮した企業のあらゆる経済活動の結果を反映したものでなければならない。原価実現アプローチは企業の環境条件の変化を取り込まないという点で,投資意思決定への役立ちは貨幣資本の維持に関する経営者の評価に限定される。企業が株主からの直接金融に依存し,かつ株主には自己責任での投資を要求するのであれば,究極的には金融資産および金融負債を公正価値で全面的に測定し,市場のボラティリティを反映した測定値を財務諸表に表示することが投資者保護の観点から必要になる。

換言すれば,ファイナンス型市場経済やナレッジ型市場経済においては,企業の期間的なパフォーマンスは原価実現アプローチを基礎とした期間損益計算では把握できず,貸借対照表を利用した期首と期末の純資産の差額に経営者のパフォーマンスの尺度を求めることができる。つまり,資産負債アプローチに基づき測定属性として公正価値を用いることにより経営者の期間的パフォーマンスを包括的に把握することが可能となるのである。このような会計測定観の変化の中にあって,第3章において論じたように予測財務情報の開示に対する潜在的ニーズが存在しているが,当該情報の開示にあたってはその信頼性を担保することが会計的コミュニケーションを円滑化するためには必要となってくる。

そこで,本章では,国際財務報告基準(IFRS)導入により生じることになる情報の保証問題について,最適制度設計という観点から1つの方向性を提示しようとするものである。とりわけ,公正価値測定の対象が拡大することにより,情報内容のソフト化が進む中で,情報の信頼性の担保は,過去に発生した経済事象に関する検証可能性に依存するものではなく,将来事象の見積り・予測の方法の合理性や妥当性の検証並びに情報システムそのもののインテグリティに依存したものに変質することになる。

第2節　IFRS導入に伴う公正価値測定の拡充と情報内容の変質

あらゆる社会的制度は，政治，経済，文化等の環境要因及びそれを支える人的要因に依存しながら維持発展するということは各国の歴史がそれを物語っている。とりわけ，企業会計の基礎理論は，産業基盤の構造変化に応じたビジネスモデルを想定し，グローバル化した市場経済のニーズを組み入れつつ発展してきた。20世紀型のビジネスモデルでは，機械設備等の生産手段を中心としたマニュファクチュアリング型ビジネスモデルがその特徴をなしていた。それに対して，21世紀型のビジネスモデルでは，情報通信技術の発達とともに，デリバティブ等の金融商品や技術・ノウハウ・特許権といった無形資産が企業価値創造のリソースとして重視され，有形財・金融財・無形財という経済資源の共振関係として企業活動が成立するところにその特徴がある（古賀［2009］）。

そのようなビジネスモデルの変化に即応する形で会計理論が発展し，プロダクト型会計からファイナンス型会計，さらにはナレッジ型会計へと変貌を遂げている。指摘するまでもなく，今日の経済環境に動機づけられた新時代の会計理論と制度構築のコア・コンセプトをなす企業業績の評価尺度は「公正価値」に求められ，企業の経済活動の経済的実質を反映するという観点から「公正価値」が21世紀型ビジネスモデルに共通する評価尺度としての地位を占めるに至っている（浦崎［2002］，古賀［2009］）。ここでは，以上のような産業基盤の構造変化に応じた会計理論の発展を与件としながら，経済活動の経済的実質を忠実に表現する企業業績の測定・開示を主眼とするIFRSにおける財務報告の変質と監査上の問題点を指摘したい。初めに，図表13-1を掲げておきたい。

図表13-1から知られるように，公正価値会計は，金融財から準金融財へ，準金融財から物財へ拡充化されている。すなわち，公正価値会計は，トレーディング目的の金融資産・金融負債からストックオプションその他金融資産・金融負債を含むすべての金融財へ，さらに，投資不動産といった形態的には物財であるが経済的実質は金融財の特性をもつ準金融財へと，さらには農産物・生物

第13章 予測情報監査の開示と保証形態

図表13-1 IFRS における公正価値測定の対象

公正価値測定の対象領域	概要
(1)当初認識時点での測定基準としての公正価値の利用（IAS 16, IAS 17, IAS 20, IAS 39, IAS 41等）	有形固定資産を非貨幣性資産と交換する場合の測定，ファイナンスリースにおける資産の測定，政府補助金による非貨幣性資産の測定，企業結合における非貨幣性対価の測定，金融資産・金融負債の当初認識時の測定 ※決算時の認識は簿価による
(2)複合取引コストの配分基準としての公正価値の利用（IAS32, IFRS3等）	複合取引の原価その構成要素に配分する基準として公正価値を用いる（例：企業結合会計，取得企業は旧取得企業の識別可能資産及び負債を取得日現在の公正価値で認識し，企業結合の取得原価を配分する。配分後の残余価値が暖簾として計上される。）
(3)減損テストにおける公正価値の利用（IAS36, IFRS5等）	資産は利用又は売却によって回収しうると見込まれる金額を超えて計上してはならないという減損損失の適用(36)。減損資産の回収可能価額を規定する属性として公正価値を用いるが，下向的評価のみを用いるという点で公正価値の利用形態は限定的である。
(4)資産及び負債の事後的測定基準としての公正価値の利用（IAS16, IAS 39, IAS 41等）	投資不動産を含む投資について活発な市場価値か若しくは再評価額の選択適用，退職給付制度投資について決算日毎の再測定，土地・機械等の有形固定資産について公正価値による再評価モデルの選択適用

資産や有形固定資産の再評価といった物財をも包括する方向で拡大しつつあるが，IFRS の基準設定において，公正価値測定がすべての物財ないしプロダクトをも包括する方向で拡大することを意味するものではない（古賀［2008］，；Cairns［2006］）。

そのような公正価値測定は，マーケットを通じた将来キャッシュ・フローや自社の見積に基づいた仮定計算が行われるため，数値の信頼性について疑義があると批判される。これは，収支計算に基づく過去の客観性あるデータに基づいて，債権者を保護するという観点から配当可能利益を計算しようとする純利益指向の立場と対立する。ここで，先行して関連する会計基準の設定がなされ

たアメリカの事例をみておきたい。米国財務会計基準審議会（FASB）は，2006年に公表した基準書第157号において，公正価値を次のように定義する。

「公正価値は，測定日における市場参加者間での秩序ある取引によって，資産を売却するために受領するか又は負債を移転するために支払う価格である。」（FASB［2006］, par.5）

この定義における公正価値は，特定の資産又は負債の測定値を意味する。したがって，その測定値は，資産又は負債に固有の属性を考慮したものであり，具体的には測定日における資産又は負債の状態や立地そしてその売却や利用に関する制約を検討した結果である。定義の中の資産又は負債は，金融資産や機械などの単独の資産又は負債もしくは事業単位や報告単位での資産グループ又は負債グループを意味している。資産又は負債が単独なのかグループなのかという判断は計算単位に依存している。計算単位は，他の会計基準の適用目的に照らして，資産又は負債の集計（又は非集計）のレベルを考慮して測定対象を決定する。（FASB［2006］, par.6）ここで，公正価値測定を行うための諸仮定についてまとめておきたい。それを要約したものが図表13-2である。

図表13-2　公正価値測定の諸仮定とその意義

公正価値の測定の仮定	意義
(1)秩序ある取引	公正価値測定は，測定日における市場参加者間での秩序ある取引によって資産又は負債が交換されることを仮定している。秩序ある取引とは，資産又は負債が関わる取引が通常のかつ慣習的なマーケティング活動を可能にするために，測定日以前の期間において市場にさらされていることを仮定した取引である。それは，強制的な清算や投げ売りなどの強制的取引を想定していない。資産の売却又は負債の移転の取引は，その資産を保有している又はその負債を負っている市場参加者の観点から検討された測定日における仮設的取引である。 　したがって，その定義は，資産を売却したときに受領する価格又は資産を移転したときに支払う価格（出口価格）に焦点を当てており，その同一の資産を獲得するために支払う価格又はその同一の負債を仮定したときに受け取る価格（入口価格）には焦点を当てていない。（FASB［2006］, para.7）

第13章　予測情報監査の開示と保証形態

(2)主要な市場	主要な市場とは，企業が資産の売却又は負債の移転を行うときに当該資産と負債にとって最大のボリュームとレベルの活動が伴うような市場である。又は最も有利となる市場とは，企業が資産の売却又は負債の移転を行うときに，資産市場又は負債市場での取引コストを考慮して，資産については受領する金額を最大化するような価格で取引が行われ，負債については支払う金額を最小化するような価格で取引が行われるような市場のことをいう。（FASB［2006］，para.8） 　なお，資産又は負債の公正価値を測定するために利用される主要な市場又は最も有利となる市場における価格は取引コストについて修正してはならない。取引コストは，資産の売却や負債の移転に伴う増分の直接的コストであり，資産又は負債の属性を表すものではないからである。ただし，資産又は負債の立地などにより発生する主要市場又は最も有利となる市場への輸送コストは，資産又は負債の属性を表すものであり，当該コストについては公正価値の修正を要する。（FASB［2006］，para.9）
(3)市場参加者	公正価値の定義における市場参加者とは，資産または負債の主要市場または最も有利となる市場における次の条件を満たす買い手と売り手である。 ① 企業から独立していること。関連当事者でないこと。 ② 知識を有していること。利用可能なすべての情報に基づいて資産または負債および取引について合理的に理解していること。利用可能な情報には，通常のそして習慣的な相当の努力を払って取得する情報が含まれていること。 ③ 資産または負債の取引を行う能力があること。 ④ 資産または負債について取引する意思があること。すなわち，強制でなく自らの意思で取引が動機づけられていること。 　企業は，公正価値の測定に際して市場参加者が誰であるかを明確にする必要はなく，市場参加者を一般的に識別する特徴を明らかにすればよい。具体的には，(a)資産または負債，(b)資産または負債の主要市場または最も有利となる市場，(c)市場において取引相手となる市場参加についてその特徴がわかればよいとされている。（FASB［2006］，para.11）
	公正価値測定は，測定日における物理的な可能性，法律上の許容度，財務的な実行可能性などの諸要因を考慮して，市場参加者が資産を最も高度かつ最善に使用することを仮定している。資産が他の資産と結びついてグループとして使用することにより，市場参加者に対する価値が最大化される場合には，資産の公正価値は使用という観点から測定される。これに対して，資産が主として単独で市場参加者に対する価値を最大化する場合には，資産の

(4)資産・負債の評価アプローチ	最も高度かつ最善に使用は交換という観点から，すなわち当該資産を売却することにより受領される価格に基づいて測定される。(FASB [2006], para.13) 　負債の公正価値測定については，負債は測定日に市場参加者に移転し，かつ，負債の不履行リスク（nonperformance risk）が移転の前後において同一であることが仮定されている。不履行リスクとは，義務が履行されずその結果移転される負債の価値に影響を与えるリスクを意味する。不履行リスクは企業それ自体の信用リスクに限定されるものではないが，信用リスクが負債の公正価値に影響を及ぼすすべての期間についてその影響を検討しなければならない。その影響は，負債の内容に依存するものであり，現金の移転を伴う義務（金融負債）なのか，あるいは，財またはサービスの移転を伴う義務（非金融負債）なのかによって異なってくる。(FASB [2006], para.15)

　以上の基準書157号の内容を要約するならば，当該基準書では，公正価値はそれ以前の基準書における交換価格という概念を踏襲しており，交換価格は市場において資産を売却するかまたは負債を移転するために市場参加者間で行われる秩序ある取引における価格であると明確化された。その取引は報告主体にとって最も有利な市場で行われることが想定されている。資産の売却または負債の移転の取引は，その資産を保有しているまたはその負債を負っている市場参加者の観点から検討された測定日における仮説的取引である。したがって，その定義は，資産を売却したときに受領する価格または資産を移転したときに支払う価格（出口価格）に焦点を当てており，その同一の資産を獲得するために支払う価格またはその同一の負債を仮定したときに受け取る価格（入口価格）には焦点を当てていない。また，当該基準書で強調している点は，公正価値は市場ベースの測定尺度であるということであり，企業に固有の測定尺度ではないという点である。したがって，公正価値は市場参加者が資産または負債の価格づけにおいて利用している仮定に基づいて決定される。

第3節　IFRS時代の保証業務のあり方

(1) 企業裁量の拡大（原則主義の導入）と監査対応

　日本における財務諸表監査は，会計監査人の賠償責任問題も絡んで，保守的な対応が企業サイドに求められる傾向にあり，企業が策定した事業計画の合理性如何にかかわらず，繰延税金資産の取り崩しが監査法人から求められる等の問題点が指摘されている。国際会計基準の導入によって，企業の裁量はより一層拡大することが想定されることから，適切な監査手法についての検討が重要となるのではないか。また，適切な監査手法を検討するにあたって，追加的に生じる企業の説明責任は如何なる制度によって担保することが可能であるかなどの実務上の問題も生じつつある。

　現在，会計監査人は全体としての財務諸表に関連し，経営者が行った会計上の見積りの合理性について評価しなければならないこととされているが，実務上は，見積りの確実性を求める等，企業側の見解が必ずしも反映されていないとの指摘がある。より客観的な事象に対する監査と異なり，内部統制の充実化をはかることで，当該見積りに係る監査は，手続き的な合理性を判断するのみ等の整理を行うことで企業裁量を尊重すべき制度構築が求められるのではないか。このような観点から，開示情報の保証業務について海外の研究成果を紹介し，我が国へ対する含意を提示したい。

(2) 保証業務の類型

　国際監査実務委員会が公表する基準等を基礎とする監査概念及び監査業務の類型に関するフレームワークにおいて，監査は次のように定義されている (Parker and Soukseun [1999], 59-73)。

① 監査とは，会計責任事項に関する書面による意思表示の信頼性を高めるような積極的意見の表明を通じて高いレベルの保証を行うことを目的とする業務である〔アテスト監査〕(Parker and Soukseun [1999], 61)。

第Ⅲ部　内部統制・監査の論点と課題

図表13-3　監査業務と保証の類型

業務の種類	監査		レビュー		合意に基づく手続
	アテスト	直接報告	アテスト	直接報告	
保証水準	高水準の保証		中水準の保証		無保証
書面による意思表示の有無	有	無	有	無	*
意見表明の形式	積極的意見		消極的意見		発見事実のみの伝達

(出典)　Appendix 1 Explanatory Framework for Standards on Audit and Audit Related Services, in: Parker and Soukseun [1999], 68. 付録1の監査及び監査関連業務の説明体系図をもとにまとめたものである。

② 監査とは、会計責任事項に関する書面による意思表示がない場合に、当該事項に関する目的適合的で信頼できる情報を提供することによって、そして、当該事項に関する積極的意見の表明を通じて、高いレベルの保証を行うことを目的とする業務である〔直接報告監査〕(Parker and Soukseun [1999], 61)。

図表13-3は、監査人が、監査及び監査に関連して実施する業務をまとめたものである。その表に示されているように、監査人の業務は、監査及び監査関連業務（レビュー及び合意に基づく手続）とこれに属さないその他の業務（コンピレーション、コンサルティング、税務等）に分類される。監査人による監査及び監査関連業務は、会計責任事項についてのあるレベルの保証を提供することを目的とする。保証[1]とは、提供される会計責任情報の目的適合性と信頼性についての監査人の満足度を意味する。監査人の満足度、すなわち監査人が表明する保証のレベル及び表明の形式は、監査人が実施した手続きの性質及び範囲、手続きの結果、獲得された証拠の客観性、会計責任事項に責任を有する関係者による報告の範囲に依存する(Parker and Soukseun [1999], 62)。

アテスト及び直接報告からなる監査契約は、会計責任事項に関する意思表示に対して高いレベルの合理的保証を行うことを目的とするものであり、絶対的保証を意図するものではない(Parker and Soukseun [1999], 62)。

監査は、体系的検査を含み、監査プロセスについて監査人は責任を有するこ

とになる。監査において実施される手続の性質,時期,そして範囲は,監査人が合理的結論を導き出すことができる十分に適切な監査証拠を提供するという観点から決定される (Parker and Soukseun [1999],62)。

　アテスト監査は,関係者によって提供された書面による意思表示に関して意見の形成及び報告を行うという契約に基づくものである。アテスト監査においては,積極的意見の表明を通じて高いレベルの保証が行われる。監査人の意見は,会計責任事項に責任を有する関係者によって提供された情報の信頼性を高めるものである。アテスト監査は,例えば,会社法の下で作成される財務報告書に対して実施される (Parker and Soukseun [1999],62)。

　直接報告は,会計責任事項に責任を負っている関係者が書面による意思表示を行っていない場合に,当該事項について監査人が意見を形成するという契約に基づいて行われる。監査人は,監査報告書において会計責任事項に関する目的適合的で信頼できる情報を提供する。例えば,管理部門の監査室長による業務監査報告書やコンピュータ・システムへのアクセス・コントロールに関する内部監査報告書において関連する情報が提供される(Parker and Soukseun[1999],62)。

　監査人が提供する監査に関連する業務としてレビューと合意に基づく手続きがある。レビュー契約は,検査を含むが,監査人の業務の範囲は,監査のそれよりも狭くなっている。監査人は,実施される手続きの性質,時期,及び範囲について責任を有しているが,その手続きは監査人が積極的意見の表明を行うために十分に適切な監査証拠を提供するものではない (Parker and Soukseun [1999],63)。したがって,レビューの目的は,会計責任事項について関連する基準に準拠して情報が適正に表示されていないという確信を監査人が抱くような何ものかに注意を喚起させられたかどうかについて監査人が言明することである (消極的意見の表明) (Parker and Soukseun [1999],63)。

　消極的意見の表明,すなわち中間レベルの保証は,主として質問及び分析的手続きに基づいている。質問及び分析的手続は,会計責任事項に関する意思表示の信頼性についてレビューすることを意図したものである。その手続きは,

通常，内部統制業務の調査及び評価，記録のテスト，又は視察，確認又は立会等の手続きを含んでいない（Parker and Soukseun [1999]，463, 464）。

合意に基づく手続を実施するという契約において，監査人は，保証を表明することができない。監査人は，クライアント又は特定の情報受領者の情報ニーズを満たすためにクライアントが要求する手続を実施するという契約を締結しているからである。監査人は，合意に基づく手続を実施することによって発見事項を報告し，報告書の利用者がその内容を判断することになる（Parker and Soukseun [1999]，63）。

以上，Parker and Soukseun [1999] の所説によりながら，企業情報開示の信頼性を担保する保証業務について類型的に明らかにしてきた。IFRS とのコンバージェンスが進められてきた日本の会計基準は，金融商品会計，棚卸資産会計，リース会計，固定資産の減損会計，退職給付会計，企業結合会計など見積予測の比重が高まった会計領域が拡大しており，減価償却資産の減価償却についても個別の会社の事情に応じた耐用年数の見積りや資産別の耐用年数の見積りなど，原則主義に基づく裁量的判断が多く求められるようになる。このような領域について，上記のような保証の類型に基づいた適切な保証業務の実施が費用対効果の観点から現実のものとなるであろう。

さらに，企業情報開示システムの最適設計という観点から，投資家の投資意思決定を行う上で重要な判断要素の提供を維持しつつ，企業サイドのコスト負担を軽減し企業の競争力を高めるために，四半期開示制度を簡素化する代替情報として，通期の業績予想の充実も検討することが重要であると考える。例えば，一部企業においては既に業績予想に資する事業展開の傾向を把握できる非財務指標（例：携帯電話会社の契約数・解約数，製薬会社のパイプライン情報など）が開示されている。また，このような収益の源泉となる事業傾向を把握できる必要最低限な非財務的要素を業績予想の前提条件として開示することは重要であると考えるが，必要最低限な非財務情報をどう考えるのかについて検討する必要がある。次節では，予測財務情報の開示を拡充する場合の保証業務のあり方について検討したい。

第4節　見積り情報及び予測財務情報の保証業務

　周知のように，日本では決算短信において，連結と非連結の業績予想として第2四半期累計期間と通期について，売上高，営業利益，経常利益，当期純利益，1株当たり当期純利益が公表されている。後藤・桜井［1993］(86) によれば，「経営者自身による予測利益の公表に関する限り，わが国のディスクロージャー制度は世界で最も完備している」と評価されている。また，わが国では「実績利益と同様に予測利益についても，企業が公表した数値のうち事前の予想と相違する部分の割合が大きいほど，株価もまた同一方向へ，よりいっそう大きく変化するという明白な相関関係が存在し」（桜井［1993］, 28），「信頼性に裏づけられた実績利益情報と，強力な目的適合性を備えた予測利益情報が，相互補完的な形で株価形成に反映されている事実」（後藤・桜井［1993］, 87）が明らかにされている。

　前述のように，仮に，四半期開示制度を簡素化する代替情報として，通期の業績予想を充実する場合，一式の予測財務諸表の作成と公表ということが考えられる。以下に紹介する予測財務情報の信頼性に関する検証手続は，オーストラリアにおける監査制度に基づくものであるが，理論的に合理性と首尾一貫性を備えていることから，わが国における議論の参考となるものである。

　オーストラリアにおける予測財務情報の監査の特徴は，後述するように，予測財務情報の性質上，監査の手続を実施したとしても仮定の合理性については積極的保証を認めず，消極的意見の表明に限定されている (Parker and Soukseun［1999］, 421-422)。オーストラリアにおける予測財務情報の保証業務は，監査の手法を意図しながらも仮定の合理性については消極的保証に制限し，それ以外の事項については積極的保証を認めるという意見表明の形式をとっているところに主眼があるといえる。

　オーストラリア会計研究財団（AARF）が公表した監査実務ステートメント第36号（現監査基準第804号）「予測財務情報の監査」の目的は，予測財務情報

の監査契約において実施されるべき一般的手続き及び当該契約に関連して監査人が公表する報告書の形式と内容に関する指針を提供することである。また，先に提示した監査人と利用者の役割構造の体系に照らせば，その基準においては予測財務情報の検証に際して監査人のとるべき行動が規定され，この役割規定に基づいて実施される監査業務とその実施結果を記述する監査報告書の形式が定められているといえる。

ここで，歴史的財務情報の検証に関する一般的手続を「文書的検証（事実とルールとの間の対応性）」，「不偏性の検証（ルールの妥当性）」，「操作的検証（ルールと結果との対応性）」，「実証的検証（実査，立会，確認に基づく実在性の検証）」と規定したとき（武田［1998］, 73-77），過去的・現在的データを組み込んで予測財務情報を作成したとしても，予測財務情報の検証手続きにおいて予測データと予測財務情報との間の実証的検証（有高の実在性）は，情報の性質上不可能ではないかと考えられる。

したがって，予測財務情報（予測損益計算書，予測貸借対照表，予測キャッシュ・フロー計算書等）の監査は，文書的検証，不偏性の検証，操作的検証という3つの手続きに基づいて行われることになる。以下においては，まず予測財務情報の定義及びその信頼性の保証に関する考え方を提示し，次に文書的検証，不偏性の検証，操作的検証という3つの観点に従って監査手続を整理することにしたい。

図表13-4　予測財務情報の定義とその種類

定義		予測財務情報は，将来生じる可能性のある事象に関する仮定，ならびに，実体によって確実に行われる行動に関する仮定に基づく情報である。
種類	予測情報	予測情報とは，経営管理者が発生すると期待する将来事象及び情報の作成の時点で採択すると期待する行動に関する仮定（最善の仮定）に基づいて作成される情報である。
	プロジェクション情報	プロジェクション情報とは，将来事象及び必ずしも行われるとは期待されない経営管理者の行動に関する仮説的仮定に基づいて作成される情報，もしくは，最善の仮定と仮説的仮定が混在して作成される情報を意味する。

図表13-4に示すように，予測財務情報は，将来生じる可能性のある事象に関する仮定ならびに実体によって確実に行われる行動に関する仮定に基づくものである。それは，性質上，極度に主観的な情報であり，その情報の作成にはかなりの判断の行使を必要とする（AARF［1993a］, par.11）。その予測財務情報は，予測の基礎となる仮定の発生可能性によって予測情報（forecast）とプロジェクション情報（projection）に分類される。

予測情報とは，最善の仮定（best-estimate assumption）に基づいて作成される情報であり，プロジェクション情報とは，仮説的仮定に基づいて作成される情報及び仮説的仮定と最善の仮定が混在して作成される情報を意味する（Parker and Soukseun［1999］, 420-421）。

監査人は，予測財務情報の監査を実施することによって，そして，予測財務情報が仮定に基づいて適切に作成され，明確な報告のフレームワークに準拠して，つまり，より適切には監査済財務報告書において実体が採用し開示した会計方針と一貫性があるような基礎に基づいて適正に表示されているかどうかについての意見を表明することによって，有用な業務を提供することができる（Parker and Soukseun［1999］, 420）。

しかし，予測財務情報は，まだ生じていないそして生じないかもしれない条件，事象及び活動に関連しており，基礎となっている仮定を支持するために証拠が利用できるかもしれないが，そのような証拠はそれ自体が一般的に将来指向的なものであり，推測的なものである。そのような証拠は，歴史的財務情報の監査において通常利用できる証拠と明らかに異なるものである。

したがって，予測財務情報の作成の基礎となっている仮定の合理性を評価するときに監査人が利用できる証拠の性質が所与であるとすると，それらの仮定に関する積極的な意見を表明するために必要な保証のレベルを獲得することは監査人にとって困難であるかもしれない。結果として，経営管理者の仮定の合理性に関する報告をするときに，監査人は通常最善の見積りをもたらす仮定についての消極的な意見を報告しなければならず，仮説的仮定について意見を表明してはならない（Parker and Soukseun［1999］, 421-422）。

図表13-5　予測財務情報の監査プロセス

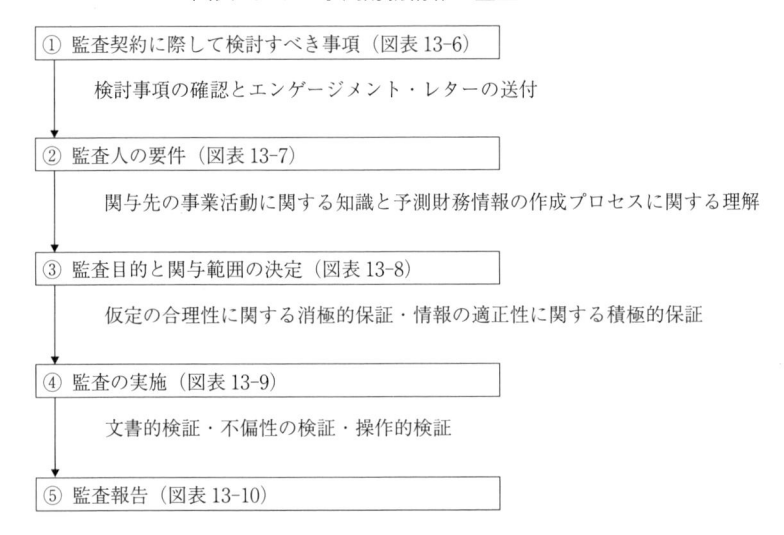

① 監査契約に際して検討すべき事項（図表13-6）
　↓ 検討事項の確認とエンゲージメント・レターの送付

② 監査人の要件（図表13-7）
　↓ 関与先の事業活動に関する知識と予測財務情報の作成プロセスに関する理解

③ 監査目的と関与範囲の決定（図表13-8）
　↓ 仮定の合理性に関する消極的保証・情報の適正性に関する積極的保証

④ 監査の実施（図表13-9）
　↓ 文書的検証・不偏性の検証・操作的検証

⑤ 監査報告（図表13-10）

　そのように予測財務情報の監査は，監査人が，予測財務情報の仮定の合理性，仮定に基づく情報作成の適切性，及び表示の適正性に関する意見を表明するものであり，予測財務情報に示される結果の達成可能性までも保証するものではないとされている。以下に紹介する監査基準の手続的な流れを便宜的にまとめたものが，図表13-5である。

(1) 監査契約の前提

　そこで，まず，監査人が予測財務情報の監査契約を締結する前に検討すべき事項をまとめたものが図表13-6である。監査人は，予測財務情報の監査契約に際して事前に検討すべき事項を踏まえて，契約を受諾するかどうか判断する。契約の受諾に当たっては，とりわけ，実体の環境要因及び事業活動の内容を把握し，財務体質等を評価する。監査人は，監査に関する専門的知識のみならず企業経営に関する総合的な知識，理解，経験が必要であり，それをまとめたものが図表13-7である。それは，予測財務情報の監査人として適任であるかど

うかを判断するための規準とも考えられるのである。これらの事項に関する知識と理解は，文書的検証における仮定の合理性を評価するために必須のものであり，証拠書類の網羅性・正確性及び予測データの完全性を検討するときの規準となるものと考えられる。

それらの諸事項の検討を経て，監査契約を締結する前に監査人はクライアントに対してエンゲージメント・レターを送付する。このエンゲージメント・レターにおいて，予測財務情報の作成の基礎となっている仮定についての取締役会の責任ならびに仮定を設定したときのすべての関連データを提供しなければならないという責任が明示されている。

図表13-6　監査契約に際して検討すべき事項及びエンゲージメント・レター

契約前に検討すべき事項	1．情報の用途 2．特定利用者向けか，一般利用者向けか 3．最善の仮定か，仮説的仮定か 4．情報の内容（構成要素） 5．予測期間 6．以前の期間の財務情報に関する修正監査意見の有無とその内容
契約を受諾するときに検討すべき事項	1．監査期間の適切性 2．実体の経済的実態と成長性，実体の取引活動又はプロジェクト 3．実体が活動する経済環境及び産業 4．実体の事業活動の安定性 5．実体の財務的強度 6．予測財務情報の仮定に責任を有する経営管理者の評価 7．予測財務情報の作成に関する経営管理者の過去の記録 8．実体が活動する事業分野と産業ならびに予測財務情報の報告に関する監査契約チームの経験 9．仮定に対する責任についての管理機関（例えば，取締役会）の理解 10．仮定を裏づけるための第三者からのデータ（産業統計等）の利用可能性
エンゲージメント・レターの送付	1．契約前に検討すべき事項の確認 2．仮定に対する管理機関の責任の確認 3．仮定の設定に関連したすべての情報とソースデータを提供しなければならないという管理機関の責任の明示

（出典）　Parker and Soukseun [1999]，422-423

図表13-7　監査人の知識・経験

実体の事業活動に関する知識	1．資源及び長短期の資金調達の利用可能性とコスト 2．実体の財貨・サービスに対する市場の性質・状況 3．実体が活動する産業に固有の要因（競争，技術革新，規制等）
予測財務情報の作成プロセスに関する理解	1．予測財務情報の作成に利用されたシステムに対する内部統制 2．予測財務情報作成の担当者の能力と経験 3．経営管理者の仮定の根拠となっている実体が作成した文書の性質 4．統計手法，数学的手法，コンピュータ支援手法が利用された範囲とその信頼性 5．仮定の開発と応用に利用された手法 6．以前の期間に作成された予測財務情報の正確性と重要な差異の理由

（出典）　Parker and Soukseun［1999］，423

図表13-8　監査目的と関与範囲の決定要因

監査目的	1．経営管理者の最善の仮定が予測財務情報の作成にとって合理的であるかどうか。 2．予測財務情報は仮定に基づいて適切に作成されているかどうか。 3．予測財務情報は明確な報告フレームワークに従って，すなわち，監査済財務報告書において実体が採用し開示した会計方針と一貫性があるような基礎に基づいて適正に表示されているかどうか。
監査手続の性質・時期・範囲の決定要因	1．重要な虚偽表示の発生確率 2．過去の監査業務を通じて獲得した知識 3．予測財務情報の作成に関する経営管理者の能力 4．予測財務情報が経営管理者の判断によって影響を受ける程度 5．基礎データの適切性と信頼性

（出典）　Parker and Soukseun［1999］，424-428．ここでは，監査意見表明の内容を監査目的として整理している。

（2）監査目的と関与範囲の決定要因

　企業の内部・外部の環境要因に関する知識を有し予測財務情報の作成プロセスに精通した監査人が，図表13-6に示した諸事項を検討して予測財務情報の監査契約を締結する。予測財務情報の監査目的と監査人の関与範囲等を決定する要因をまとめたものが，図表13-8である。

この表から明らかなように，予測財務情報の監査目的は，予測財務情報の作成の基準である最善の仮定の合理性を検討し（文書的検証），その仮定に基づき情報が適切に作成され（操作的検証），歴史的財務情報の作成に適用された会計方針と一貫性があるような方法で適正に表示されているかどうか（不偏性の検証，操作的検証）を評価することにより意見を形成することにある。

　かかる監査目的を遂行するために監査人が採用すべき監査手続の性質・時期・範囲は，監査人が過去に獲得した知識，予測財務情報の作成に関連した経営管理者の能力と影響力，予測データの適切性及び重要な虚偽表示の発生確率によって決定される。また，監査人は，予測財務情報の文書的検証，不偏性の検証，操作的検証にあたって，予測財務情報の意図された利用，重要な仮定の完全性そして予測財務情報に対する取締役会の責任を記した取締役会からの文書を入手しなければならない。そのようにして監査の範囲が決定したならば，次に監査を実施することになる。AARFの監査基準において明示されているわけではないが，予測財務情報の監査を文書的検証・不偏性の検証・操作的検証の諸手続としてまとめたものが，図表13-9である。

図表13-9　予測財務情報の検証手続

文書的検証	1．経営管理者の最善の仮定を裏づける証拠の源泉とその信頼性の評価 2．仮説的仮定が使用されるとき，重要な含意を有するすべての仮定が検討されてきたかどうか。 3．仮説的仮定が予測財務情報の目的と合致するかどうか，そして，仮説的仮定が明らかに非現実的でないかどうか。
不偏性の検証	1．予測財務情報が歴史的財務情報と一貫性ある基礎に基づいて作成されたかどうか。
操作的検証	1．予測財務情報が経営管理者の仮定に基づいて適切に作成されたかどうか。 2．予測財務情報が経営計画等と矛盾しないかどうか。 3．利子率等の一般的変数に基づく金額の決定に矛盾がないかどうか。 4．予測期間が適切であるかどうか。

（出典）　Parker and Soukseun [1999]，424-426.

(3) 文書的検証

文書的検証とは，先に述べたように，証拠書類の網羅性・正確性の検証及びインプット・データの完全性の検証とから成り立つ（武田［1998］, 75）。AARFの監査基準では，予測財務情報の仮定の合理性に関する意見を表明するため，図表13-9に示す3点を指摘している。

(4) 不偏性の検証

不偏性の検証とは，選択されたルールの妥当性を検討するものである（武田［1998］, 75）。最善の仮定に基づいた予測データが予測情報システム（モデル）にインプットされ処理されることになるが，AARFの基準ではルールの妥当性については「予測財務情報が歴史的財務情報と一貫性ある基礎に基づいて作成されたかどうか」を評価するという点を指摘している。つまり，事前の歴史的財務情報に適正意見が付与され信頼性について保証がある限り，その会計方針に従って作成された予測財務情報は一般に認められた範囲で偏りのない情報であるという考え方である。事前に採用された会計方針を採用して予測財務情報を作成するという点は，歴史的財務情報と予測財務情報との比較可能性を考慮してのことであるとも考えられる。

(5) 操作的検証

操作的検証とは，ルールと結果との一意性の検証，見積り値の妥当性の検証及び計算結果と表示との照応性の検証を内容とする（武田［1998］, 75-76）。まず監査人は，ルールと結果との一意性及び計算結果と表示との照応性を検証するために，予測財務情報が経営管理者の仮定から適切に作成されているかどうか（これは通常再計算などの書面上のチェックを含んでいる），そして，予測財務情報が内部的に一貫しているかどうか，すなわち経営管理者が採択しようと意図している行動と矛盾しないかどうか，さらに，利子率などの一般的変数に基づいている金額の決定に矛盾がまったくないかどうかを検討しなければならない。当期の経過した部分が予測財務情報に含まれるときは，監査人は，経過期

間に該当する歴史的財務情報に適用されるべき手続きの範囲を検討しなければならない（Parker and Soukseun［1999］, 425）。

次に，見積り値の妥当性を検証するに当たり，予測期間が適切であるかどうかを検討する。予測期間が長期化すれば，情報の不確実性が増大するため，予測期間は経営管理者が仮定に関する合理的な基礎をもちうる期間を超えてはならないのである（Parker and Soukseun［1999］, 425-426）。以下に掲げる事項は，予測財務情報の対象期間が合理的であるかどうかを評価するときに検討されるべき要因の幾つかである。

① 営業循環：例えば，主要な建設プロジェクトの場合，プロジェクトを完了するために必要な時間は，使用される期間となるかもしれない。
② 仮定に固有の信頼性：例えば，もし実体が新製品を導入する場合，予測期間は短期のものとなり, さらに週又は月のように期間が細分されるであろう。反対に，もし実体の唯一の事業活動が長期のリースにより設備を所有しているならば，相対的に長期の予測期間が合理的であるかもしれない。
③ 利用者のニーズ：例えば，予測財務情報は，資金の借入に関して，返済のために充分な資金を生み出すと期待される期間をとって資金提供者のために作成される。逆に，社債の発行に際して，調達した資金の意図される利用を例示する予測財務情報が投資者のために作成される。

最後に，利用者が予測財務情報作成の基礎及びその不確実性を判断するために，すべての重要な仮定が適切に開示されているかどうかを検証する必要がある。すなわち，仮定は，最善の仮定であるのか，又は，仮説的仮定であるのかが明瞭に区別されなければならず，また重要な仮定が高い程度の不確実性を条件としているときは，この不確実性と結果の変動の可能性が適切に開示されているかどうか検討しなければならない（Parker and Soukseun［1999］, 426）。

また，予測財務情報の作成に適用されなければならない幾つかの関連する法的要件，規制又は会計基準に加えて，監査人は次のような表示の問題点を確認しなければならない（Parker and Soukseun［1999］, 426）。
① 予測財務情報の表示は，内容が明確でありそして誤導的なものであっては

ならない。
② 会計方針は，予測財務情報の注記に明瞭に開示されなければならない。
③ 仮定は，予測財務情報の注記において明瞭に開示されなければならない。
④ 予測財務情報の作成日を開示しなければならない。
⑤ 予測財務情報の表示の形式については予測財務情報に示された結果が一定の幅をもって表現されているならば，そのレンジの数値を決定した基礎が明瞭に示されなければならない。
⑥ 以前の期間の歴史的財務報告書の作成に適用された会計方針の変更があったならば，変更の理由と予測財務情報へのその影響を開示しなければならない。

(6) 監査報告書

監査人は，上記の監査手続を実施することによりその結果を監査報告書にまとめ，予測財務情報の信頼性に関する意見表明を行う。監査報告書において中心となる記載区分は，次の3つである (Parker and Soukseun [1999], 426)。
① 監査範囲の記述セクション。
② 次の事項に関する監査人の意見表明セクション。
   1) 経営管理者の最善の仮定は，予測財務情報の作成にとって合理的であるかどうか。
   2) 予測財務情報は，仮定に基づいて適切に作成されているかどうか。
   3) 予測財務情報は，明確な報告フレームワークに従って，すなわち監査済財務報告書において実体が採用し開示している会計方針と一貫性のある基礎に基づいて適正に表示されているかどうか。
③ 予測財務情報に示されている結果の達成可能性に関する適切な警告。

図表13-10において，最善の仮定を用いて予測財務情報を作成している場合の監査報告書の雛形がまとめられている。仮説的仮定のみで予測財務情報が作成されているときは，仮説的仮定はその性格上その仮定を裏づけるための十分に適切な証拠が利用できないことから，監査人は，仮説的仮定に関する意見を

図表13-10　監査報告書の雛形【最善の仮定の事例】

タイトル	独立監査報告書 （予測財務情報の利用者）殿
監査対象 経営者の責任の明示	監査範囲 　我々は，〜頁に記載されている「〜」期間の「〜」社の予測財務情報を監査した。「取締役会の役員」は，予測財務情報の基礎となっている注記に記載されている仮定を含めて，予測財務情報の作成及び表示ならびにその情報内容に責任を有している。我々は「情報利用者」に対して予測財務情報に関する意見を表明するためにかかる情報の独立の監査を行った。
情報の目的 監査責任の限定	予測財務情報は，〜の目的をもって「予測財務情報の利用者」へ配布するために作成されたものである。我々は，本監査報告書に依存することに関連して生じることが仮定されるいかなる責任も，又は，「予測財務情報の利用者」以外の利用者が利用する場合に想定されるいかなる責任も，もしくは，予測財務情報の作成目的以外の目的で利用されることにより生じることが仮定されいかなる責任も否認するものである。
監査目的 監査手続	我々の監査は，オーストラリア監査基準に準拠して実施された。監査手続として，予測財務情報の仮定，金額及びその他の開示事項を裏付ける証拠に対して試査に基づく検査ならびに会計方針の評価が行われた。これらの手続は，注記に記載されているような経営管理者の仮定が予測財務情報の作成にとって合理的な基礎を提供するものではないという確信を我々に抱かせるような事実が発見されたかどうか，そして，「〜会社」の過去，現在，将来の事業活動に関する我々の理解に矛盾しない当該会社の写像を提供するために，すべての重要な側面について予測財務情報が注記に記載された仮定に基づいて適切に作成されたかどうか，予測財務情報は（「〜」に終了した「第〜期」の監査済財務報告書において会社が採用し開示した会計方針と一貫した方法の）報告フレームワークに基づいて適正に表示されているかどうかについて意見を形成するために行われたものである。
保証レベルの明示	予測財務情報は，いまだに発生していない又は発生しないかもしれない事象及び活動に関連している。予測財務情報の基礎となっている仮定を裏づけるために証拠が利用できるとしても，このような証拠は一般に将来指向的であり，それゆえに本来推測的なものである。経営管理者の仮定の合理性を評価するときに利用できる証拠の性格が所与であるとす

	ると，我々はそれらの仮定に関する積極的な意見を表明するために必要な保証のレベルを獲得する立場にない。したがって，我々は，経営管理者の仮定の合理性に関してはより低いレベルの保証を提示することになる。
	この監査報告書において表明されている監査意見は上記の事項に基づいて形成されたものである。
仮定の合理性の消極的保証	<u>監査意見</u> 仮定を裏づける証拠を検査した結果，注記に記載された仮定が予測財務情報の作成のための合理的基礎を提供するものではないという確信を我々に抱かせるような事実は何も発見されなかった。
作成と表示の適切性に関する積極的保証	我々の意見として (a) 予測財務情報は，注記に記載されている仮定に基づいて適切に作成されている。 (b) 予測財務情報は，次の事項に準拠して適正に表示されている。 　(i) 報告フレームワーク 　(ii)「〜」に終了した「第〜期」の監査済財務報告書において会社が採用し開示した会計方針と一貫性のある方法（会計方針の変更を除いて）
達成可能性に関する意見差控	実績値は予測財務情報とは異なる可能性がある。その理由は，期待事象はしばしば期待通りには発生しないことがあるからであり，かつ，その差異が重要であることがあるからである。したがって我々は予測財務情報が達成されるかどうかについては監査意見を表明するものではない。
	日付　　　　　　　　　　　　　　監査法人 住所　　　　　　　　　　　パートナー

（出典）（Parker and Soukseun［1999］, 432, 433）

表明してはならない（Parker and Soukseun［1999］, 428-429）。最善の仮定と仮説的仮定に基づいて情報が作成されている場合は，監査人は仮説的仮定が生じるであろうという見込みの下で最善の仮定と予測財務情報について報告しなければならない（Parker and Soukseun［1999］, 429）。

また，かなり変動性の高い仮定の結果について開示がなされない場合，そして合理的でないと判断される仮定が用いられている場合，監査人は，監査報告書に独立の記載区分を設け，前者について「～を除いて」という意見を表明するか，あるいはその両者について反対意見とその理由を記載しなければならない（Parker and Soukseun［1999］, 429）。さらに，何らかの理由で必要な監査手続を実施しえない場合，監査人は「～を条件として」という表現か又は監査範囲の制限によって意見表明できないということを明らかにする必要がある（Parker and Soukseun［1999］, 429）。

　図表13-10に示した監査報告審の監査意見の記載区分からも明らかなように，オーストラリアの監査基準では，仮定の合理性については消極的保証を行い，仮定に基づく情報作成の適切性及び表示の適正性については積極的意見表明がなされていることが特徴となっている。情報作成の適切性と表示の適正性について積極的意見が表明されうるのは，歴史的財務情報と同様に監査人が情報作成プロセスを検討し同一の結果をもたらすという意味での検証可能性に基づくものであり，仮定を含めた基礎データの文書的検証は可能であるが仮定そのものの発生可能性は検証できないために仮定の合理性については消極的保証となっていると考えられる。

第5節　予測財務情報の信頼性の保証に関する類型的特徴

　周知のように，予測財務情報の会計基準がアメリカ及びカナダにおいて設定されたのは，企業が資本調達やM＆A等に際して予測財務情報を公表するという実務を規制し，その情報内容を標準化することで投資者を保護しようという目的からであった。また，すでに指摘したように，事業活動の特定の目的との関連で予測財務情報の開示が慣行化する中で予測財務情報の作成に監査人が関与するよう求められたり，情報利用者から予測財務情報の信頼性に関して保証するよう要請されるようになってきた。

　予測財務情報の監査は，当該情報が仮定に基づいて作成されているという情

報の性格のために，過去的情報の監査保証と質的に異なるところがある。予測財務情報の検証手続においては，仮定等の証拠書類に基づき作成プロセスを検証し，同一の結果を確証するという意味において過去的情報と同様の検証可能性があるといえるが，予測財務情報の作成の基礎である仮定についてはその合理性（妥当性）に関して検証することはできても，その仮定の発生可能性までも保証することはできないのである。

このような点から，各国の予測財務情報の監査基準を比較してみると，経営管理者が発生の可能性が最も高いと判断した仮定に基づいて作成された予測財務情報の信頼性の保証に関して図表13-11に示すような特徴がみられた[2]。その表からわかるように，監査人は，報告書の中で次の3点について意見表明を行う。

① 仮定が合理的であるかどうか（作成のための合理的基礎を提供するかどうか）。

図表13-11　予測財務情報の信頼性に関する保証の類型

国別	会計基準		監査基準			
	有無	情報内容	業務	監査意見の形成		
				仮定の合理性	仮定に基づく作成の適切性	表示の会計基準への準拠性（適正性）
アメリカ	○	損益計算書 留保利益計算書 貸借対照表 キャッシュ・フロー計算書 要約財務予測報告書	検査	積極的保証	＊	積極的保証
カナダ	○	損益計算書 貸借対照表 留保利益計算書 キャッシュ・フロー計算書	検査	積極的保証	積極的保証	積極的保証
イギリス	×	＊	レビュー	消極的保証	積極的保証	積極的保証
オーストラリア	×	＊	監査	消極的保証	積極的保証	積極的保証
日本	×	＊	＊	＊	＊	＊

② 情報は仮定に基づいて適切に作成されているかどうか。
③ 情報は会計基準に準拠して表示されているかどうか（イギリス・オーストラリアの場合は会計基準がないので歴史的財務諸表の作成のために採用された会計方針に従って作成されたかどうか）。

　その中で問題となるのは，仮定の合理性に関する意見表明である。イギリス及びオーストラリアの基準では，仮定には不確実性が伴い将来発生するかどうかについて確証することができないということから，仮定の合理性については消極的保証を行うという行き方を取っている。消極的保証とは，仮定の合理性を否定するような事実は何も発見されなかったという意見表明の方法である。ここでは，予測財務情報の信頼性に関する保証のあり方についてその材料を提示することにとどめ，上記のような保証形態のいずれか理論的に評価できるかについては今後の検討課題としたい。

　図表13-11においてもう1点問題となるのは，イギリス及びオーストラリアでは予測財務情報の会計基準がないにもかかわらず，監査基準が設定されているということである。監査とは情報が会計基準に従って作成されたかを検証するものであるという観点から，つまり，一般に公正妥当と認められる会計基準への準拠性を検証することで情報の信頼性を保証しようとするものであるという観点から，会計基準が設定されていない状況にあって監査基準が先に策定されているが，実際に監査は可能であるのかという疑問がある。

　会計基準とは，会計慣行すなわち一定期間を経て価値判断が均衡化した会計実務の中に共通する部分を成文化したものであるという理解に立つならば，監査基準のみが設定されたとしても問題はないと考えられる。要は，予測財務情報が成文化された基準に準拠して作成されているか，あるいは，一般に認められた会計慣行に従って作成されているかの違いであり，会計基準が設定されていないとしても会計慣行に照らして監査を実施することができるのであり，このような理解に立つ限り，監査基準のみが策定されているということには何ら矛盾は生じるものではないといえるのである。

第6節 小　括

　本章は，企業情報開示システムの最適設計に資する監査制度の構築に向けて，IFRS の導入によって実務における業務の拡大が見込まれる見積情報・予測財務情報の保証業務を如何に行うことができるのかについて検討を重ねてきた。それを以下に要約することにより本章のむすびとしたい。

① 見積・予測財務情報の監査目的は，予測財務情報の作成の基礎である最善の仮定の合理性を検討し，その仮定に基づき情報が適切に作成され，歴史的財務情報の作成に適用された会計方針と一貫性があるような方法で適正に表示されているかどうかを評価することにより意見を形成することにあるということ。

② 予測財務情報の信頼性に関する保証は，図表13-11に示すように，イギリスとオーストラリアにおいては仮定の合理性に関して消極的保証を行うという行き方を取っており，この点がアメリカ及びカナダの基準と異なる特徴となっている。仮定の合理性に関して積極的保証を行うアメリカ・カナダ型が理論的に評価されるのか，あるいは，消極的保証を行うイギリス・オーストラリア型が理論的に妥当性があるのかについては未解決のままである。

③ 保証業務は，その前提として会計基準の存在が求められる。日本において決算短資の業績予想をさらに拡充化するためには，予測財務諸表の作成及び開示に関する基準の策定が必要となる。ただし，予測財務情報の作成能力に関連した当該情報の正確性あるいは信頼性の問題，それに起因する法的責任問題など，制度化するためには乗り越えるべきハードルがある。さらに，現在の財務諸表監査はリスク指向監査が行われており，そのため監査報酬は高額なものとなっている。予測財務情報の開示が強制されると監査リスクはさらに高くなり，監査コストはそれに応じた高額なものになってしまう。

【付記】 本章は，拙著（浦崎［2000］）の第11章に加筆訂正したものである。

注
（１） 保証概念は，より具体的には，特定化された重要性レベルの虚偽記載を摘発する信頼性の程度として定義される。保証概念は，情報の信頼性の程度を意味するもので重要性概念と結びつくことによってその有意性が明らかとなる。つまり，ある財務情報が特定のパーセントの信頼性を持つといった場合，当該情報に含まれる誤謬等が全体としてある一定の金額を超過しないことを意味するのである（古賀［1990］，62）。
（２） 図表13-11の監査意見については，AICPA［1993］，CICA［1989c］，ICAEW［1990］，AARF［1993a］，AARF［1998］を参照した。

〈参考文献〉
浦崎直浩 1989「財務諸表の基礎概念―カナダ勅許会計士協会の「ハンドブック」・セクション1000を中心として―」『商経学叢』第36巻第1号，近畿大学商経学会，53-69。
浦崎直浩 1993a「予測財務情報の特性に関する検討」『商経学叢』第40巻第3号，近畿大学商経学会，93-102。
浦崎直浩 1993b「取引概念の拡大とその会計的認識―未履行契約の認識をめぐって―」『会計』第143巻第4号，44-57。
浦崎直浩 1993c「将来指向的財務情報の概念的フレームワーク」『商経学叢』第40巻第1号，近畿大学商経学会，79-85。
浦崎直浩 1993d「予測財務情報の開示に関する経営管理者の意識―カナダにおけるアンケート調査結果の分析を中心として―」『商経学叢』第40巻第2号，115-128。
浦崎直浩 2000『オーストラリアの会計制度に関する研究』近畿大学商経学会。
浦崎直浩 2002『公正価値会計』森山書店。
小川一夫・北坂真一 1998『資産市場と景気変動』日本経済新聞社。
古賀智敏 1990『情報監査論』同文舘出版。
古賀智敏編 1995『予測財務情報論』同文舘出版。
古賀智敏 2008「国際会計基準と公正価値会計」『会計』第174巻第5号，615-627。
古賀智敏編 2009『財務会計のイノベーション』中央経済社。
後藤雅敏・桜井久勝 1993「利益予測情報と株価形成」『會計』第143巻第6号，77-87。
桜井久勝 1993「利益予測情報の有用性」『税経通信』第48巻第14号，22-28。
武田隆二 1976『情報会計論』中央経済社。
武田隆二 1983「会計情報基準の体系化」『企業会計』第35巻第7号，24-40。

武田隆二 1998『会計学一般教程〔第3版〕』中央経済社。
武田隆二 1995「結章 展望と課題―わが国における予測開示制度の充実と発展―」(古賀編著 1995 所収)。
盛田良久 1987『アメリカ証取法会計』中央経済社。
AARF, The Audit of Small Business Financial Reports, Audit Guide No.3, 1990.
AARF, The Audit of Prospective Financial Information, Statement of Auditing Practice (AUP) 36, Auditing Standards Board, 1993a.
AARF, Australian Company Financial Reporting: 1993, AARF, 1993b.
AARF, The Audit of Prospective Financial Information, Auditing Standards (AUS) 804, Auditing & Assurance Standards Board, 1998a.
AARF, Measurement in Financial Accounting, Accounting Theory Monograph 10, 1998b.
AICPA, Guide for Prospective Financial Information, AICPA, 1993.
Cairns, D., "The Use of Fair Value in IFRS," *Accounting in Europe*, Vol.3, 2006, 5-22.
CICA, Financial Forecast. scoped research proposal. Accounting Standards Committee, 1982.
CICA, Review of Financial Forecast by Auditor, CICA, 1983.
CICA, Future-Oriented Financial Information, statement of principles, 1986.
CICA, Financial Statement Concepts, Accounting Recommendations. CICA Handbook section 1000, 1989a.
CICA, Future-Oriented Financial Information, Accounting Recommendations. CICA Handbook section 4250, 1989b.
CICA, Examination of a Financial Forecast or Projection Included in a Prospectus or Other Public Offering Document, CICA, 1989c.
CICA, Compilation of a Financial Forecast or Projection, CICA, 1993.
Ernst and Ernst, Estimates, Forecasts and Projections Report on An Earnst & Earnst Survey, in Public Reporting of Corporate Financial Forecasts, editied by Prakash, P., and A. Rappaport, 1974, CCH, 1972.
FASB, Statement of Financial Accounting Concepts No.1: Objectives of Financial Reporting by Business Enterprises, 1978. (平松一夫・広瀬義州訳 1990『FASB 財務会計の諸概念(改訳版)』中央経済社)
FASB, Statement of Financial Accounting Concepts No.2: Qualitative Characteristics of Accounting Information, 1980a. (平松一夫・広瀬義州訳 1990『FASB 財務会計の諸概念(改訳版)』中央経済社)

第13章　予測情報監査の開示と保証形態

FASB, Statement of Financial Accounting Concepts No.3: Elements of Financial Statements of Business Enterprises, 1980b.

FASB, Statement of Financial Accounting Concepts No.4: Objectives of Financial Reporting by Nonbusiness Organizations, 1980c.（平松一夫・広瀬義州訳 1990『FASB 財務会計の諸概念（改訳版）』中央経済社）

FASB, Statement of Financial Accounting Concepts No.5: Recognition and Measurement in Financial Statements of Business Enterprises, 1984.（平松一夫・広瀬義州訳 1990『FASB 財務会計の諸概念（改訳版）』中央経済社）

FASB, Statement of Financial Accounting Concepts No.6: Elements of Financial Statements, 1985.（平松一夫・広瀬義州訳 1990『FASB 財務会計の諸概念（改訳版）』中央経済社）

FASB, Statement of Financial Accounting Concepts No.7: Using Cash Flow Information and Present Value in Accounting Measurements, 2000.

FASB, SFAS No.157 *Fair Value Measurements*, 2006.

IASC, Proposed Statement, Framework for the Preparation and Presentation of Financial Statements, Exposure Draft, May 1988.

IASC, Framework for the Preparation and Presentation of Financial Statements, IASC July 1989.

ICAEW, Prospecitve Financial Information, Auditing Guideline, in: Auditing and Reporting 1992/93, 1990.

Ijiri, Y., Recognition of Contractual Rights and Obligations. research report, FASB, 1980.

Jobson, Jobson's Year Book of Australian Companies 1993/1994, Riddell Information Services Pty Ltd, 1993.

Parker, C. and D. Soukseun, Auditing Handbook 1999, Volume 2 of the Accounting and Auditing Handbook 1999, Prentice Hall, Sydney, 1999.

Urasaki, N., "Prospective Financial Information: A Survey of Australian Corporate Management, Department of Accounting and Finance," *Research Papaer*, 96-105, University of Melbourne, 1996

第Ⅳ部

四半期情報開示制度の評価と改善の方向

第14章　四半期財務情報の有用性

中　野　貴　之（法政大学）

第1節　研　究　目　的

　本章の目的は，四半期財務情報が日本の株式市場において有用な情報として利用されているかどうかを検証することである。

　四半期報告はとくにアメリカにおいて長い歴史を有しているが，日本において制度化されたのは比較的最近のことである。上場企業全般に対して，まず2003年に証券取引所の自主規制として四半期決算短信発表が行われるようになった。さらに2008年，金融商品取引法の下，四半期報告書の提出が義務づけられ，資本市場には，年次財務情報以外に，公認会計士によるレビューを経た四半期財務情報が年3回にわたって提供されるようになったのである。この間，四半期情報は質・量ともに徐々に拡充されてきたと捉えることができる。

　四半期報告は，財務諸表作成者・利用者双方の実務に著しい影響を及ぼしているものの，実際，株式市場において四半期報告が有用な情報と見做され，かつ，株価に適切に反映されているかなど，そのコストに見合うベネフィットが得られているかどうかに関する検証は実のところほとんど行われてきていない。折しも，金融商品取引法に基づく四半期報告制度化に伴い作成者サイドのコストが増大しているとの懸念から，開示内容の簡素化が進められているだけに[1]，アカデミックの立場から，四半期情報の有用性について検証を行うことは喫緊の研究課題といえる。

　以上の問題意識に基づいて，本章では四半期情報に関し，実際の株価形成の状況を観察することにより検証している。その結果，四半期情報は株価形成に

資する情報を提供している事実を発見している。すなわち，本章の重要な成果は，四半期情報の内容は日本の株式市場において適宜株価に反映されており，四半期報告には一定の経済的意義が認められるということを，15,334社・年という大規模サンプルを用いて実証したことである。加えて，四半期情報の内容は決算短信発表日周辺でほぼ株価に織り込まれることを特定しており，このことは，金融商品取引法に基づく四半期報告書の内容を一定程度簡素化することは，少なくとも株式市場に対する新情報の提供という観点からは是認しうる施策であることを示唆している。

本章の構成は以下のとおりである。まず，四半期情報の意義および先行研究の成果を確認した上で，本章において検証すべき課題を識別する。続いて，リサーチ・デザインを示すとともに，検証結果について説明する。最後に，本研究の発見事項とインプリケーションについて言及することとしたい。

第2節 四半期財務情報の意義と検証課題

(1) 四半期財務情報の意義

本章は，四半期財務情報が株式市場において有用な情報として利用されているかどうかを検証する。

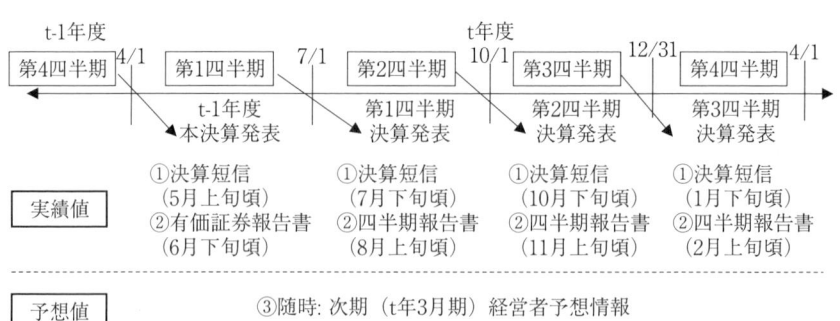

図表14-1　株式市場に提供される各種企業情報

	t-1年度		t年度			
	第4四半期 4/1	第1四半期 7/1	第2四半期 10/1	第3四半期 12/31	第4四半期 4/1	
		t-1年度本決算発表	第1四半期決算発表	第2四半期決算発表	第3四半期決算発表	
実績値		①決算短信（5月上旬頃）②有価証券報告書（6月下旬頃）	①決算短信（7月下旬頃）②四半期報告書（8月上旬頃）	①決算短信（10月下旬頃）②四半期報告書（11月上旬頃）	①決算短信（1月下旬頃）②四半期報告書（2月上旬頃）	
予想値			③随時：次期（t年3月期）経営者予想情報			

第14章　四半期財務情報の有用性

　日本の現行企業情報開示制度の下，株式市場には四半期ベースで財務情報が提供され，かかる情報に基づいて株価は形成されている。図表14-1は上場企業A社のケースを例として，四半期ごとにどのような情報が提供されているかを示したものである。

　まず，投資家には四半期ごとに，(a)決算短信情報と(b)有価証券または四半期報告書（以下，両者を含めて四半期報告書）が提供されている。これらは前四半期までの経営成績および財務状況を集約したものである。たとえば，本決算が3月のA社の場合，7月下旬に第1四半期に関する決算短信を発表し，その数週間後の8月上旬に，公認会計士によるレビューを経た財務情報および各種企業情報を記載した四半期報告書を提出する。これらの情報は，基本的に，前四半期という過去の経営成績および財務状況を集約したものであり，(a)および(b)は実績値情報と見做すことができる。

　一方，当該四半期ベースの実績値情報と並行して，証券取引所の適時開示制度の下，(c)次期業績に関する経営者予想が提供される。経営者予想は，決算短信の場において，またはそれ以外のタイミングにおいて必要に応じて提供される点に特徴がある。これらの情報は将来業績に対する経営者の見通しを示したものであり，(c)は予想値情報と見做すことができる。

　投資家は，四半期報告を唯一の情報源として株式売買を行っているわけではない。むしろ，四半期財務情報，経営者予想およびその他各種企業情報を総合的に利用し，投資意思決定を下している。とくに，経営者予想という予想値情報が積極的に提供されているのは日本市場の際立った特徴である。したがって，日本の四半期情報の有用性を検証するに当たっては，これらの状況を十分に踏まえた上で，検証すべき課題を識別する必要がある。

（2）主な先行研究

　次に，四半期情報の有用性を検証した主な先行研究を概観し，先行研究において把握されている知見を確認しておく。前述のとおり，四半期報告はアメリカにおいて長い歴史を有することから，必然的にアメリカ市場対象の研究が数

多く蓄積されている。以下では，アメリカおよび日本に分けて，蓄積されている知見を整理しておきたい。

① アメリカ

まず，四半期報告に関する初期の代表的研究は，四半期決算発表時[2]の株価または出来高に有意な反応が見られるかどうかを調査したものが多い。たとえば，Kiger［1972］および Bamber［1986, 1987］等は四半期決算発表周辺において，株価または出来高に有意な反応が見られるかどうかを調査し，概ね，有意な反応が見られるとの結果を得ている。かかる反応は株式市場の参加者が四半期情報を利用し売買行動をとったことを裏づけており，株式市場における四半期情報の有用性を示す証拠といえる。

ただし，決算発表に対する反応は決して一様ではなく，企業特性や四半期期間によって異なることが明らかになっている。まず，小規模企業等，決算情報以外の情報入手が困難な企業群のケースでは四半期情報の効果が大きく，反対に大規模企業等，決算情報以外の情報入手が容易な企業群のケースでは四半期情報の効果が小さい（Bamber［1987］；Lobo and Tung［1997］；Kross and Schroeder［1989］）。同様に，年次決算のみのケースと，四半期決算が行われるケースとを比較すると，後者の方が年次決算情報（第4四半期情報）の反応が他の四半期に比して低いとする証拠も示されている（McNichols and Manegold, ［1983］；Hagerman, Zmijewski, and Shah,［1984］；Salamon and Stober,［1994］）。その原因としては，第4四半期は他の期間に比べ利益調整を行うインセンティブが大きく，年度内の決算が複数回に及ぶ場合，市場は利益調整されている可能性を割り引いて評価しているなどの意見が示されている（Das, Shroff, and Zhang［2009］）。

これらの研究では，四半期情報の効果は一意的に決まるものではなく，利用者の情報環境等が作用することを示唆している。株式市場では，実績値としての財務情報を唯一の情報源として売買行為が行われているわけではなく，日々，各種の情報が提供される中で株価が形成されているのである。

以上の研究では，利用可能な各種情報の中で，四半期報告が相対的にどの程度重要性を有しているかについては必ずしも十分に立ち入った考察は行われていない。この点に踏み込んだ研究として，Ball and Shivakumar [2008] がある。この研究では，各種企業情報に基づいて1年間の株価変動（年次株式リターン）が生じる中で，四半期情報（4回に及ぶ決算情報）がどの程度変動要因になっているかについて，一定の尺度に基づいて計測している。かかる尺度によれば，その説明力は5％～9％程度であり，四半期情報が株価形成に果たす役割は大きくないとの見解を示している。一方，Basu, Duong, Markov, and Tan [2010] は，同様の尺度を用いつつ追加的な分析を行った結果として，かかる説明力自体は高くはないものの，相対的に解すれば四半期報告は株価形成に有用な新情報を提供している，との見解を示しているのである。

これらの研究は，各種企業情報が提供される中で，四半期情報がどの程度重要かという視点に立脚しており，実績値情報と予想値情報とが同時に提供されている，日本の株式市場の分析には適した枠組みであるといえる。

② 日本

上述のとおり，日本の上場企業全般に関して，四半期決算短信が強制されたのは2003年以降であり，最近に至るまでデータも十分蓄積されていなかったことから，日本市場を対象とした先行研究は少ない。

その中で，音川 [2003, 2004] は，四半期決算短信制度化前の期間に自発的に四半期情報を開示した121社を対象として，決算短信発表日[3]周辺の株価および出来高反応を調査した。その結果，両者とも有意な反応を示しており，四半期情報の有用性を支持する証拠を提示している。同様に，音川 [2010] は，四半期決算短信強制前の期間に自発的に開示した208社をサンプルとして，四半期決算に対する反応は個人投資家よりも機関投資家主体の取引の方が相対的に洗練されている事実を特定している。

これらの研究は，四半期情報が株式市場において利用されている事実を特定しているものの，四半期決算短信強制前の期間が対象とされている。同制度化

後，上場企業全般が四半期報告を行うようになったが，これらの研究は同期間を対象としておらず，制度化後，四半期報告が株式市場において有用な情報として利用されているかどうかは明らかになっていないのである。

(3) 検証課題

以上の考察を踏まえて，ここで本章において検証すべき課題を識別する。

まず，2003年以降，日本の上場企業全般に対して，(a)四半期決算短信が制度化されていることから，四半期決算短信が株価形成に資する情報として利用されているかどうかを明らかにする必要がある。

次に，2008年以降，四半期決算短信に加えて，公認会計士によるレビューを経た財務情報およびその他企業情報を網羅した(b)四半期報告書が公表されている。もし，四半期報告書は四半期決算短信にはない情報内容を有すると株式市場が認識しているならば，四半期決算短信発表後においてもなお，四半期報告書は株価形成に資する情報として利用されているはずである。かかる推論に基づいて，四半期決算短信発表後，四半期報告書には株価形成に資する情報が含まれているかどうかを検証する。

最後に，日本の企業情報開示制度の特徴として(c)経営者予想の積極的提供があげられる。四半期報告は，決算報告という実績値情報の提供頻度を引き上げることによって迅速に企業情報の提供を行うことを目的としているが，四半期情報に，経営者による将来見通しを織り込んだ経営者予想を上回る情報内容が含まれているかどうかは不明である。

以上の問題意識に基づいて，本章では，以下のA～Cを検証課題とする。

検証課題

A．四半期決算短信情報の有用性
- 四半期決算短信には株価形成に資する情報が含まれているかどうか？

B．四半期報告書の有用性
- 四半期報告書には株価形成に資する情報が含まれているかどうか？

C．経営者予想の有用性
- 経営者予想【予想値情報】には，四半期情報【実績値情報】を上回る，株価形成に資する情報が含まれているかどうか？

第3節　リサーチ・デザイン

(1) サンプルの選択

本章では，次の条件を満たす企業群をサンプルとして選択する。
1．東京，大阪または名古屋証券取引所の第1部または第2部に，2000年～2009年に上場する3月決算企業（金融業を除く）であること。上場廃止企業を含むが，上場初年度および廃止年度は異常な値をとっている可能性があるため除外する。
2．12ヶ月決算であり，合併等を行っておらず，かつ，債務超過に陥っていないこと。
3．日経 NEEDS Financial-Quest を通じて分析に必要な財務データ，株価および決算発表日等各種情報が入手可能であること。
4．2000年～2002年度の間は年2回決算短信(本決算および半期決算)を公表し，2003年～2009年の間は年4回決算短信（前年度の本決算（第4四半期），本年度第1四半期，第2四半期および第3四半期）を公表していること。2002年以前において，年4回決算発表を行っている等の企業は除外する。

これらの条件を満たす企業は，15,334社・年である。

ここで2000年～2009年を分析対象期間に設定しているのは，(a)半期決算短信制度化前（2000年～2002年），(b)四半期決算短信制度化後（2003年～2009年）および(c)金融商品取引法に基づく四半期報告制度化後（2008年～2009年）を網羅するためである。ただし，図表14-2のとおり，データベース収録のデータに制約があり，(c)については2009年のみが分析対象期間となる[4]。

第Ⅳ部　四半期情報開示制度の評価と改善の方向

図表14-2　利用可能なデータ

制度の状況	期間	利用可能なデータ
1．四半期決算短信制度化前	2000年～2002年	A．半期決算短信
2．四半期決算短信制度化後	2003年～2009年	A．四半期決算短信 C．経営者予想
3．四半期報告制度化後	2009年	A．四半期決算短信 B．四半期報告書 C．経営者予想

(2) 検 証 方 法

　上記検証課題は，株式市場に各種企業情報が提供される中で，四半期に関連する財務情報（(a)決算短信，(b)四半期報告書および(c)経営者予想）に株価形成に資する情報が含まれているかどうかを特定することを意図している。とくに，株価形成に対する各情報の相対的重要性を明らかにする必要がある。

　本章では，Ball and Shivakumar [2008] によって開発された方法に従い，各情報の相対的重要度を測ることにする。前述のとおり，この方法は各種企業情報に基づいて1年間の株価変動（年次株式リターン）が生じる中で，四半期情報がどの程度変動要因になっているかについて，一定の尺度によって計測することを目的としている。

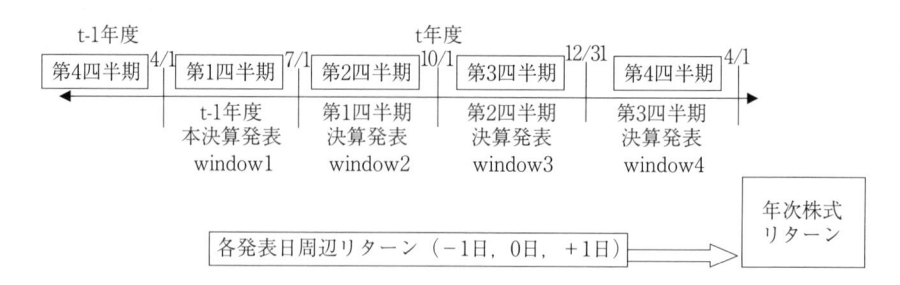

図表14-3　検証方法

```
t-1年度                    t年度
                4/1        7/1       10/1       12/31      4/1
┌─────────┬─────────┬─────────┬─────────┬─────────┐
│ 第4四半期 │ 第1四半期│ 第2四半期│ 第3四半期│ 第4四半期│
└─────────┴─────────┴─────────┴─────────┴─────────┘
              t-1年度     第1四半期  第2四半期  第3四半期
              本決算発表  決算発表   決算発表   決算発表
              window1    window2    window3    window4
                                                          ┌──────┐
                                                          │年次株式│
              各発表日周辺リターン（-1日，0日，+1日）  ⟹ │リターン│
                                                          └──────┘
```

1年間の株価変動（年次株式リターン）に対して四半期情報がどの程度変動要因になっているかを計測する際，まず次の回帰式を推計する。

$$R_i(annual) = a_0 + a_1 R_i(window1) + a_2 R_i(window2) + a_3 R_i(window3) + a_4 R_i(window4) + \varepsilon_i \quad \cdots (1)$$

ここで，$R_i(annual)$：i 社の年次株式リターン（4月〜3月の buy and hold return），R_i(window1〜4)：i 社の各四半期情報発表日周辺の株式リターン（−1日〜＋1日の buy and hold return）である（図表14−3参照）。

式(1)を推計した結果として算定される決定係数（adj. R2）は，年次株式リターンに対して各四半期情報発表日周辺の株式リターンが占める割合を示しており，この決定係数が1年間の株価変動に対して四半期情報が寄与している程度を示す尺度となる。これは，もし，四半期情報にそれまで株式市場が認識していない「新情報」が含まれるとすれば，発表日周辺で迅速に株価に反映され，その情報価値が高いほど1年間の株価変動に占める割合も高いはずである，という考えを基礎に置いた尺度といえる。

以下，本章では，(a)四半期決算短信，(b)四半期報告書および(c)経営者予想に，どの程度，株価形成に資する情報が含まれているかについて，この尺度を用いて計測する。

なお，株式リターンの算定には，日次株式異常リターン（topix リターン控除済の株式リターン）を用いている。また外れ値に対処するため，年次株式リターンおよび各情報発表日周辺リターンについて，各年上下1％未満に属す値を各1％に読み替える処理を行っている。

第4節 検証結果

(1) 決算短信（検証課題A）の有用性
① 年次リターンと四半期情報との関連性

まず，検証課題A．決算短信の有用性に関する結果から述べる。ここでは，四半期決算短信の制度化によって，追加的に株価形成に資する情報が提供され

ることになったかどうかを把握するため，(i)四半期決算短信制度化前（2000年～2002年）と(ii)四半期決算短信制度化後（2003年～2009年）にサンプルを分けて分析を行っている。結果は図表14-4のとおりである。

Panel Aは(i)四半期決算制度化前サンプルについて年次株式リターンを，本決算発表日（window 1）および中間決算発表日（window 2）周辺株式リターンに回帰した結果を，一方，Panel Bは(ii)四半期決算短信制度化後サンプルにつ

図表14-4　検証結果：四半期決算短信

Panel A

四半期決算短信制度化前（2000～2002）

	観測数	切片	Window1 本決算	Window2 中間決算	Adj.R^2
2000	1,223	-1.710	1.486	1.480	0.120
2001	1,270	-0.808	1.030	0.848	0.066
2002	1,394	-0.135	1.342	-0.016	0.048
2000-2002平均	1,296	-0.884	1.286	0.771	0.078

（注）被説明変数：4月～3月までの buy and hold return

Panel B

四半期決算短信制度化後（2003～2009）

	観測数	切片	Window1 本決算	Window2 第1四半期	Window3 第2四半期	Window4 第3四半期	Adj.R^2
2003	1,569	-3.654	1.471	1.557	0.357	1.414	0.070
2004	1,611	-4.512	1.381	1.404	1.196	1.756	0.098
2005	1,668	-5.278	1.591	2.538	1.250	0.948	0.114
2006	1,664	-3.566	0.802	1.091	1.240	1.333	0.194
2007	1,637	-2.739	1.117	0.846	0.928	0.859	0.155
2008	1,640	-2.398	0.843	1.256	0.562	0.818	0.100
2009	1,658	-2.101	0.762	1.689	-0.003	0.705	0.082
2003-2009平均	1,635	-3.464	1.138	1.483	0.790	1.119	0.116

いて年次株式リターンを，各四半期決算発表日（window 1〜 window 4）周辺株式リターンに回帰した結果を示している。

　Ball and Shivakumar [2008] によれば，もし，各決算が情報内容を伴わないならば，決定係数（adj.R^2）は，(i)四半期決算制度化前の場合には2.4%（6日／248日）に，(ii)四半期決算制度化後の場合には4.8%（12日／248日）になるはずであり，これらの正常説明力[5]を上回る部分が決算の情報価値を表すとの見方を示している。実際の説明力は全年度平均で(i)が7.8%，(ii)が11.6%であることから，各々，(i)5.4%（7.8%−2.4%），(ii)6.8%（11.6%−4.8%）の異常説明力があるということになる。

　これらの結果からいえることは2点ある。

　第1に，これらの異常説明力を見る限り，四半期決算制度化前および制度化後双方において，決算短信には株価形成に資する有用な情報が含まれている，ということである。

　第2に，(i)と(ii)を比べると，年次リターンに対する説明力が(i)7.8%から(ii)11.6%に上昇しており，半期報告制度よりも，四半期報告情報の方が株価形成に資する情報が提供されている。これらの結果に基づけば，四半期情報の内容は迅速に株価に織り込まれており，その開示には一定の経済的意義が認められるということができる。

② シミュレーションに基づく検証

　上述のとおり，Ball and Shivakumar [2008] は正常説明力と実際の説明力とを比較し，決算に情報内容があるかどうかを見極めるという見方を示しているが，正常説明力には実証的裏づけがない。正常説明力の捉え方次第では，上記(i)7.8%および(ii)11.6%という説明力に対する認識も変わってくることとなる。

　ここでは，Basu, Duong, Markov, and Tan [2010] によって示されたシミュレーションに基づいて，実際の株価データから正常説明力を計測する。具体的には次の手続を行う。

1．各 window（各半期または四半期）において，「決算発表日」以外の1日を

無作為抽出し，その周辺の株式リターン（-1日～+1日）を全企業について計算する。
2. 1.の手続を各年度200回繰り返し，各年200個のデータセットを作成する。
3. 2.のデータセットに基づいて各年200回の回帰を行い，それらの決定係数の平均値を算出する。

図表14-5　検証結果：決算短信に関するシミュレーション

Panel A

決算短信制度化前（2000年～2002年）

	決算短信発表日周辺のリターンに基づく $Adj.R^2$	決算短信発表日以外の日周辺リターンに基づく $Adj.R^2$		
		平均	中位数	標準偏差
2000	0.120	0.011	0.009	0.007
2001	0.066	0.009	0.008	0.007
2002	0.048	0.012	0.012	0.008
2000-2002平均	0.078	0.011	0.010	0.007

Panel B

決算短信制度化前（2003年～2009年）

	決算短信発表日周辺のリターンに基づく $Adj.R^2$	決算短信発表日以外の日周辺リターンに基づく $Adj.R^2$		
		平均	中位数	標準偏差
2003	0.070	0.039	0.039	0.011
2004	0.098	0.027	0.026	0.010
2005	0.114	0.032	0.031	0.011
2006	0.194	0.031	0.031	0.009
2007	0.155	0.028	0.027	0.010
2008	0.100	0.025	0.025	0.009
2009	0.082	0.037	0.036	0.013
2003-2009平均	0.116	0.031	0.031	0.011

以上の手続では，情報内容をもたない日周辺の株式リターンによって年次株式リターンがどの程度説明できるかを計測し，正常説明力を実証的に求める。結果は図表14-5のとおりである。

シミュレーションの結果は全年度平均で(i)1.1%，(ii)3.1%であり，Ball and Shivakumar [2008] による理論値((i)2.4%，(i)4.8%) よりも実際は低いことがわかる。これらの値を正常説明力とすると，決算発表日の異常説明力は(i)6.7%（7.8%−1.1%）および(ii)8.5%（11.6%−3.1%）であり，前節①の解釈に比べて，半期情報および四半期情報には株価形成に資する新情報が多く含まれているということになる。

③ 半期または四半期ベースの検証

前項①および②の分析では，年次株式リターンを各 window における決算発表日周辺株式リターンに回帰しているが，さらに半期または四半期ベースの推計を行った。すなわち，(i)四半期決算短信制度化前サンプルについては，半期株式リターンを当該 window における決算発表日周辺株式リターンに回帰し，一方，(ii)四半期決算短信制度化後サンプルについては，四半期株式リターンを当該 window における決算発表日周辺リターンに回帰した。また，前節同様の手続に基づいてシミュレーションに基づいて正常説明力の計測も行った。

紙幅の関係上，詳しい結果の掲載は省くが，基本的に，年次ベースの推計と大差はない。回帰式の説明力は全期間平均で(i)5.2%，(ii)10.1%であり，シミュレーションに基づく正常説明力は全期間平均で(i)1.1%，(ii)3.2%である。これらの結果から，異常説明力は(i)4.1%（5.2%−1.1%），(ii)6.9%（10.1%−3.2%）であり，半期または四半期ベースで計測しても，決算短信には株価形成に資する新情報が含まれていることを確認できる。

(2) 四半期報告書（検証課題Ｂ）の有用性

続いて，検証課題 B．四半期報告書の有用性に関する結果である。結果は，図表14-6のとおりである。前述のとおり，利用可能なデータに制約があるた

第Ⅳ部　四半期情報開示制度の評価と改善の方向

図表14-6　検証結果：四半期報告書

Panel A
決算短信発表日

	観測数	切片	Window1 本決算	Window2 第1四半期	Window3 中間決算	Window4 第3四半期	Adj. R^2
2009	1,658	-2.101	0.762	1.689	-0.003	0.705	0.082

Panel B
四半期報告書閲覧可能日

	観測数	切片	Window1 本決算	Window2 第1四半期	Window3 中間決算	Window4 第3四半期	Adj. R^2
2009	1,657	0.906	1.118	0.067	-1.088	0.041	0.017

め2009年のみが対象となる。

Panel A.は，2009年のデータに基づいて，図表14-4のPanel A.と同様に年次株式リターンを四半期決算短信発表日周辺株式リターンに回帰した結果であり，説明力は8.2％を示している。

一方，Panel Bは，説明変数を四半期報告書閲覧可能日周辺株式リターンに変えた場合の結果である。その説明力は1.7％と非常に低い。前述のとおり，四半期決算短信制度化後のシミュレーションに基づく正常説明力が3.1％であったことを重ね合わせると，この値は非常に低い。かかる説明力の低さは，決算短信発表に続く四半期報告書発表の際，株式市場において「新情報」として受け取られている部分はほとんどないことを示している[6]。

以上の結果に基づけば，四半期情報の内容は決算短信発表の段階でほぼ株価に織り込まれており，四半期報告書に株価形成に資する新情報はほとんど含まれていないといえる。現在，各方面において進展しているように，四半期報告書の内容を一定程度簡素化することは，少なくとも株式市場に対する新情報の提供という観点からは是認しうる施策である，ということができる。

図表14-7　決算短信と経営者予想発表のタイミング

	経営者予想発表のタイミング			計
	1．発表前	2．同時	3．発表後	
決算短信				
1．本決算	4,370	11,743	199	16,312
	(26.79)	(71.99)	(1.22)	(100)
2．第1四半期	120	9,740	584	10,444
	(1.15)	(93.26)	(5.59)	(100)
3．第2四半期	2,714	11,753	271	14,738
	(18.41)	(79.75)	(1.84)	(100)
4．第3四半期	290	10,359	1,551	12,200
	(2.38)	(84.91)	(12.71)	(100)
計	7,494	43,595	2,605	53,694
	(13.96)	(81.19)	(4.85)	(100)

（3）経営者予想（検証課題C）の有用性

　最後に，検討課題C．経営者予想の有用性に関する結果である。データの制約上，2003年～2009年が分析対象期間となる。

　まず，図表14-7は，証券取引所の適時開示制度の下，経営者予想がいつ発表されているかを示したものである。図表14-7によれば，81.19％は決算短信と同時に発表されていることがわかる。また，決算短信以外のタイミングで発表された18.81％のうち，各windowでみて，決算短信前に発表するケースが多い（13.96％）こともわかる。

　以上の経営者予想発表の状況を踏まえて，ここでは，①決算短信発表日以外における経営者予想発表のケースと，②決算短信と同時発表のケースに分けて，経営者予想情報の有用性を検証する。

①　決算短信発表日以外における経営者予想発表のケース

　決算短信には，正確には，(i)四半期情報【実績値情報】と(ii)経営者予想情報【予想値情報】の2つが含まれている。つまり，前述した四半期決算短信に関する検証では，これら異質ともいえる2つの情報群が株価形成に及ぼす効果を

ない交ぜに計測していたのである。ここではこれらの情報を分離し，株価形成に及ぼす効果を一層精緻に計測する。

まず，決算短信発表日以外における経営者予想発表のケースには，(i)を伴わず(ii)のみが株式市場に提供されていることから，(ii)が株価形成に及ぼす効果のみを計測できるはずである。ここでは，決算短信発表以外において経営者予想が発表されたケースにサンプルを限定して，被説明変数を四半期株式リターンとし，説明変数を経営者予想発表日周辺株式リターンとする回帰を行った。結果は，図表14-8のとおりである。

全期間平均の説明力は15.0%である。前述の四半期決算短信に関する説明力は概ね10%程度を示していたことを想起すれば，経営者予想が株価形成に及ぼしている影響の方が高いことがわかる。また，前述の四半期ベースのシミュレーションによる正常説明力に基づけば，異常説明力は11.8%（15.0%－3.2%）となる。以上のことから，経営者予想には，実績値情報としての四半期情報を上回る新情報が含まれているといえる。

② 決算短信と同時発表のケース

続いて，決算短信と同時発表のケースに注目する。上述のとおり，このケースでは，株式市場に提供される情報の中に，(i)四半期情報【実績値情報】と(ii)経営者予想情報【予想値情報】とが不可避的に含まれてしまっている。

ここでは決算発表と同時発表のケースにサンプルを絞った上で，経営者予想の内容に着眼し，(a)業績予想の修正を伴わないケース（改訂「なし」）と，(b)業績予想の修正を伴うケース（改訂「あり」）にサンプルを分ける。(a)改訂「なし」の方は(ii)経営者予想に新情報が含まれないため，(i)四半期情報が株価形成に及ぼす効果を純粋に計測できるはずである。一方，(b)改訂「あり」の方は(ii)経営者予想に新情報が含まれているため，(i)四半期情報と(ii)経営者予想情報双方が株価形成に及ぼす効果を計測することになる。被説明変数を四半期株式リターンとし，説明変数を決算短信発表日周辺株式リターンとする回帰を行った。結果は，図表14-9のとおりである。

第14章 四半期財務情報の有用性

図表14-8　検証結果：決算短信発表日以外における経営者予想発表のケース

年次	決算期	観測数	切片	Window 各四半期	R^2
2003	1	763	0.323	0.820	0.027
2003	2	82	-0.645	1.670	0.279
2003	3	410	-0.212	1.177	0.175
2003	4	238	-0.869	1.993	0.255
2004	1	640	0.082	0.962	0.115
2004	2	115	-0.557	1.663	0.140
2004	3	415	-0.112	1.104	0.200
2004	4	277	-0.582	1.722	0.084
2005	1	633	0.066	0.941	0.072
2005	2	140	-1.289	2.349	0.164
2005	3	430	-0.670	1.687	0.211
2005	4	260	0.220	0.802	0.025
2006	1	608	0.108	0.845	0.073
2006	2	101	-0.318	1.328	0.116
2006	3	391	-0.441	1.370	0.291
2006	4	223	-0.874	1.906	0.220
2007	1	542	0.347	0.640	0.050
2007	2	93	-0.418	1.441	0.249
2007	3	456	0.043	0.939	0.213
2007	4	162	-0.304	1.367	0.284
2008	1	614	0.188	0.811	0.077
2008	2	87	0.034	0.978	0.152
2008	3	466	-0.089	1.108	0.182
2008	4	346	0.555	0.534	0.018
2009	1	761	0.089	0.991	0.043
2009	2	87	-0.557	1.582	0.221
2009	3	423	-0.039	0.977	0.177
2009	4	336	-0.063	1.110	0.091
2003-2009平均		361	-0.214	1.243	0.150
中位数		369	-0.100	1.109	0.158
標準偏差		214	0.431	0.444	0.085

(注)　被説明変数：各四半期の buy and hold return

図表14-9　検証結果：決算短信と同時発表のケース

予想利益改訂

年次	決算期	(a)なし				(b)あり			
		観測数	切片	Window 各四半期	R^2	観測数	切片	Window 各四半期	R^2
2003	1	1,563	-0.124	1.222	0.079	726	0.739	0.356	0.009
2003	2	908	0.071	0.907	0.052	-	-	-	-
2003	3	845	1.038	-0.079	-0.001	202	-0.051	1.058	0.116
2003	4	859	0.232	0.871	0.024	805	0.400	0.562	0.037
2004	1	1,600	0.073	0.975	0.099	356	-0.317	1.400	0.123
2004	2	1,051	-0.038	1.067	0.060	-	-	-	-
2004	3	885	0.450	0.542	0.025	209	-0.558	1.616	0.148
2004	4	1,002	-0.233	1.363	0.063	796	-0.215	1.212	0.181
2005	1	1,660	-0.094	1.117	0.146	386	-0.231	1.373	0.071
2005	2	1,171	-0.107	1.069	0.045	-	-	-	-
2005	3	930	0.257	0.764	0.026	194	-0.976	1.966	0.213
2005	4	1,044	0.379	0.619	0.025	785	-0.374	1.406	0.160
2006	1	1,653	0.028	0.928	0.156	432	0.029	1.001	0.080
2006	2	1,167	0.122	0.835	0.114	-	-	-	-
2006	3	964	0.175	0.768	0.067	184	0.077	0.916	0.127
2006	4	1,055	0.172	0.849	0.057	734	-0.256	1.218	0.210
2007	1	1,618	-0.121	1.108	0.209	391	-0.405	1.442	0.264
2007	2	1,116	0.179	0.797	0.092	-	-	-	-
2007	3	1,040	0.125	0.851	0.088	209	-0.303	1.333	0.251
2007	4	1,042	0.284	0.777	0.080	633	-0.013	1.001	0.203
2008	1	1,631	-0.015	0.997	0.189	449	0.123	0.932	0.184
2008	2	1,430	0.081	0.921	0.095	-	-	-	-
2008	3	962	0.453	0.612	0.042	230	-0.294	1.280	0.324
2008	4	742	0.399	0.663	0.037	703	0.541	0.472	0.029
2009	1	1,646	-0.008	1.065	0.065	925	0.248	0.809	0.072
2009	2	1,461	0.057	0.964	0.078	208	-0.358	1.370	0.305
2009	3	1,094	0.483	0.462	0.030	577	-0.140	1.101	0.242
2009	4	1,152	0.418	0.609	0.026	524	-0.113	1.151	0.161
2002-2009平均		1,189	0.169	0.844	0.074	484	-0.111	1.135	0.160
中位数		1,075	0.124	0.86	0.064	441	-0.177	1.181	0.161
標準偏差		297	0.262	0.278	0.051	246	0.377	0.375	0.088

(注)　被説明変数：各四半期の buy and hold return

全期間平均で説明力は，(a)改訂「なし」が7.4%，(b)改訂「あり」が16.0%である。(a)は(ii)経営者予想情報の効果を取り除いた(i)四半期情報の説明力は実は7.4%であり，(b)は(i)四半期情報と(ii)経営者予想双方に情報内容が備わっている場合の説明力は16.0%であることを示している。つまり，前述の分析において，四半期情報は年次あるいは四半期株式リターンと10%程度関連しているとの結果が示されてきたが，それらは当該(a)および(b)がない交ぜとなって得られたものであって，10%の一部は経営者予想の情報効果によるものであったのである。

ただし同時に，(a)の結果は経営者予想の情報効果を考慮してもなお四半期情報には株価形成に資する新情報が含まれていることを示している。前項同様，四半期ベースのシミュレーションによる正常説明力に照らしても異常説明力は4.4%（7.6%－3.2%）あり，四半期情報には一定の新情報が含まれていることがわかる。

第5節　本研究の発見事項とインプリケーション

（1）主な発見事項

以上，本研究では，日本の四半期情報の有用性について実証的に考察した。本研究の成果は，15,334社・年という大規模サンプルに基づいて，日本の四半期情報を対象として以下の諸点を明らかにしたことである。

第1に，2003年以降制度化された，四半期決算短信には株価形成に資する情報が含まれており，株式市場において有用な情報として利用されていることを発見した。四半期決算短信では経営者予想が同時に発表されているが，後者の効果を取り除いても四半期情報には一定の新情報が含まれていることが確認されたのである。

第2に，四半期報告書は，株価形成に資する新情報という点で見る限り，株式市場において有用な情報として利用されていないことを発見した。年次または四半期株式リターンと，四半期報告書閲覧可能日周辺株式リターンとの関連

性はほとんどない。

　第3に，経営者予想情報は，四半期株式リターンと15％以上の関連性を有しており，株式市場では四半期情報以上に有用な情報として捉えられていることを発見した。また，日本では，決算短信の場において，四半期情報と経営者予想とが同時に発表されるが，それらが株価に及ぼす効果を切り分けると，後者の方が株式リターンとの関連性が強いことも明らかとなった。

（2）インプリケーション

　以上の発見事項に基づいて，本研究のインプリケーションについて述べることとする。

　まず，四半期情報の内容は日本の株式市場において迅速に株価に反映されており，半期報告の期間に比べて，株価変動に対する財務情報の説明力は高まっていることから，四半期報告には一定の経済的意義が認められる。上述のとおり，決算短信において，同時に発表される経営者予想の情報効果を考慮してもなお四半期情報には株価形成に資する新情報が含まれている。一方，決算短信後公表の四半期報告書は，株式市場に対する新情報の提供という点で見る限り，有用な情報とは見做されていない。四半期報告制度化に伴い，作成者サイドのコストが増大しているとの懸念から，現在，開示項目の簡素化が進められているが，少なくとも株式市場に対する新情報の提供という観点からは是認しうる施策といえる。

　加えて，本研究では，四半期情報【実績値情報】と経営者予想【予想値情報】との関係について分析した。株式市場における価格形成の観点から見ると，四半期情報よりも経営者予想の方が情報効果は高い。もちろん，実績値情報と予想値情報は期待される役割も異なるため，これらの結果をもって単純に政策的インプリケーションを引き出すのは適切ではないが，これらの結果は，企業情報開示制度の再設計が求められている中，実績値情報を中核とする財務情報と，経営者予想等の将来情報の意義や役割を識別し，両者を含めた開示システムの体系化を図る必要があることを示唆している。

最後に,本研究をめぐる課題について指摘しておきたい。前述のとおり,日本では四半期情報に関する実証研究が十分蓄積されていない中で,本研究は株式市場において四半期情報が「新情報」として受け取られているかどうかに焦点を絞った検証を行った。ただし,解明できた点は限定的である。

　とくに,本研究をめぐる重要な課題として,金融商品取引法に基づく四半期報告制度導入後の効果についての検証がある。2008年における同制度導入以降,いかなる効果が生じているか否かを,いくつかの側面から綿密に検証する必要がある。たとえば,本研究では,株式市場は,四半期報告書公表を新情報とは見做しておらず一定の簡素化は是認されるとの結論を示したが,このことは,決して四半期報告書自体の意義まで否定するものではない。それどころか,四半期報告書作成に至るプロセスにおいて,公認会計士によるレビューが加わったことにより四半期情報の信頼性が向上しているとすれば,株式市場は,決算短信情報に一層信頼を置くようになっている可能性もある。同様に,四半期報告制度導入後,利益調整の機会が減少し年次財務情報の質の向上や企業間取引の公正化等,一定の効果が及んでいる可能性もある。

　四半期報告制度の効果や課題を見極めるには,これらを含め総合的に考察する必要があるが,本研究は四半期報告制度をめぐる研究課題の一端を解明したものである。日本において四半期報告制度は始まったばかりであり,しかも同制度は財務諸表作成者・利用者双方に著しい影響を及ぼしていることから,多様な視点から検証を重ね,その効果や課題を多面的に明らかにしていくことが求められている。

注
（1）　この点について,詳しくは,下村［2011］を参照のこと。
（2）　決算発表時とは,決算内容が初めて公表されるときのことであり,日本では決算短信発表を受けて,新聞等で発表される日に該当する。
（3）　正確には決算短信発表を受けて,その内容が新聞において報道される日である。
（4）　金融商品取引法による四半期報告は2008年に制度化されているが,データベース上,分析に必要なデータが2009年より収録されていることから,2009年のみが分析対象期間

となった。

(5) 正常説明力は，3日×window 数／平均日次株価数（1年間）で算定する。本研究のサンプルの平均日次株価数（1年間）は248であるため，たとえば(i)の場合，3日×2決算／248＝2.4％となる。

(6) なお，四半期ベースの推計も行ったが，年次ベースの結果と大差はなかった。

〈参考文献〉

音川和久 2003「四半期財務報告と株価反応」『京都学園大学経営学部論集』第13巻第2号, 107-122.

――― 2004「四半期財務報告と出来高反応」『国民経済雑誌』第189巻第3号, 65-77.

――― 2010「自発的情報開示と投資家行動」『会計』第178巻第4号, 484-497.

下村昌作 2011「四半期財務諸表に関する会計基準・適用指針等の改正の概要」『会計・監査ジャーナル』第23巻第7号, 27-32.

Ball, R. and L. Shivakumar, "How Much New Information Is There in Earnings?," *Journal of Accounting Research*, Vol.46 No.5, 2008, 975-1016.

Bamber, L. S., "The Information Content of Annual Earnings Releases: A Trading Volume Approach," *Journal of Accounting Research*, Vol.24 No.1, 1986, 40-56.

―――, "Unexpected Earnings, Firm Size, and Trading Volume around Quarterly Earnings Announcements," *The Accounting Review*, Vol.62 No.3, 1987, 510-532.

Basu, S., T. X. Duong, S. Markov and E. Tan, "How Important are Earnings Announcements as an Information Source?," Working Paper, Temple University, 2010.

Das, S., K. P. K. Shroff and H. Zhang, "Quarterly Earnings Patterns and Earnings Management," *Contemporary Accounting Research*, Vol.26 No.3, 2010, 797-831.

Hagerman, R. L., M. E. Zmijewski and P. Shah, "The Association between the Magnitude of Quarterly Earnings Forecast Errors and Risk-Adjusted Stock Returns," *Journal of Accounting Research*, Vol.22 No.2, 1984, 526-540.

Kiger, J. E., "An Empirical Investigation of NYSE Volume and Price Reactions to the Announcement of Quarterly Earnings," *Journal of Accounting Research*, Vol.10 No.1, 1972, 113-128.

Kross, W. and D. A. Schroeder, "Firm Prominence and the Differential Information Content of Quarterly Earnings Announcements," *Journal of Business Finance & Accounting*, Vol.16 No.1, 1989, 55-74.

Lobo, G. J. and S. Tung, "Relation between Predisclosure Information Asymmetry and

Trading Volume Reaction around Quarterly Earnings Announcements," *Journal of Business Finance & Accounting*, Vol.24 No.6, 1997, 851-867.

McNichols, M. and J. G. Manegold, "The Effect of the Information Environment on the Relationship between Financial Disclosure and Security Price Variability," *Journal of Accounting and Economics*, Vol.5, 1983, 49-74.

Salamon, G. L. and T. L. Stober, "Cross-Quarter Differences in Stock Price Responses to Earnings Announcements: Fourth-Quarter and Seasonality Influences," *Contemporary Accounting Research*, Vol.11 No.1, 1994, 297-330.

第15章　わが国四半期情報開示の現状に関する検討

松　本　祥　尚（関　西　大　学）
町　田　祥　弘（青山学院大学）

第1節　はじめに

　2008年4月1日以降に開始する事業年度よりわが国上場企業に対して義務付けられた四半期報告制度では，金融商品取引法（以下，金商法）第193条の2第1項に基づく公認会計士または監査法人（以下，監査人）による監査証明を受けた，四半期連結財務諸表を含む四半期報告書の提出が要求される。この場合の監査証明は，四半期レビューと称されるが，実は，四半期レビュー報告書の提出が全ての上場会社に法令によって義務付けられているのはわが国だけなのである[1]。
　たしかに，金商法が指向する，信頼性の高い企業内容開示制度の整備・充実によって投資者の保護を図ることは，資本主義経済社会において極めて重要である。アカロフのレモン市場を引証するまでもなく，保証のない信頼性の不明な情報の開示は，意思決定者を誤導し損害を与える可能性があるだけでなく，結果的には証券市場そのものの存在を脅かすことにもなりかねないという点からすると，全ての上場企業の四半期財務諸表に保証としての四半期レビュー報告書が添付されることは，非常に目的適合的であると解される。
　しかしながら，ここで重要な点は，この四半期報告制度をめぐる当事者が，四半期財務諸表を中心とする意思決定情報の信頼性の程度が，年度監査とは異なっているということを理解しているのか，という点にある。
　本章では，わが国において①四半期財務諸表を作成している上場企業，②当

第Ⅳ部　四半期情報開示制度の評価と改善の方向

該財務諸表に対して監査証明を付与する監査人，ならびに③当該証明済み財務諸表を利用する利用者（アナリスト），という3当事者が，年度監査による監査証明と四半期レビューによる監査証明の相違を識別して，情報を作成し，証明し，利用しているのか，について明らかにした上で，もし当該識別が適切になされていない，あるいは期待された通りの行動がとられていないのであれば，その原因を探ることを目的にしている。

　具体的には，アンケート調査の手法を用い，
(1)　企業側に対しては，どの程度の手間と時間による経済的コストをかけているのか，
(2)　監査人の側では，何時間，どのようなレビューの手続を，誰が，実際には実施しているのか，また
(3)　利用者は四半期レビュー報告書の「適度な保証水準（moderate level）」を把握し，意思決定情報としてどのように利用しているのか，

というそれぞれの当事者の意識と行動を明らかにすることで，監査証明に係る基準の改訂を含む四半期報告制度のあり方に対して提言を行うことを目的とする。

　なお，企業会計基準委員会（ASBJ）では，2011年3月25日に「四半期財務諸表に関する会計基準」と「同適用指針」の改正を公表し，2011年4月1日以降に始まる事業年度から適用してきている。同改正は，2010年6月に閣議決定された「新成長戦略〜『元気な日本』復活のシナリオ」において，「四半期報告の大幅簡素化」が盛り込まれたことに対応する措置であり，主に①第1四半期と第3四半期のキャッシュフロー計算書の作成の省略の容認，②四半期決算で開示する損益計算書（包括利益計算書）の数値は「期首からの累計」と「前年度との比較」のみで可とすること，および③注記事項の簡素化等からなる，企業における四半期報告実務の負担軽減を図るものである。

　本章の調査は，同改正に先立つものではあるが，その負担軽減措置に対する評価を行うに当たっての基礎を提供することも期待されるであろう。

第2節　アンケート調査結果の検討

　アンケート調査の対象は，四半期報告書の作成者である企業については2010年3月期決算の東京証券取引所一部，二部，及びマザーズに上場している企業2,599社，監査人については日本公認会計士協会の上場会社監査事務所として登録された203の監査事務所，ならびに四半期報告の利用者についてはアナリストを想定して指定格付け機関5社と2010年9月30日時点における証券投資顧問業協会会員106社の計111社とした。これら四半期情報開示の3当事者に対して，企業向け調査票，監査人向け調査票，アナリスト向け調査票を作成し，2010年11月1日から12月6日にかけて郵送調査を行った。その結果，回答数は，企業が923社（回収率35.5％），監査人が77事務所（同37.9％），アナリストが13社（同11.7％）であった[2]。各調査対象から得られた回答の概要は，以下の通りである。

(1) 企業による回答の概要

　わが国金商法は24条の4の7において，四半期報告書に記載すべき経理の状況には，「当該企業の属する企業集団の経理の状況その他の公益又は投資者保護のため必要かつ適当なものとして内閣府令で定める事項」を記載しなければならないものとされる。このため四半期報告書に含められる財務情報は，連結財務諸表が求められていることになるため，親会社が連結ベースの財務諸表を作成するに当たってどのように子会社等の財務データを収集しているかに関するデータは，わが国四半期決算の厳格さ，すなわちコストの高さを理解することに役立つと考えられる。それを示すものが，次頁の図表15-1である。

　図表15-1を見ると，わが国では基本的に子会社と親会社の両者とも自社の個別財務諸表を作成した上で，合算消去の連結手続に入ることが示されており，一般に諸外国において連結財務諸表の作成方法としてとられているような，親会社が子会社から連結に必要なデータを吸い上げ，自らの個別財務諸表への連

第Ⅳ部　四半期情報開示制度の評価と改善の方向

図表15-1　四半期財務諸表作成プロセス

	親会社及び子会社のそれぞれの個別財務諸表を作成し，それらを集計して，連結四半期財務諸表を作成している	親会社については，個別財務諸表を作成しているが，子会社については作成せずに子会社の経理データから，親会社が，直接，連結四半期財務諸表を作成している	親会社及び子会社のいずれについても，個別財務諸表は作成せずに経理データから直接，連結四半期財務諸表を作成している	その他
該当数	684	27	8	86
（％）	(85.0％)	(3.4％)	(1.0％)	(10.7％)

有効数　n＝805

結を行うという方法ではないことがわかる。

つまり，この方法によると，親会社に個別財務諸表の提出を要求される子会社は，親会社が連結決算の作業を開始する期末日から2週間程度内（図表15-2参照）には，自らの決算を完了させておかなければならないことになる。このことは，「四半期財務諸表に関する会計基準」（企業会計基準第12号）に規定された「四半期個別財務諸表を基礎として」（第9項）四半期連結財務諸表を作成しなければならない，とする規定に忠実に従ったことを示しており，開示対象とはならないような非上場子会社の四半期個別財務諸表まで作成するという実務が行われていることが推察されるのである。実際に，親会社は各四半期末から約2週間で四半期の連結財務諸表を作成に着手し，その後およそ7日間で暫定的に完成させることになる（図表15-3参照）。

なお，年度決算であれば，子会社についても会社法上の計算書類の作成の必要があるという背景もあると考えられるものの，四半期決算は会社法上求められていない点に留意する必要がある。

また監査人による四半期レビューも，当該四半期財務諸表の完成前後から開始されており（図表15-4参照），そのレビュー完了と取締役会承認が1ヶ月後

図表15-2　企業集団内における各企業のデータ集計開始時期

	親会社データの集計			子会社データの集計			親会社での連結決算作業		
	1Q	2Q	3Q	1Q	2Q	3Q	1Q	2Q	3Q
平均（日後）	11.3	11.6	12.1	12.8	13.1	13.6	14.2	14.5	15.0
中央値（日後）	10.0	10.0	12.0	13.0	13.0	14.0	15.0	15.0	15.0
有効数　n =	767	765	755	725	724	714	717	716	705

図表15-3　暫定的な連結四半期財務諸表の完成時期

	1Q	2Q	3Q
平均（期末日後）	20.4	20.6	21.0
中央値（期末日後）	20.0	20.0	20.0
有効数　n =	794	794	783

図表15-4　監査人の四半期レビュー開始時期

	1Q	2Q	3Q
平均（期末日後）	19.0	19.1	19.3
中央値（期末日後）	20.0	20.0	20.0
有効数　n =	809	808	794

図表15-5　各四半期決算の取締役会承認時期

	1Q	2Q	3Q
平均（期末日後）	32.7	33.2	33.1
中央値（期末日後）	33.0	35.0	33.0
有効数　n =	792	797	777

には行われている（図表15-5参照）ことがわかる。

　さらに東京証券取引所の上場規則によって開示が求められる決算短信とその前提となる売上高や利益額の予測数値を，企業がどの段階で作成し，監査人に

第Ⅳ部　四半期情報開示制度の評価と改善の方向

図表15-6　売上高・利益額の予想数値の作成

いつまでに作成しているか

| 平均 | （期末日後～日頃迄） | 19.9 |
| 中央値 | （期末日後～日頃迄） | 20.0 |

有効数　n＝729

図表15-7　予想数値への監査人の関与

	公表する情報のみ見せている	予測又は計画上の情報も見せている	見せていない	その他
該当数	299	370	66	17
（％）	(39.8％)	(49.2％)	(8.8％)	(2.3％)

有効数　n＝752

図表15-8　四半期報告制度導入後の増加時間数

パネル8－A：何倍

| 平均 | （決算日後～日頃迄） | 2.4 |
| 中央値 | （決算日後～日頃迄） | 2.0 |

有効数　n＝735

パネル8－B：時間とコストをかけている作業

	連結データの収集	連結決算修正処理	業績予想の作成	決算短信の作成	監査法人対応	その他
該当数	151	131	47	141	475	94
（％）	(20.5％)	(17.8％)	(6.4％)	(19.2％)	(64.6％)	(12.8％)

有効数　n＝735

どの程度の関与を認めているかについて示したものが，図表15-6と図表15-7である。

　図表15-6を見ると，決算短信の作成と四半期決算（図表15-3も併せて参照のこと）とはほぼ同時期に行われており，一方，図表15-7によれば，当該予想

第15章　わが国四半期情報開示の現状に関する検討

図表15-9　四半期財務情報の有用性

	非常に有用である	多少有用である	どちらともいえない	それほど有用ではない	ほとんど有用ではない
該当数	6	6	0	0	0
(％)	(50.0%)	(50.0%)	(0.0%)	(0.0%)	(0.0%)

有効数　n＝12

数値について，公表対象の予想数値のみならず内部管理目的の計画上の情報も含めてほぼ5割の企業が，さらには公表用の予想数値を含めると9割の企業が，監査人に対して提示していることがわかる。

最後に四半期報告制度が導入された結果，導入前に比べて決算作業がどの程度増加し，どの作業に最も時間をかけているかについて，図表15-8は明らかにしている。そこでは，企業は，平均して約2倍の時間を決算作業にかけるようになり（パネル8-A），かつその増加した決算作業の内の6割以上が監査人対応とされる（パネル8-B）。

(2) アナリストによる回答の概要

アナリストからの回収率は，13件（11.7%）とそれほど高いものとはならなかったが，全体として次のような特徴が見出せる。すなわち，全てのアナリストが，四半期の決算短信と四半期報告書からなる四半期財務情報について，意思決定情報として有用であることを認めており（図表15-9参照），特に実際に利用する情報としては，売上や利益の予想額（回答者の63.6%）が圧倒的に有用とされ，それに続いて当該四半期の実績（同18.2%）とされ，その他の前年同期との比較や直前期との比較といった情報も利用の対象として挙げられている（図表15-10参照）。この結果，一連の四半期情報について，アナリストは，ほぼ必ず分析のための情報として利用していることが明らかとなったのである（図表15-11参照）。

また四半期レビュー報告書の必要性については，四半期財務諸表の信頼性を

図表15-10　四半期報告書における財務情報の有用性

	売上や利益の見通し(予想額)	当該四半期の業績数値	前年同期との比較	直前の四半期との比較	通年の業績見通しの達成度	当該四半期業績に関する説明	今後の業績見通しに関する説明	異常事項の有無	四半期レビュー報告書の内容	その他
該当数	7	2	0	0	1	1	0	0	0	0
(%)	(63.6%)	(18.2%)	(0.0%)	(0.0%)	(9.1%)	(9.1%)	(0.0%)	(0.0%)	(0.0%)	(0.0%)

有効数　n = 11

図表15-11　四半期財務諸表の利用頻度

	常に利用している	多少,利用している	どちらともいえない	それほど利用していない	ほとんど利用していない
該当数	8	3	0	1	0
(%)	(66.7%)	(25.0%)	(0.0%)	(8.3%)	(0.0%)

有効数　n = 12

確保するためには不可欠であることを，アナリストの多くが認めており（11回答者中8件），その必要性は四半期レビューによる四半期財務諸表の信頼性確保に基づくものであることの合意が示されている。

　一方，四半期レビューが提供する保証水準についても，60％程度と認識する回答が最も多く（41.7％），次いで80％（25.0％）となっている。このような四半期レビューの提供する適度な保証水準（moderate level）については，国際会計士連盟が公表した資料（IFAC [2002]）においても60〜80％であることが確認されていることから，利用者側で一定の理解がなされているものと解される。

　さらに，情報の信頼性を保証する措置として，決算短信に対する保証業務の実施の必要性については，回答者の半数以上が，たとえ保証水準がレビューよりも低かったとしても何らかの形での保証があった方が望ましい，と考えていることが確認された。

図表15-12 子会社の個別四半期財務諸表に対するレビュー

	子会社で個別財務諸表を作成するように指導し，それらをレビューしている	子会社で個別財務諸表を作成している場合には，それらもレビューしている	子会社の個別財務諸表は，レビューしていない	その他
該当数 (％)	48 (66.7％)	10 (13.9％)	2 (2.8％)	12 (16.7％)

有効数 n = 72

(3) 監査人による回答の概要

　すでに図表15-1で見たように，わが国上場企業の子会社は，原則として個別四半期財務諸表を作成していたが，図表15-12を見ると，その背景には監査人が四半期レビューに当たって子会社に対して個別財務諸表を作成するように指導しており，さらにそれら子会社の個別四半期財務諸表について，ほぼ8割の監査人がレビュー業務の対象としているという事実があるのである。

　また監査人による四半期レビューの結論をいつの時点で被監査企業に伝え，その結論を含む四半期レビュー報告書をいつ作成するか，という質問に対して，図表15-13のように監査事務所内の手続が終了していない段階，すなわち現場でのレビュー手続が終了した段階で，結論の伝達と報告書の作成が行われているケースが2割程度あるという事実は，当該事務所における結論表明に係る審査が完了していない段階での結論表明を示唆しており，事務所の品質管理上問題があるように思われる。

　次に四半期レビューとして実際に適用している手続について尋ねたところ，通常実施されるべき質問は，経理部長（93.1％）やCFO（73.6％）といった四半期財務情報に直接的に関与する当事者に対して中心的に行われていることが確認できる（図表15-14参照）。

　また分析的手続は，ほぼ6割以上で最も重要視され時間をかけて実施されており，その対象は子会社の財務数値の分析（61.1％），過年度の年度財務諸表項

第Ⅳ部　四半期情報開示制度の評価と改善の方向

図表15-13　四半期レビューの結論伝達と同報告書作成の時期

		現場でのレビュー手続の終了時点	監査事務所内の手続が終了した時点	経営者との面談のとき	とくに決めていない	その他
パネル13-A 伝達日	該当数 (％)	14 (19.4％)	44 (61.1％)	6 (8.3％)	6 (8.3％)	2 (2.8％)
パネル13-B 実際の作成日	該当数 (％)	17 (23.6％)	48 (66.7％)	1 (1.4％)	1 (1.4％)	5 (6.9％)

有効数　n = 72

図表15-14　質問の対象者

	CEO	CFO	経理部長等	経理担当者	その他の従業員	とくに決めていない	その他
該当数	30	53	67	45	18	1	5
(％)	(41.7％)	(73.6％)	(93.1％)	(62.5％)	(25.0％)	(1.4％)	(6.9％)

有効数　n = 72

目との対比（76.4％），当該年度の四半期財務諸表項目の分析（91.7％），過年度の四半期財務諸表項目との比較（94.4％），といった順で多くなっている（図表15-15参照）。

さらに四半期レビューの過程で追加的な手続を実施しなければならない状況を想定した場合に，日本公認会計士協会［2007］では意図されていないにもかかわらず，追加的な質問や閲覧に加えて，7割以上が四半期レビュー手続として実証手続の実施を回答している点は興味深い点である（図表15-16参照）。

四半期報告書の代表的な利用者であるアナリストの認識を尋ねたのと同様に，四半期レビューを実施する当事者である監査人に対して，四半期レビューが提供する保証の水準とその理由に関連した質問を行った。その結果，アナリ

図表15-15　分析的手続の対象項目

	当該四半期財務諸表項目	過年度の四半期財務諸表項目	過年度の年度財務諸表項目との対比	子会社の財務数値	同業他社等の情報との対比	とくに決めていない	その他
該当数	66	55	68	44	11	0	1
(％)	(91.7％)	(76.4％)	(94.4％)	(61.1％)	(15.3％)	(0.0％)	(1.4％)

有効数 n = 72

図表15-16　追加的な四半期レビューの手続

	追加的な質問	記録や文書の閲覧	実証手続	ほとんど実施したことはない	その他
該当数	61	65	55	3	5
(％)	(84.7％)	(90.3％)	(76.4％)	(4.2％)	(6.9％)

有効数　n = 72

スト同様に，四半期レビューが提供する保証水準は，図表15-17によれば，60％とする回答が最も多く（45.2％），次いで80％（37.0％）という結果となっている。

また図表15-18より，保証水準に影響を及ぼすはずの時間数について，年度監査に比べた四半期レビューにかける時間は，年度監査のほぼ3割とするものが38.4％，5割が24.7％，6割が15.1％となっており，必ずしも一様な結果とはなっていない。

さらに四半期レビュー基準上では，年度監査と四半期レビューとは同時に計画の策定が行われるように，すなわち一体的に実施されることが想定されていることから，ほぼ7割の回答者が両者に重複や相互利用を認めている。にもかかわらず図表15-19にあるように，2割以上の回答者が両者の証拠に重複や相互利用のないことを示している点は，実務において若干の誤解が生じている点であるということができるであろう。

第Ⅳ部　四半期情報開示制度の評価と改善の方向

図表15-17　四半期レビューの提供する保証水準

	20%	40%	60%	80%	95%
該当数	0	10	33	27	3
(%)	(0.0%)	(13.7%)	(45.2%)	(37.0%)	(4.1%)

有効数　n = 75

図表15-18　四半期レビューに要する時間

	20%	30%	40%	50%	60%
該当数	7	28	9	18	11
(%)	(9.6%)	(38.4%)	(12.3%)	(24.7%)	(15.1%)

有効数　n = 73

図表15-19　四半期レビューと年度監査における証拠の相互利用

	かなり重複している	少し重複している	どちらともいえない	あまり重複していない	ほとんど重複していない
該当数	13	39	3	15	3
(%)	(17.8%)	(53.4%)	(4.1%)	(20.5%)	(4.1%)

有効数　n = 73

　最後に，情報の信頼性を保証する措置の必要性について，アナリストは，監査人による一定の関与を求めているが，年度・四半期にかかわらず，法令上は監査人による監査証明が求められていない。にもかかわらず，図表15-7で見たように，企業側も監査人に提示していることを認めており，監査人の側も，実態上，すでに8割以上が四半期の決算短信に関与している事実が図表15-20から窺える。

図表15-20　四半期決算短信への関与程度

	すべてレビューしている	当該四半期の財務情報の部分のみレビューしている	どちらともいえない	ほとんどレビューしていない	その他
該当数	38	24	4	5	1
（％）	(52.8%)	(33.3%)	(5.6%)	(6.9%)	(1.4%)

有効数　n＝72

第3節　お わ り に

　わが国四半期報告制度の特徴は，企業からの回答に見られたように，子会社・親会社の四半期個別財務諸表に基づくという原則的な財務情報作成プロセスを採用しており，それを極めて短期間の間に完成させている状況が存在する。この結果，四半期報告が制度化される以前に比べると，その作成プロセスに掛かる時間コストは倍増している。またこの倍増した時間コストの半分以上が，監査人対応となっていた。したがって，このような時間コストの増加は，2つの側面，すなわち作成プロセス自体の側面と四半期レビューの側面から捉える必要がある。

　この相対的に大きなコストを前提にした，企業会計基準第12号に規定された原則的な四半期連結財務諸表作成プロセスは，監査人の指導によって子会社の全てに個別財務諸表を作成することが要請されていることにも起因していると考えられる。したがって，企業が負担する四半期報告に対するコストが，それに見合う効果をもたらしているかどうか，すなわち利用者にとって従来よりも有益な情報として捉えられているか，を確認する必要がある。

　そこで，利用者の代表としてアナリストからの回答を見た場合，四半期の決算短信と四半期報告からなる四半期財務情報については，意思決定情報として有用であることを認めていた。また売上や利益の予想額や四半期の実績が，主

たる利用対象とされていることから，アナリストにとっては四半期財務情報が非常に重要な情報源となっていることがわかる。このため，企業が四半期報告の制度化前に比して2倍の時間コストをかけて公表される四半期財務情報について，利用者側からすると，現時点では不可欠の意思決定情報となっていると解される。ただし，このような意思決定情報として有用な四半期財務情報の簡素化については，それを容認する者と現状の情報量を是とする者とが拮抗しているために，本調査からは簡素化についても拡充についても，明確にその当否を判断することはできない。

さらに四半期財務情報の信頼性の確保を期待される監査人については，四半期レビュー手続として実施する手続は質問と分析的手続を中心にしており，これは監査基準や実務指針の意図した通りとなっている。しかし，重要な虚偽表示の徴候を発見した場合に，過半の監査人が，年度監査としてではなく，四半期レビューの中で実証手続にまで踏み込んで実施している点は注意を要する。というのも，これが故に，企業側回答の四半期報告に係る時間コストの増加の過半が，監査事務所への対応となっている1つの原因と考えられるからである。もう1つ考えられる時間コストの増加の原因は，アナリストの8割以上が期待したように，四半期の決算短信への監査人の相対的に大きな関与である。本来，四半期の決算短信（実績・予想）への監査証明は法規上義務付けられていないし，リスク回避的な監査人の立場からは積極的に決算短信に関与しているとは考えにくい[3]。にもかかわらず，決算短信へ監査人が関与している背景には，企業側の経理担当者等からの明示的・黙示的要請があるものと推測される。とはいえ，これらの推測について，追加的な調査を行うことによって確認する作業が必要である。

最後に四半期レビューによって四半期財務諸表に付与される保証の水準については，利用者であるアナリストも監査人も60％ないし80％と理解しているため，四半期レビュー基準のいう「適度な水準（moderate level）」に関しては社会的な共通認識が確立しているように思われる。

以上のように，四半期報告制度の利用は，わが国でも四半期レビューによる

保証を前提に定着してきていると結論することができる。しかし，四半期の連結財務諸表と決算短信に関する情報利用が，即，全ての子会社の完全な個別財務諸表を必須とした四半期連結財務諸表を前提としたものではない。つまり利用者側は，連結情報の開示のみを指向する金商法24条の4の7に基づき，制度的には，個々の四半期個別財務諸表に関する情報を入手する術を持たないし，入手することを指向してもいない。また四半期報告制度自体，連結財務諸表のみを前提としている以上，会計基準において個別財務諸表の作成を義務付けておく必要性があるとは思われない。そもそも連結財務諸表を親会社が作成するに当たって必要な情報は，子会社が個別財務諸表を完成させなければ入手できない情報ではないはずである。このような点での企業側の情報作成コストの低減は考えられるものの，利用者の情報利用を考えた場合，四半期レビュー済み四半期財務情報の有用性は高いものということができる。

　とはいえ，今回の調査の結果については，時間的な制約から詳細な追跡調査まで実施できておらず，今後，さらにこれらの回答の背景や意図について追加的に調査・分析する必要がある。具体的な調査の対象としては，四半期財務諸表の作成プロセスに係るものと，それに対して保証を提供する四半期レビューに係るものに分けて，以下のように考えられる。
(1) 四半期財務諸表の作成プロセスに係る簡略化の方向性
　① 現行制度上認められている四半期財務諸表作成のための簡便的な手続が，採用されない理由
　② 個別財務諸表の作成を企業グループの構成企業全てに強制する必要性
　③ 適時開示が要請される中，実績主義に拘らねばならない理由
(2) 四半期レビューに関連して，
　① 四半期レビューによって提供される保証水準に対する認識の根拠
　② アナリストによる四半期レビュー結果とレビュー済み四半期財務諸表の利用方法の追跡調査
　③ 四半期レビュー手続として実際に行なわれている手続の詳細
　④ 決算短信に対する監査人の関与の程度とその根拠

併せて,冒頭に述べた四半期報告制度の改正,とくに作成者サイドの負担軽減を目的とした制度改正について,今回の調査結果を元にした適否の分析等も必要であろう。

これらの課題については,われわれの検討すべき研究課題として継続的に取り組んでいきたいと考えている。

注
(1) わが国と諸外国の制度の比較については,松本・町田・関口[2011]を参照されたい。
(2) 詳細なアンケート調査票ならびに結果については,松本・町田[2011]を参照されたい。
(3) ただし,国際監査基準等においては,財務情報に対するPreliminary Announcementについて監査人に何らかの関与を求める方向で現在,検討が進められている。

〈参考文献〉

日本公認会計士協会 2007 監査・保証実務委員会報告第83号「四半期レビューに関する実務指針」。

松本祥尚・町田祥弘 2011「わが国四半期情報開示の現状に関する検討」『企業情報開示システムの最適設計―第5編―四半期情報開示制度の評価と改善方向』*Discussion Paper Series* 11-J-017, RIETI.

松本祥尚・町田祥弘・関口智和 2011「日本の監査制度を考える 四半期レビュー」『企業会計』第63巻第6号。

IFAC: IAASB, *Study 1: The Determination and Communication of Levels of Assurance Other than High*, 2002.

第16章　四半期情報開示の実態と利益管理

　　　　　　　　　　　　　　　　　加賀谷　哲　之（一橋大学）

第1節　四半期情報開示をめぐる3つの潮流

　本章の狙いは，四半期情報開示制度および各国の開示実態を明らかにした上で，四半期開示情報を活用した利益管理の有効性について検討することにある。こうした検討を行う意義として，以下の3点があげられる。

　1つは，四半期情報開示をめぐる制度の国際的な差異が存在している点である。後述するようにアメリカ，オーストリア，フィンランドなど欧州の一部や韓国，日本などでは上場会社すべてに四半期決算の開示を強制しているのに対して，イギリス，フランスやドイツなどでは，一部の市場やカテゴリーに属する企業のみ四半期決算の開示を求めているケースも存在する。また日本や韓国が基本的には「実績主義」に基づき四半期財務諸表を作成することが求められている一方，アメリカの会計基準では年次決算と四半期決算の会計処理を異なるものとすることができる「予測主義」により重きを置く会計基準となっている。

　こうした会計処理に対する考え方は，四半期決算に対する監査・レビューの考え方とも深く結びついている。日本や韓国，カナダでは「実績」に重きを置くがゆえに，四半期情報の硬度を高める上でレビュー手続きが重視される一方で，アメリカでは「予測」に重きを置くがゆえに，厳密なレビューが求められているわけではない。このように四半期決算の監査・レビューに対する考え方も各国で差異が存在する。こうした差異が証券市場における評価や企業行動にどのような影響を与えているのかについては必ずしも解明されておらず，そう

した観点からの研究がより求められるようになりつつある。

　いま1つは，四半期情報開示の経済効果やコストが必ずしも十分に解明されていない点である。四半期情報開示についてはアメリカでは1910年からその導入が推奨されており，長い歴史の中で数多くの実証的な証拠も蓄積されている。一方で，その実証的な証拠の多くは，アメリカ企業をサンプルにしたものが大半であり，アメリカ以外の企業環境において，それがどのような経済効果をもたらすのかについては十分に蓄積されているとは言い難い。とりわけアメリカの四半期情報開示制度とその他の国のそれは必ずしも同じものではない。よって四半期情報開示制度がもたらす経済効果も異なるものになる可能性があり，そうした観点からの検証が不可欠となるのである。

　最後にあげられるのは，日本において企業ディスクロージャー制度の再設計の動きが加速している点である。とりわけIFRSを基軸とした会計基準の国際的統合化・収斂化の進展に伴い，会計処理における見積りや予測要素の増大に伴い開示ボリュームが急拡大することが予測される中で，開示制度の趣旨に適う有効性と企業に過度な負担感を与えることのない効率性とのバランスを検討することが求められているといえよう。日本では経営者による業績予想など，日本で固有に発展してきた開示制度に加えて，1990年代後半から現在にかけて海外制度を先例として導入してきた四半期情報開示制度，内部統制報告制度などがあるが，海外企業以上にディスクロージャーに対する情報作成者サイドの負担が大きいとの声が経済界を中心に強く主張されてきている。こうした批判を受けて，2011年3月に公表された改正企業会計基準第12号「四半期財務諸表に関する会計基準」などでは四半期情報開示制度が改正され，開示対象期間が累計期間の情報を原則とすることが公表されたほか，四半期キャッシュ・フロー計算書の取扱の変更，注記事項の簡素化など作成者サイドの負担を軽減する方針が公表された。

　とはいえ，今後さらに会計基準の国際的統合化・収斂化をめぐる議論が活発化する中で，どのような企業開示制度が最適であるか，さらにそうした観点から四半期情報開示が果たすべき役割について検討することが今後も必要となる

だろう。本章では，特に四半期情報開示制度と開示の実態，さらにそうした開示情報を活用した利益管理分析を行うことで，日本の四半期情報開示制度がどのような役割を果たしているのかについて検討していくことにしたい。

第2節　四半期財務報告制度の国際比較

(1) 制　　度

では，各国の四半期財務報告制度はどのような内容となっているのだろうか。

たとえば，アメリカでは1910年から四半期財務報告の導入が推奨されており，1970年から開示が強制されている。一方で，EUでは，1999年5月より上場企業に対して四半期開示が推奨されており，2004年12月にはTransparency Directiveが公表され，上場会社に対して年次監査済財務諸表・半期報告書の開示を強制されている。また第1・3四半期については財務諸表すべての開示を求められないものの，経営者による表明は強制されている。これらの表明には，重要事実や取引，財務ポジションや経営成績などの開示が含められる。

当初はEUでも上場会社すべてに四半期財務報告を求める方針であったが，大会社の多くが，コスト・ベネフィットの観点で当該制度の導入に反対し，結果としてEU加盟各国でその導入方法はゆだねられることになった。この結果，四半期財務諸表の強制開示を実施しているオーストリア，フィンランド，イタリア，ポルトガル，スペイン，スウェーデン，半期・年次財務諸表開示が中心で，追加的に特定項目の四半期開示を求めるデンマーク，フランス，ドイツ，イタリア，イギリスと各国で異なる対応を行うことになった。またアジア市場では，シンガポール，中国，韓国，日本などで四半期財務報告制度が導入されている。またアメリカの四半期報告においては，四半期決算固有の会計処理がある程度許容される「予測主義」に基づく決算が認められているのに対して，日本やカナダでは「実績主義」に近い考え方が会計処理作成にあたって適用されている。

さらに四半期報告についての監査・レビューについても各国間で差異が存在

する。たとえば、アメリカでは AICPA により1972年に公表された SAS No.71 では、四半期決算に対しては監査を求めないものの、質問票と分析的手続きに基づくレビューの実施が求められている。さらにそれまでは年度末までに遡及的なレビューを行えれば十分であったが、1999年にブルーリボン委員会が適時レビューを求め、SEC は2000年3月よりファイリング前の四半期開示のレビューが求められるようになった。

一方で欧州においては、上述した2004年12月に公表された Transparency Directive に基づき、各国で四半期報告の制度を選択することが認められている。たとえば、フランスでは年次報告では連結財務諸表の作成と監査報告書の作成が求められる一方、半期報告書は中間経営概況と簡略化された連結財務項目の開示とそれらに対する監査人による限定的なレビューを付すことが求められる。四半期開示（中間決算と期末決算の間での期間における開示）については期間内に起こった重要事象や取引とそれが財務状況などに与える影響の開示が求められている。

またドイツではすべての国内発行会社に財務状況や業績、経営概況の開示が連結財務諸表と半期報告書の作成が求められるほか、当該開示に対しては、経営者による誓言書が求められるほか、年次報告書には監査が、半期報告書に対しては開示される主要な勘定項目や中間経営概況に対してレビューが行われることがある。レビュー・プロセスについては民間団体の Financial Reporting Enforcement Panel や連邦金融監督局である BaFin により実施される。

イギリスでは Transparency Directive をうけ、年次報告書の開示を従来の決算期末後6ヶ月から4ヶ月に短縮したほか、半期報告書については決算期末後90日から短縮して2ヶ月以内に開示することが求められるようになった。四半期開示（中間決算と期末決算の間での期間における開示）については期間内に起こった重要事象や取引とそれが財務状況などに与える影響を報告する経営概況の開示が求められている。ただし四半期財務諸表を開示している場合には当該報告は求められない。

こうしてみると欧州では法律上で四半期財務諸表の開示は求められていない

ようにもみえる。しかし実際には，ドイツ証券取引所におけるプライムスタンダード市場やユーロネクストにおける一部の証券取引所の自主規制で四半期財務諸表の作成が求められている。ただしこれらの開示では監査やレビューなど会計士による保証が求められるケースは多くない。

韓国では証券取引法に基づき損益計算書，貸借対照表，キャッシュ・フロー計算書の開示が求められており，一定規模以上の企業は会計士によるレビューが求められている。シンガポールでは上場規則に基づき損益計算書，貸借対照表，キャッシュ・フロー計算書，株主持分変動表の開示が求められる。また，監査かレビューが行われた場合にはその開示が求められている。

(2) 適 用

このように各国における制度は必ずしも同一ではない。では，実際に各国の上場会社がどれほどの項目を開示しているのだろうか。こうした点を確認するため，本章では，上記で取り上げたうち，上場会社すべてに適用していない欧州企業を中心に開示の実態を確認していきたい。検証にあたっては，

図表16-1　各国の四半期報告制度の現状

	アメリカ	イギリス	ドイツ	フランス
開示企業	全上場企業	Tech Market 上場企業など	ドイツ証券取引所 Prime Standard 銘柄	Euronext における Next Economy, Next Prime 銘柄
開示根拠	証券取引法	上場規則	取引所法	上場規則
開示内容（財務）	BS, PL, CF	BS, PL, CF	BS, PL, CF, SE	BS, PL
開示内容（非財務）	—	中間経営概況	中間経営概況	中間経営概況
監査・レビュー	レビュー	なし	なし	なし
開始年度	1970-	1999-	2003-	2004-
開示時期	45日以内	60日以内	60日以内	60日以内

Compustat Global Vantage を活用し，財務諸表の主要項目である売上高，税引前利益，減価償却費，総資産，棚卸資産，営業活動からのキャッシュ・フローについて，フランス，ドイツ，イギリス，四半期情報を開示している企業の割合を確認していきたい。

図表16-2には①売上高，②税引前利益，③減価償却費・のれん償却費，④総資産，⑤棚卸資産，⑥営業活動からのキャッシュ・フローについて，上場企業の四半期データ開示状況を示している。

算出にあたっては，2009年の年次決算を当該項目を開示している企業を分母とした上で，直前の第3四半期で当該項目を開示している企業を抽出している。なおCompustatでは，第1四半期，第3四半期を開示していない企業については半期決算のデータを等分して計上していることから，第4四半期と同じ数値が第3四半期に記入されている場合には当該項目を開示していない企業としてカウントしている。

韓国では①～⑥すべてにおいて，年次決算で当該項目を開示している企業は，第3四半期でも同項目を開示している傾向がある。シンガポールでは①～⑥すべてにおいて7割から8割の企業が開示している。中国では売上高，税引前利益，総資産などは開示企業の割合が高いものの，減価償却費や営業活動からのキャッシュ・フローなどの開示企業の割合は小さい。欧州企業の中ではドイツ

図表16-2　四半期情報の開示企業の割合（2009年）

	オーストラリア	中国	ドイツ	フランス	イギリス	香港	インド	韓国	シンガポール
売上高	9%	87%	61%	9%	5%	20%	50%	100%	68%
純利益	6%	87%	61%	8%	5%	20%	51%	100%	69%
総資産	9%	86%	60%	7%	4%	5%	2%	100%	70%
減価償却費	8%	3%	59%	14%	20%	17%	49%	99%	78%
棚卸資産	2%	84%	54%	5%	3%	5%	1%	91%	65%
営業CF	94%	8%	85%	82%	86%	71%	2%	100%	95%

企業が相対的に開示企業の割合が高い。営業活動からのキャッシュ・フロー情報については中国を除く多くの国で四半期開示が進展している。

第3節　四半期利益管理をめぐる先行研究

　四半期情報開示を活用した研究は特にアメリカを中心に蓄積されている。特に四半期決算で開示される情報を活用した情報有用性について検証している研究は多い[1]。

　一方で，四半期開示情報を活用し，企業の自発的開示のメカニズムや利益管理行動を明らかにする研究も進展している。

　たとえば，四半期決算の自発的な開示という行動にフォーカスを当てた研究として，Sengupta [2004] や Rahman et al. [2007] などがある。

　Sengupta [2004] では，株式のボラティリティーが大きい，株主数が多い，機関投資家の持株比率が高いなど投資家の情報ニーズが高く，技術銘柄であり社外取締役の比率が高いなど訴訟コストの高い企業は四半期報告を他社に比べて迅速に行い，一方でブロック・ホルダーの持株比率が高い企業は四半期報告のタイミングが遅くなる傾向があることを示している。

　また Rahman et al. [2007] では，四半期開示が強制される前のシンガポール企業にフォーカスをあて，将来の成長可能性が高く，規模が大きく，技術志向が強い企業が四半期情報を自発的に開示する傾向があることを明らかにしている。さらに四半期開示は，アナリストカバレッジを拡大させる一方で，株価の変動を増大させることを明らかにしている。このように四半期開示の自発的開示には企業経営者による動機づけが反映されることが確認できる。

　一方，四半期開示を分析することにより，企業の利益管理行動を解明することができることを示す研究も増大している。たとえば，Givoly and Ronen [1981] では，経営者が平準化した利益を示すために，第4四半期決算ではそれ以前の決算と相殺するような報告利益を計上することを明らかにしている。また Mendenhall and Nicholes [1988] は，四半期決算が年度決算と異なり，経営者

による予測や見積りを多く許容しているという事実に注目し，バッドニュースはより第4四半期決算にて公表される傾向があることを明らかにしている。Jeter and Shivakumar［1999］は四半期決算データを活用した会計発生高の算出モデルを検討した上で，Jonesモデル，CFOモデルともに第4四半期決算で異常会計発生高が大きくなることを示している。こうした事実は，Mndenhall and Nicholes［1988］の検証結果と一貫している。この一方で，Brown and Pinello［2007］では，年次決算には監査が入り，厳密な費用認識ルールが適用されることから，それ以外に発表される四半期決算と比べると利益増加型の利益管理を実践することが困難となり，むしろ業績予想値に関わるマネジメントが増大することが確認されている。

一方でDhaliwal et al.［2004］では，企業経営者が第3四半期から第4四半期にかけて実効税率を変更することによりターゲット利益を達成する傾向があることを示している。Kerstein and Rai［2007］ではアメリカ企業をサンプルにした検証を行い，第3四半期までわずかな赤字決算（累積）であった企業は年次決算で黒字決算を計上している傾向があることが確認されている。またFan et al.［2010］では特別勘定を活用してコア利益を増大させる利益管理をどれほど企業が実践しているかについて，四半期決算情報を活用して検証している。同研究では，こうしたカテゴリー・シフトを活用した利益管理が，第4四半期により実践されていることを明らかにしている。Das et al.［2009］では中間決算と第4四半期決算の利益の変化に逆転が起こる利益リバーサルが四半期利益を分析すると確認できることを示している。

こうしてみると，四半期決算の情報を活用することで，企業の利益管理の実態をより鮮明に浮かび上がらせることが可能になることが確認される。ただし利益管理の程度や方法については，必ずしも一貫した結論が導き出されているわけではなく，年次決算との関係や監査・レビューなどの関係などをより詳細に分析することが必要であることが認識される。

さらに，四半期決算と監査・レビューの関係性を検証することで，企業の利益管理行動を明らかにしようとしている研究も存在する。

たとえばEttredge et al.［2000a］では，アメリカで2000年から導入された四半期決算に対するタイムリー・レビューにより四半期決算公表までのタイムラグが増大する一方で，四半期決算で異常項目を公表した企業については年次決算公表までのタイムラグはむしろ短くなることを示している。またEttredge et al.［2000b］ではタイムリー・レビューの導入により，第1～3四半期における異常項目の経常，非継続事業や資産の減損など利益調整の頻度が増大していることが確認されている。

ではこうしたタイムリー・レビューはどのような効果をもたらしているのか。たとえばManry et al.［2003］では，タイムリー・レビューの導入により株式リターンと四半期利益との結びつきがより強くなることを確認している。またKrishnan and Zhang［2005］では，タイムリー・レビューレポートの開示企業数は少ないものの，それが訴訟リスクの低減に貢献しているという検証結果を導き出している。

アメリカでは上場企業すべての四半期決算に監査人によるレビューを求めているのに対して，カナダでは必ずしも四半期決算に関する監査人のレビューが求められるわけではない。ただしレビューが行われない場合には四半期財務諸表のカバーページにてその旨を記載することが求められる。Boritz and Liu［2006］ではカナダにおいて成長機会の高い企業，情報リスクや訴訟リスクの低い企業がそうでない企業と比べて，自発的に四半期決算に対する監査人のレビューを公表する傾向があることを明らかにしている。またBedard and Courteau［2008］では監査人によるレビューがある場合には，四半期決算における会計発生高を減少させる傾向があることが確認されている。ただしその結果としてカナダ企業の監査報酬が15％ほど増大していることを明らかにしている。

またAlves and Dos Santos［2008］では，EUのTransparency Directivesに基づき年次決算を監査，半期決算をレビュー，四半期決算を非監査としているポルトガル企業を対象に四半期決算情報に対する株式市場の評価の評価を検討している。四半期決算の導入後に，半期決算の情報内容は低下しているものの，

監査やレビューの入っている半期決算，年次決算が四半期決算より多くの情報内容を含めていることを示している。

第4節　四半期利益リバーサルの国際比較

ここで各国の四半期利益をめぐる利益管理の特徴を明らかにするため，ここでは四半期情報開示に浮かび上がる利益リバーサル現象にフォーカスをあてていくことにしよう。検証にあたって，本章ではDas et al.［2008］で取り上げられている利益リバーサル現象にフォーカスをあて，四半期情報開示制度を通じて，そうした現象がどこまで明らかにできるかを検証している。利益リバーサル現象とは，第3四半期まで増益（減益）決算や黒字（赤字）決算であった企業が，第4四半期で減益（増益）決算や赤字（黒字）決算となる現象をさす。こうした利益リバーサル現象が起こっている場合，第4四半期において，企業で何らかの形で利益管理が実践されている可能性がある。

検証にあたっては，アメリカ以外の海外諸国においてはCompustat Gloval Vantage，アメリカについてはCompustat North America，日本についてはNIKKEI Financial-questから収集した。2004年から2009年にかけて各年で100サンプル以上の四半期税引前利益が入手できる国として，日本（JPN），中国（CHN），ドイツ（DEU），フィンランド（FIN），インド（IND），韓国（KOR），シンガポール（SGP），アメリカ（USA）にフォーカスをあてた。

図表16-3には，日本企業の利益リバーサルの実態を示している。これによれば，リーマンショックにより第3四半期から第4四半期にかけて大きな環境変動のあった2008年を除くと第3四半期から第4四半期にかけて赤字決算から黒字決算に転換した企業の割合が，黒字決算から赤字決算に転換した企業の割合をおおよそ3％前後上回ることが確認される。

さらに日本と他国を比較すると，赤字から黒字決算への利益リバーサルの割合が相対的に高い。全体的に中国，ドイツ，インドなどで赤字から黒字決算への利益リバーサルの割合が高い。

図表16-3　日本企業の利益リバーサルの実態

(単位：％)

	2004	2005	2006	2007	2008	2009
負→正	5.09	5.37	5.46	5.20	5.59	9.05
正→負	2.06	1.28	1.65	3.44	9.11	2.35
正→正	87.70	84.30	86.03	82.77	64.42	67.69
負→負	5.15	9.05	6.87	8.59	20.88	20.91

図表16-4　利益リバーサル（赤字→黒字）の国際比較

(単位：％)

	2004	2005	2006	2007	2008	2009	平均
JPN	5.09	5.37	5.46	5.20	5.59	9.05	6.03
CHN	2.59	2.96	6.00	6.33	4.09	7.59	4.80
DEU	6.18	5.59	6.19	3.87	2.52	6.53	5.06
FIN	0.00	3.41	1.08	3.00	1.89	5.88	2.91
IND	5.93	3.79	2.61	3.08	4.50	4.11	4.36
KOR	2.99	3.61	2.70	3.27	3.21	4.99	3.46
SGP	1.08	1.59	1.11	0.81	0.65	4.05	1.77
USA	2.55	2.31	2.50	2.14	1.61	2.97	2.42

第5節　四半期利益管理の検証

では，こうした利益リバーサル現象の背後にある利益管理の実態を，四半期決算はどれほど明らかにするだろうか。本研究では，大きく2つの視点から検証を進めることにした。

(1) 利益リバーサル

1つは，第3四半期まで四半期累積で赤字であったが，第4四半期で黒字転換した企業が，どのような形で利益を捻出しているかを検証する。検証にあたっ

ては，会計発生高，特別損益項目，研究開発費，広告宣伝費，人件費・福利厚生費の5項目にフォーカスをあて，検証を進めていくことにしたい[2]。

検証サンプルとしては，東京・大阪・名古屋など日本における株式市場にて上場する企業の中で，2003—2007年度に四半期データが入手できる11,762社・四半期データを活用した。会計発生高は各期における税引前利益から営業キャッシュ・フローを控除して算出した。特別損益項目は経常利益から税引前利益を控除して算出した。2007年度以前としたのは，2008年9月に起こった金融危機の影響を勘案したためである。会計発生高と特別損益項目は総資産にて，その他の費用項目は売上規模との結びつきが強いと考え，売上高で控除することで，規模の不均一性について配慮した。研究開発費，広告宣伝費，人件費・福利厚生費については販売費および一般管理費の詳細項目は十分に入手できないことから，年次決算でのデータを活用している。なお各項目とも日経業界中分類に基づき業界中央値を算出し，当該項目を控除した上で，数値を算出している。

分析にあたっては，赤字から黒字決算に転換した「負→正」企業群とその他のグループとを検討しながら，分析を進める。分析にあたっては，Studentのt分析とWilcoxonの順位和検定をそれぞれ実施する。

図表16-5には検証結果を示している。これによれば，第3四半期から第4四半期にかけて赤字決算から黒字決算に転換した日本企業は，利益とキャッシュ・フローの差額である会計発生高による利益捻出を行ったり，あるいは広告宣伝費や人件費・福利厚生費などを削減して，利益を捻出している傾向があることが確認できる。また研究開発費や広告宣伝費については減少させる傾向にあるものの，平均値の差は統計学的に有意な水準で検出できなかった。ただし順位和検定では両者に有意の差があることを示している。

（2）監査・レビューとの関係性

続いて利益管理の程度を反映することで知られている会計発生高が，金融商品取引法に基づく四半期報告制度の導入を通じて，どれほど変化しているかを

第16章 四半期情報開示の実態と利益管理

図表16-5 利益リバーサルを支える会計処理

	会計発生高総額変化	特別損益変化	研究開発費年次変化	広告宣伝費年次変化	人件費福利厚生費年次変化
平均値（負→正企業）	0.0231	-0.0082	-0.0003	-0.0001	-0.0007
平均値（その他）	-0.0042	0.0041	0.0019	0.0013	0.0024
t値	6.1270	-6.4320	-0.5700	-1.2920	-2.6250
p値	0.0000	0.0000	0.5690	0.1960	0.0090
中央値（負→正企業）	0.0170	-0.0007	-0.0002	-0.0001	-0.0014
中央値（その他）	-0.0005	0.0000	0.0000	0.0000	0.0000
z値	8.9060	-8.9480	-4.2490	-2.8560	-5.1640
p値	0.0000	0.0000	0.0000	0.0040	0.0000

検証している。四半期報告制度の導入により，四半期レビューが実施されるようになることから，利益管理の程度が小さくなる可能性が高い。ここで検証にあたっては，会計発生高の変化数値が算出できる2004-09年度で四半期データが入手できる17,508社・四半期データを活用した。2004-07年度と2008-09年度と比較して，相対的に会計発生高の程度や四半期ごとの会計発生高の違いに変化が生じているのだとすれば，四半期レビューが導入されることにより，利益管理の程度に変化が生じている可能性がある。

図表16-6には，監査の入る中間決算，最終決算と入っていなかった第1四半期，第3四半期における会計発生高の変化の平均値を示したものである。さらに平均値の右側の列には，各期決算の会計発生高の変化に統計学的に有意な差があるのかを確認するため，対応関係にある各四半期の平均値の差検討に基づき算出されたt値を記述している。これによれば，監査のある中間決算，最終決算に多くの企業は利益を抑制し，監査のない第1四半期，第3四半期に利益を捻出する傾向があることが確認できる。

ではこうした傾向は，金融商品取引法に基づく四半期報告制度が入ることで

図表16-6 会計発生高変化の平均値

① 2004-07年度

	平均値	Q1	Q2	Q3	Q4
Q1	0.054		8.657	4.920	10.519
Q2	-0.013	36.461		-16.655	11.454
Q3	0.016	16.471	-28.903		29.823
Q4	-0.027	46.879	30.167	42.103	

② 2008-09年度

	平均値	Q1	Q2	Q3	Q4
Q1	0.032		12.077	9.359	19.028
Q2	-0.004	25.563		-6.499	14.021
Q3	0.007	19.919	-12.551		17.892
Q4	-0.022	35.482	18.534	27.165	

(注) 右上はStudentの平均値の差の検定に基づくt値、左下はWilcoxonの順位和検定に基づくz値。

変化したのか。図表16-6を分析する限り、四半期報告制度が強制適用となった2008年度以降、第1四半期や第3四半期における会計発生高増加幅、第2四半期、第4四半期における会計発生高減少幅がそれぞれ縮小する傾向はあるものの、第1四半期、第3四半期は利益捻出型、第2四半期、第4四半期は利益減少型の利益管理が実践される傾向があることが確認される。

ただ留意すべきは、こうした企業経営者の行動を規律づける仕組みは四半期報告制度のみではない点である。コーポレート・ガバナンスや内部統制など様々な仕組みが導入される中で、それらを仕組み全体としてどのように機能させていくかという視点が極めて重要であると考える。

第6節 四半期情報開示の効果と課題

本章の狙いは、四半期情報開示制度および各国の開示実態を明らかにした上

で，四半期開示情報を活用した利益管理の有効性について検証することにある。このため，本章ではまず四半期情報開示制度と開示実態の国際比較を実施した。国際比較の結果，相対的に日本企業の四半期情報開示制度を維持・運営するうえでの情報作成者サイドの負担が大きいことが確認された。

次にそうした四半期情報開示制度の効果を分析するため，本章では，日本企業の四半期決算を活用して企業の利益管理の特徴を分析できるかどうかを確認した。分析の結果，日本企業は他国と比べて第3四半期まで赤字決算であったにもかかわらず，第4四半期に黒字決算へと転換する利益リバーサルを経験する企業の割合が相対的に高いことが確認された。

さらに利益リバーサルを支える利益管理を検討するため，本章では，日本企業の会計発生高，特別損益，研究開発費，広告宣伝費，人件費・福利厚生費に注目し，利益リバーサル企業と非利益リバーサル企業との差異を比較検討した。これによれば，第3四半期から第4四半期にかけて赤字決算から黒字決算に転換した日本企業は，利益とキャッシュ・フローの差額である会計発生高による利益捻出を行ったり，あるいは広告宣伝費や人件費・福利厚生費などを削減して，利益を捻出している傾向があることが確認できる。また研究開発費や広告宣伝費については減少させる傾向にあるものの，平均値の差は統計学的に有意な水準で検出できなかった。ただし順位和検定では両者に有意の差があることを示している。

さらに四半期レビュー制度の導入が，こうした利益管理の程度を縮小させている可能性があることが確認された。

以上の分析から，四半期情報開示制度には，企業経営者に対する説明責任の徹底からも一定の効果が存在していることが確認できる。その一方で，他国と比べて，日本における四半期情報開示制度が企業側にとって負担の大きいものとなっており，それを低減させるための工夫が必要な可能性もある。2011年3月に公表された制度改正に伴い，四半期制度の負担の軽減化が図られているとはいえ，なお四半期レビュー制度が残されているなど，負担感が残っている可能性は高い。

実際に，筆者が情報作成者サイドである企業に行ったヒアリング調査では，資金調達ウィンドーの短期化や意思決定への影響，法定書類作成手続きに伴うコスト負担の増大，近視眼的経営の促進（Porter [1992] など）など企業経営に少なからず影響を与えているという指摘をする担当者が少なくなかった。また企業の取引の時間軸（たとえば，プラント企業と小売会社では取引に必要となる期間が異なる）や会計利益のコントロールのインセンティブは必ずしも日本企業全体で一様ではないことから，四半期決算の効果は企業ごとに異なる可能性が高い。こうした効果の違いが，企業の四半期決算に対する心理的コストの違いに結びついていると考えられる。

仮に情報作成者サイドである企業が，他国と比べて重い負担となっていると考えているとすれば，そのコスト負担感を減少させ，そのベネフィットを企業サイドにも実感できるものとするような配慮は不可欠であろう。

とりわけIFRSを基軸とした会計基準の国際的統合化・収斂化が進展すると，会計処理における見積もりや予測要素の増大に伴う開示ボリュームの増加により，そうした負担感がますます拡大する可能性もある。四半期情報開示制度を企業の国際競争力や国民経済の活力向上に結び付けていくためには，四半期情報開示制度の導入の狙いや目的を，当事者である企業，監査人，情報利用者が共有し，その経済効果やベネフィットを共有しつつ，IFRSへの導入などに伴い増大すると予測される四半期開示に対するコスト負担感を低減させることが必要であると考えるためである。

本章は四半期情報開示が経営者の説明責任の明確化を進展させる効果があるという点を明らかにしたという点では一定の貢献があるといえよう。ただし，筆者が2011年1月に企業の情報開示担当者に対して実施したアンケート調査によれば，四半期情報や四半期レビューについての情報利用者からの問い合わせはそれほど多くなく，その意味では，情報作成者のコスト負担や企業の競争力への影響などを総合的に判断した上で，その制度設計を検討する必要があるだろう。

【謝辞】本稿は一橋大学大学院商学研究科を中核拠点としたグローバル COE プログラム（日本企業のイノベーション：実証的経営学の教育研究拠点）の支援を得て進めた研究成果の一部である。同プログラムに対して記して深く感謝したい。

注
（1） たとえば，Brown and Niederhoffer [1968]，Brown and Rozeff [1978]，Brown and Kennedy [1972]，Kiger [1972]，Foster [1977]，Abdel-Khalik and Espejo [1978]，McNichols and Manegold [1983] などを参照。
（2） 企業経営者は実際には研究開発投資や広告宣伝投資などの経費削減を通じて利益管理をする傾向が強いことが Graham et al. [2005] や須田・花枝 [2008] などで示されていることからここでは研究開発費，広告宣伝費，人件費・福利厚生費をとりあげ，それらを通じた利益管理についても検討している。

〈参考文献〉
須田一幸・花枝英樹 2008「日本企業の財務報告—サーベイ調査による分析—」『証券アナリスト・ジャーナル』第46巻第5号，51-69.
Alves, C. F. and F. T. Dos Santos, "Do First and Third Quarter Unaudited Financial Reports Matter?," *European Accounting Review*, Vol.17 No.2, 2008, 361-392.
Acharya, V. V., S. Myers and R. Rajan, "The Internal Governance of Firms." NBER Working Paper No. w15568, 2008.
Baber, W. R., P. M. Fairfield and J. A. Haggard, "The Effect of Concern About Reported Income on Discretionary Spending Decisions: The Case of Research and Development," *The Accounting Review*, Vol.66 No.4, 1991, 818-830.
Ball, R. and P. Brown, "An Empirical Evaluation of Accounting Income Numbers," *Journal of Accounting Research*, Vol.6 No.2, 1968, 159-178.
Ball, R. and L. Shivakumar, "How Much New Information Is There in Earnings?," *Journal of Accounting Research*, Vol.46 No.5, 2008, 975-1016.
Basu, S., T. X. Duong, S. Markov and E, Tan, "How Important are Earnings Announcements as an Information Source?," *Working Paper*, Temple University, 2010.
Beaver, W. H., "The Information Content of Annual Earnings Announcements," *Journal of Accounting Research* 6, 1968: 67-92.
Bedard, J. and L. Courteau, "Value and Costs of Auditor's Assurance: Evidence from the Review of Quarterly Financial Statements," *Working Paper*, Universite Laval, 2008.

Bhojraj, S., P. Hribar, M. Picconi and J. McInnis, "Making Sense of Cents: An Examination of Firms That Marginally Miss or Beat Analyst Forecasts," *Journal of Finance*, Vol.64 No.5, 2009, 2361-2388.

Bouritz, J. E. and G. Liu, "Why do Firms Voluntarily Have Interim Financial Statements Reviewed by Auditors?" *Working paper*, University of Waterloo, 2006.

Brown, L. D. and A. S. Pinello, "To What Extent Does the Financial Reporting Process Curb Earnings Surprise Games?," *Journal of Accounting Research*, Vol.45 No.5, 2007, 947-981.

Burgstahler, D., J. Jiambalvo and T. Shevlin, "Do Stock Prices Fully Reflect the Implications of Special Items for Future Earnings?," *Journal of Accounting Research*, Vol.40 No.3, 2002, 585-613.

Cornell, B. and W. R. Landsman, "Security Price Response to Quarterly Earnings Announcements and Analysts' Forecast Revisions," *The Accounting Review*, Vol.64 No.4, 1989, 680-693.

Cuijpers, R. and E. Peek, "Reporting Frequency, Information Precision and Private Information Acquisition," *Journal of Business, Finance and Accounting*, Vol.37 No.1-2, 2010, 27-59.

Das, P., P. K. Shroff and H. Zhang, "Quarterly Earnings Patterns and Earnings Management," *Contemporary Accounting Research*, Vol.26 No.3, 2009, 797-831.

Dhaliwal, D. S., C. A. Gleason and L. F. Mills, "Last-Chance Earnings Management: Using the Tax Expense to Meet Analysts' Forecasts," *Contemporary Accounting Research*, Vol.21 No.2, 2004, 431-458.

Ettredge, M., D. Simon, D. B. Smith and M. Stone, "Would Switching to Timely Reviews Delay Quarterly and Annual Earnings Releases?," *Review of Quantitative Finance and Accounting*, Vol.14 No.2, 2000, 111-130.

Ettredge, M., D. Simon, D. B. Smith and M. Stone, "The Effect of the External Accountant's Review on the Timing of Adjustments to Quarterly Earnings," *Journal of Accounting Research*, Vol.38 No.1, 2000, 195-207.

Fan, Y., A. Barua, W. M. Cready and W. B. Thomas, "Managing Earnings Using Classification Shifting: Evidence from Quarterly Special Items," *The Accounting Review*, Vol.85 No.4, 2010, 1303-1324.

Francis, J. and K. Schipper, "Expanded Disclosures and the Increased Usefulness of Earnings Announcements," *The Accounting Review*, Vol.77 No.3, 2002, 515-547.

Gajewski, J. F. and B. P. Quere, "The Information Content of Earnings and Turnover

Announcements in France," *European Accounting Review*, Vol.10 No.4, 2001, 679-704.

Gigler, F. and T. Hemmer, "On the Frequency, Quality, and Informational Role of Mandatory Financial Reports," *Journal of Accounting Research*, Vol.36, 1998, 117-148.

Givoly, D. and Ronen, J., "'Smoothing' Manifestations in Fourth Quarter Results of Operations: Some Empirical Evidence," *ABACUS*, Vol. 17 No.2, 1981, 174-193.

Graham, J. R., C. R. Harvey and S. Rajgopal, "The Economic Implications of Corporate Financial Reporting," *Journal of Accounting and Economics*, Vol.40 No.1-3, 2005, 3-73.

Houston, J. F., B. Lev and J. W. Tucker, "To Guide or Not to Guide? Causes and Consequences of Stopping Quarterly Earnings Guidance," *Contemporary Accounting Research*, Vol.27 No.1, 2010, 143-185.

Jacob, J. and B. N. Jorgensen, "Earnings Management and Accounting Income Aggregation," *Journal of Accounting and Economics*, Vol.43 No.2-3, 2007, 369-390.

Kerstein, J, and A. Rai, "Intra-year Shifts in the Earnings Distribution and Their Implications for Earnings Management," *Journal of Accounting and Economics*, Vol.44 No.3, 2007, 399-419.

Krishnan, J., Y. Zhang and M. S. Stone, "Auditor Litigation Risk and Corporate Disclosure of Quarterly Review Report/DISCUSSION of Auditor Litigation Risk and Corporate Disclosure of Quarterly Review Report," *Auditing*, Vol.24, 2005, 115-138.

Kubota, K., K. Suda and H, Takehara, "Impact of Quarterly Disclosure on Information Asymmetry: Evidence from Tokyo Stock Exchange Firms," *Working Paper*, Chuo University, 2010.

Leuz, C. "Different Approaches to Corporate Reporting Regulation: How Jurisdictions Differ and Why," *Accounting and Business Research*, Vol.40 No.3, 2010, 229-256.

Manry, D., S. L. Tiras and C. M. Wheatley, "The Influence of Interim Auditor Reviews on the Association of Returns with Earnings," *The Accounting Review*, Vol.78 No.1, 2010, 251-274.

McNichols, M. and B. Trueman, "Public Disclosure, Private Information Collection, and Short-term Trading," *Journal of Accounting and Economics*, Vol.17 No.1-2, 1994, 69-94.

Mendenhall, R. R. and Nichols, W. D., "Bad News and Differential Market Reactions to Announcements of Earlier-Quarters Versus Fourth-Quarter Earnings," *Journal of Accounting Research*, Vol.26 (Supplement), 1988, 63-86.

Mensah, Y. M. and R. H. Werne, "The Capital Market Implications of the Frequency of Interim financial Reporting: an International Analysis," *Review of Quantitative Finance and Accounting*, Vol.31 No.1, 2008, 71-104.

Morse, D., "Price and Trading Volume Reaction Surrounding Earnings Announcements: A Closer Examination," *Journal of Accounting Research*, Vol.19 No.2, 1981, 374-383.

Noldeke, M. and C. Jorns, "Should Firms Really be Obliged to Provide Financial Interim Reports?," *Working paper*, University of Zurich, 2007.

Nowland, J., "The Effect of National Governance Codes on Firm Disclosure Practices: Evidence from Analyst Earnings Forecasts," *Corporate Governance: An International Review*, Vol.16 No.6, 2008, 475-491.

Osma, B. G., "Board Independence and Real Earnings Management: The Case of R&D Expenditure," *Corporate Governance: An International Review*, Vol.16 No.2, 2008, 116-131.

Porter, M., "Capital Disadvantage: Americans Failing Capital Investment System," *Harvard Business Review*, Vol.70 No.5, 1992, 65-83.

Rahman, A. R., T. M. Tay, B. T. Ong and S. Cai, "Quarterly Reporting in a Voluntary Disclosure Environment: Its Benefits, Drawbacks and Determinants," *The International Journal of Accounting*, Vol.42 No.4, 2007, 416-442.

Rappaport, A., "The Economics of Short-Term Performance Obsession," *Financial Analysts Journal*, Vol.61 No.3, 2005, 65-80.

Richardson, S., "Over-investment of Free Cash Flow," *Review of Accounting Studies*, Vol.11 No.2-3, 2006, 159-189.

Roychowdhury, S., "Earnings Management through Real Activities Manipulation," *Journal of Accounting & Economics*, Vol.42 No.3, 2006, 335-370.

Expand+The implementation of the EU Transparency Obligations Directive—a country-by-country analysis

Sébire, M. E., J. Sébastien, A. Gehringer, S. Cuccia, D. Byers, H. Wagner, A. M. Thomas, P. Zijp, M. van Straaten, J. M. Cuenca, Y. Azanza, D. Bushner, J. Parry, "The Implementation of the EU Transparency Obligations Directive -A Country-by-country Analysis," *Capital Markets Law Journal*, Vol.3 No.2, 2008, 186-216.

Seybert, N., "R&D Capitalization and Reputation-Driven Real Earnings Management," *The Accounting Review*, Vol.85 No.2, 2010, 671-694.

索　引

【あ行】

アカウンタビリティ………………135
アカウンティング・フォー・サステナ
　ビリティ………………123, 129, 147
アテスト監査………………273, 275
アメリカ公認会計士協会……………196
アメリカ証券取引委員会……………114
エグジッド・アプローチ…………5, 23
エンゲージメント・レター…………281

【か行】

会計責任……………………………155
概念フレームワーク……………51, 104
関係指向型モデル……………………16
監査報告書…………………………286
機能的アプローチ……………………3
金融商品取引法……………………323
組替調整…………………………32, 40
経営者予想……………313, 314, 318
決算短信………………………307, 314
原則主義………2, 233, 235, 239, 245
公正価値会計………………2, 15, 268
公正価値測定………………………268
公正価値評価………………………104
コーポレート・ガバナンス…………26
国際会計基準審議会……………71, 113
国際財務報告基準／国際会計基準
　……………………1, 9, 31, 71, 267

【さ行】

細則主義………………235, 239, 245
財務情報……………………………154
財務報告………………………1, 176, 181
サステナビリティ………156, 172, 204
サステナビリティ・レポート………126
サステナビリティレポーティング・ガ
　イドライン……………114, 118, 199
資産負債中心観………………………33
市場指向的モデル……………………16
実績主義……………………………339
質的特性………………………………50
四半期（財務）情報
　………………299, 300, 314, 318, 335
四半期財務諸表……………………330
四半期情報開示……………………339
四半期報告制度……………………323
資本概念………………………………33
社会責任……………………………155
重要な欠陥……………………221, 227
純利益……………………………31, 40
純利益計算……………………………10
スキーマ理論…………………254, 255
スチュワードシップ………………17, 135
ステークホルダー………………104, 135
説明責任……………………………155
操作的検証…………………………284
その他の包括利益…………………37, 45
その他の持分要素…………………37, 45
ソフト情報……………242, 247, 260

【た行】

知的資産………………………………22
知的資産情報開示……………153, 162
統合レポーティング
　…………………123, 145, 199, 208

【な行】

内部統制報告制度……………1, 219, 222
ナレッジ指向型経営パラダイム……158

359

ナレッジ型会計……………………268

【は行】

ハード情報…………………………246
非財務情報………………113, 131, 154
非財務情報開示……1, 20, 105, 113, 154, 156, 195, 210
ファイナンス型会計………………268
ファイナンス指向型経営パラダイム
　……………………………………158
不偏性の検証………………………284
ブラックショールズ・モデル……248
フレーミング効果………………254, 257
プロスペクト理論………254, 257, 258
プロセス・アプローチ…………5, 23
プロダクト型会計…………………268
プロダクト指向型経営パラダイム
　……………………………………158
文書的検証…………………………284
米国財務会計基準審議会………49, 270
包括的利益……………………………10, 31
包括利益合計…………………………36
保証業務……………………………273
保証水準…………………………242, 245

【ま行】

マテリアリティ……………………119
無形資産……………………………100
メカニカル・アプローチ……………3

【や行】

予測財務情報………52, 62, 65, 278, 289
予測主義……………………………339

【ら行】

利益管理………………74, 92, 346, 353
利益属性………………90, 94, 96, 102
利益リバーサル………………348, 353
リスク・マネジメント……………182
リスク情報………………22, 175, 181, 185

【アルファベット】

AICPA…………………196, 248, 342
ASB……………………………187, 188
ASBJ……………………………74, 324
CSR………………22, 131, 161, 172
EBR……………………………………134
FASB……………………45, 49, 197, 270
GRI……………………………117, 118
IASB……………………45, 71, 74, 113, 141
IFRS……………………1, 9, 31, 45, 71
ISO……………………………………141
KPI……………………………………114
Outsider System………94, 103, 104
Relationship-based System
　………………………………94, 103, 104
SEC……………………………114, 115
XBRL……………………195, 200, 204

執筆者紹介

古賀 智敏（こが としのり）　同志社大学商学部 特別客員教授・博士（経営学）
　　　　　　　　　　　　　　　　　　　　　　（序，第 1 章，第 8 章，第12章）
梅原 秀継（うめはら ひでつぐ）　中央大学商学部 教授・博士（経営学）……………（第 2 章）
浦崎 直浩（うらさき なおひろ）　近畿大学経営学部 教授・博士（経営学）………（第 3 章，第13章）
向 伊知郎（むかい いちろう）　愛知学院大学経営学部 教授・博士（経営学）…………（第 4 章）
加賀谷 哲之（かがや てつゆき）　一橋大学大学院商学研究科 准教授・博士（商学）
　　　　　　　　　　　　　　　　　　　　　　　　　　　　（第 5 章，第16章）
國部 克彦（こくぶ かつひこ）　神戸大学大学院経営学研究科 教授・博士（経営学）…（第 6 章）
久持 英司（ひさもち えいじ）　青山学院大学大学院会計プロフェッション研究科 准教授・修士（商学）
　　　　　　　　　　　　　　　　　　　　　　　　　　　　　　　　（第 7 章）
姚 俊（よう しゅん）　立命館大学経営学部 助教・博士（経営学）…………（第 8 章）
島田 佳憲（しまだ よしのり）　神戸大学大学院経営学研究科 博士課程後期課程・修士（経営学）
　　　　　　　　　　　　　　　　　　　　　　　　　　　　　　　　（第 8 章）
小西 範幸（こにし のりゆき）　青山学院大学大学院会計プロフェッション研究科 教授・博士（経営学）
　　　　　　　　　　　　　　　　　　　　　　　　　　　　　　　　（第 9 章）
坂上 学（さかうえ まなぶ）　法政大学経営学部 教授・商学修士………………（第10章）
橋本 尚（はしもと たかし）　青山学院大学大学院会計プロフェッション研究科 教授・商学修士
　　　　　　　　　　　　　　　　　　　　　　　　　　　　　　　　（第11章）
池田 公司（いけだ こうじ）　甲南大学経営学部 教授・博士（経営学）…………（第12章）
嶋津 邦洋（しまづ くにひろ）　神戸大学大学院経営学研究科 博士課程後期課程・修士（経営学）
　　　　　　　　　　　　　　　　　　　　　　　　　　　　　　　　（第12章）
中野 貴之（なかの たかゆき）　法政大学キャリアデザイン学部 教授・修士（商学）………（第14章）
町田 祥弘（まちだ よしひろ）　青山学院大学大学院会計プロフェッション研究科 教授・博士（商学）
　　　　　　　　　　　　　　　　　　　　　　　　　　　　　　　　（第15章）
松本 祥尚（まつもと よしなお）　関西大学大学院会計研究科 教授・経営学修士……………（第15章）

[編著者略歴]

古賀智敏（こが ちとし）

同志社大学商学部・特別客員教授。神戸大学名誉教授。1973年，神戸大学大学院経営学研究科（修士課程）修了。博士（経営学）。日本公認会計士協会学術賞，日本会計研究学会太田・黒澤賞受賞。日本会計研究学会，国際会計研究学会，日本簿記学会，税務会計研究学会等，各理事を歴任。国際会計研究学会会長。経済産業省・経済産業研究所ファカルティフェロー，同「企業情報開示システムの最適設計に係る研究会」（座長）等を歴任。

[主な著書]

『グローバル財務会計』（2011年，森山書店）
『財務会計のイノベーション』（編著，2009年，中央経済社）
『国際会計基準と日本の会計実務〈3訂版〉』（共編著，2009年，同文舘出版）
『知的資産ファイナンスの探求』（共編著，2007年，中央経済社）
『知的資産の会計』（2005年，東洋経済新報社）
『価値創造の会計学』（2000年，税務経理協会）
『デリバティブ会計』（1996年，森山書店）
『情報監査論』（1990年，同文舘出版）
Japan GAAP Guide（2nd edition, 2011, co-author, CCH Asia Pte Limited）他。

IFRS時代の最適開示制度

日本の国際的競争力と持続的成長に
　　　　資する情報開示制度とは

2011年10月1日　初版第1刷発行

編著者　古賀智敏

発行者　千倉成示

発行所　株式会社 千倉書房
〒104-0031 東京都中央区京橋2-4-12
TEL 03-3273-3931／FAX 03-3273-7668
http://www.chikura.co.jp/

印刷・製本　藤原印刷株式会社

カバーデザイン　江口浩一

©Chitoshi Koga（代表），2011 Printed in Japan
ISBN 978-4-8051-0976-2　C3034

JCOPY 〈(社)出版者著作権管理機構 委託出版物〉
本書の無断複写は著作権法上での例外を除き禁じられています。複写される場合は，そのつど事前に，(社)出版者著作権管理機構（電話 03-3513-6969，FAX 03-3513-6979，e-mail: info@jcopy.or.jp）の許諾を得てください。